机会与选择

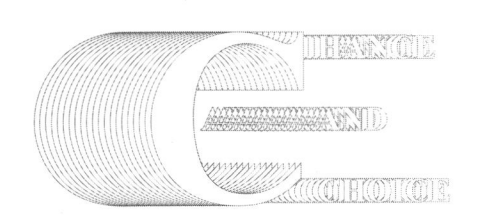

新型城镇化进程中妇女生活方式的变迁

CHANCE AND CHOICE

Transition in Women's Lifestyle in the Process of China's New Urbanization

姜佳将 著

社会科学文献出版社
SOCIAL SCIENCES ACADEMIC PRESS (CHINA)

本书是国家哲学社会科学规划课题（青年项目）"新型城镇化进程中妇女生活方式的变迁研究"（项目编号：15CSH034）的最终研究成果。

序　言

近三十余年来，城镇化以及新型城镇化研究是中国研究的一大热点，生活方式研究是中国社会及中国人研究的一大热点。在这两大研究内容的交叉点上，性别视角的介入，无疑会增加研究的维度，拓展研究的广度。在如今中国的社会学研究中，定量分析法、定性分析法、质性分析法是常用的三大研究方法。其中，定量分析法更强调数据的统计与分析，定性分析法更强调思辨的广度与深度，而这两者都是理论先行，或者说，以已有的理论，尤其是权威理论为基础的；质性研究更注重以基层的、田野的、个体化的研究为基础，不断挑战现有的理论，尤其是权威性理论，弥补、质疑甚至纠正相关的理论。以一个俗语为例，质性研究认为只要世上有一只非黑色的乌鸦，就不能说"天下乌鸦一般黑"，用学术的语言说，"天下乌鸦一般黑"就不是普遍真理。这三种方法可谓"尺有所短，寸有所长"，若能综合运用，将增加研究的深度和厚度。由此看，"新型城镇化进程中妇女生活方式的变迁研究"从性别角度考察新型城镇化进程中农村妇女生活方式的变迁与现状，以具有质性研究意义的个案分析弥补数据分析的不足，使得研究成果具有较高品质，也能达到研究成果应有的广度和深度。

进一步看，在中国，较之城镇妇女，新型城镇化进程中，农村妇女生活方式的变化更大、转型更深刻。因此，对农村妇女在新型城镇化进程中生活方式变化的研究更具典型意义。本研究聚焦于此，以此为基点展开研究，其研究成果为中国研究（包括中国社会研究、中国人研究、中国妇女/性别研究、中国生活方式研究等）提供了一份具有较高参考价值的典型样本和基础性资料。

本书是此项研究的最终成果，其书名的主标题为：机会与选择。姜佳将从亲子关系及亲职承担、婚姻模式、居住模式、家庭收入、流动及流动后的生活、技术革命等方面对这一主题进行了论述和论证，提出"变"与"不变"是新型城镇化进程中农村妇女生活方式的一大特征和特质。从社会学角度看，我认为，"机会与选择"是一对包括个体和群体、社区和社会、主体性与客体性/工具性、自主与服从、自愿与被迫、自由与约束等在内的关于状况与态势的概念。作为一种具有社会意义的行动、行为，无疑具有相应的结构与功能。而处在现代社会的新型城镇化进程中，妇女生活方式在机会与选择后应有以下四种特点。

一是生活镶拼、镶拼生活、生活的镶拼，以及镶拼的生活。如，在不少农村地区，实体店与网购并存，支付方式上电子支付与现金支付并存。

二是生活嵌入、嵌入生活、生活的嵌入，以及嵌入的生活。就向性而言，这一嵌入又包括单向嵌入和双向嵌入，而这单向嵌入又可分为正向嵌入和反向嵌入两种。前者如现代嵌入传统的微信发红包，后者如传统嵌入现代的传统方法养殖、种植的食材和制作的食品成为热销产品。而双向嵌入则可以表现在农村基本上家家都有电视机，而最受村民欢迎的节目往往是当地的戏曲节目——此为现代工业文明与传统农业文明的双向嵌入。

三是生活融合、融合生活、生活的融合，以及融合的生活。如果说，镶拼、嵌入都具有较高的单维性和具有各自相应的边界的话，那么，融合就具有较高的多维性，且是无边界地融合为一体。以浙江城乡一体化发展的描述为例，"走了一村又一村，村村是城镇；走了一镇又一镇，镇镇是农村"。在城乡一体化发展的推动下，城乡居民生活中原有的差异不断消弭，相融性在不断加大，由此，同质化程度日益提高。

四是生活融创、融创生活、生活的融创，以及融创的生活。所谓

"融创",指的是融汇、融合所有的相关因素,创造出一种全新的生活方式,构建一种全新的生活。如,旅游已成为许多经济发达地区农村妇女的一种常见休闲方式。通过旅游中的所见所闻和习得,农村妇女以及所在家庭、社区的生活出现了新现象,产生了新的生活构成,如以销售为目的的家庭传统养殖、种植业的发展和网商的兴起。再如,留守妇女成为村庄主体后,在不少地区,她们替补性地成为村庄管理的主力,农村事务成为这些妇女日常生活的一大部分。

妇女在生活方式方面的机会与选择,使她们的日常生活不断变化乃至转型。由此,对这一日益多样和不断变化乃至转型的境况,包括与之相关联的各种因素,如生活方式、生活环境、生活场景、生活质量、生活心理、生活制度等展开广泛深入的研究,不断修正、弥补、完善相关的结论/观点、概念,进而建设一种更具适用性、适宜性的理论直至理论体系,也当是非常重要和必要的。期待学者们,尤其是社会学和生活方式研究领域的学者们生产出更多的新成果!

中国社会学会第九、十届副会长

王金玲

目 录

第一章 "理想的生活何以可能"：研究背景与核心命题 …… 1
  一 研究背景：新型城镇化与技术变迁 …………………… 3
  二 核心命题：社会性别视角下的妇女生活方式的变迁研究 …… 8

第二章 生活方式研究：理论基础和实证回顾 …………… 13
  一 中西方生活方式研究的理论基础 ……………………… 15
  二 中西方生活方式研究的实证走向 ……………………… 35
  三 中国妇女生活方式研究的发展态势 …………………… 43
  四 将性别视角带入生活方式研究 ………………………… 70

第三章 回归生活方式：理论范式与研究框架 …………… 75
  一 相关概念与研究框架 …………………………………… 77
  二 理论范式和理论视野 …………………………………… 93
  三 研究方法与资料来源 …………………………………… 99

第四章 居住模式：离散或聚合 …………………………… 101
  一 引言：离散或聚合居住？ ……………………………… 104
  二 不同居住模式下的生活满意度 ………………………… 106
  三 讨论：从寄居走向安居的可能 ………………………… 113

第五章　生产方式：变换与游离 …… 117

第一节　家庭束缚对农村性别收入差距的影响 …… 121
一　引言：家庭责任导致性别的收入差异吗？ …… 121
二　文献述评和研究假设 …… 122
三　数据来源、变量选择和模型构建 …… 126
四　家庭束缚对农村性别收入差距的影响 …… 130
五　讨论：正确理解家庭性别分工模式下的农村性别收入差距问题 …… 136

第二节　女性流动人口劳动权益受损状况研究 …… 138
一　引言：女性流动人口劳动权益受损影响劳动力供给吗？ …… 139
二　城镇化境遇中女性流动人口的供给态势 …… 140
三　女性流动人口劳动权益受损情况 …… 141
四　讨论：对女性流动人口劳动权益问题的反思和建议 …… 146

第六章　社会建构和技术变迁中的妇女主体意识与实践 …… 153
一　主体的觉醒：新时代妇女发展的可能性 …… 156
二　主体的崛起：妇女的意识、能力与实践 …… 157
三　主体的挣扎：主体的找寻、构建与迷思 …… 163
四　主体的特质：流动的主体性与主体性的流动 …… 167
五　讨论：赋权主体是主体性建构的必然选择 …… 168

第七章　亲子分离：半脱嵌的成长 …… 171
一　城镇化的代价：亲子分离的离散家庭生活方式 …… 173
二　家庭结构、教养方式与性别不平等的研究回顾 …… 180
三　半脱嵌的成长：家庭结构对青少年发展影响的性别差异 …… 186
四　讨论：从脱嵌走向嵌入的可能性 …… 198

第八章　沉默的诉求："局外人"或"局内人" …… 203
一　"老漂族"：隔代照护的特殊群体与城市融入问题 …… 206

二　"老漂族"社会适应和城市融入的研究回顾 …………… 208
　　三　城市融入的状况分析："局内人"或"局外人"？………… 211
　　四　讨论：走向"局内人" …………………………………… 220

第九章　技术与妇女：机遇或鸿沟 ……………………………… 223
　第一节　母亲创业：互联网时代的机遇与挑战 ………………… 226
　　一　引言：互联网时代的农村妇女创业 …………………… 226
　　二　互联网时代农村妇女创业的机遇 ……………………… 231
　　三　互联网时代农村妇女创业的挑战 ……………………… 235
　　四　讨论：激励农村妇女创新创业 ………………………… 238
　第二节　性别数字鸿沟：网络空间性别不平等的再生产 ……… 239
　　一　引言：数字鸿沟的概念及表现 ………………………… 240
　　二　研究设计：性别数字鸿沟是否存在？ ………………… 242
　　三　性别数字鸿沟与收入不平等 …………………………… 249
　　四　讨论：性别数据鸿沟的消弥路径 ……………………… 257

第十章　"变"与"不变"：新型城镇化进程中妇女生活方式
　　　　与行动逻辑 ……………………………………………… 261
　　一　引言：社会进程中的妇女生活方式变迁 ……………… 263
　　二　妇女生活方式变迁的诱因分析 ………………………… 265
　　三　守望家园：留守妇女的生活方式变迁 ………………… 268
　　四　漂泊外出：流动妇女的生活方式变迁 ………………… 271
　　五　返乡适应：返乡妇女的生活方式变迁 ………………… 275
　　六　讨论：新型城镇化进程中妇女生活方式变迁的机遇
　　　　与挑战 ……………………………………………………… 280

结　语 ………………………………………………………………… 282
附　录：X村妇女生活方式变迁研究访谈提纲 …………………… 284
后　记 ………………………………………………………………… 286

第一章
"理想的生活何以可能":
研究背景与核心命题

"生活的理想,就是理想的生活",而"理想的生活何以可能"在不同的时代,这一问题以不同的形式呈现,是一个不断被追寻的现实问题,也是一个不断被追问的理论问题,更是探求人类生存的终极意义的哲学命题。

一 研究背景:新型城镇化与技术变迁

(一)新型城镇化:生活方式的城镇化

新型城镇化是当前最大的结构调整、最大的内需源泉,也是最大的改革"红利",是研究中国社会问题的最大背景。中国城镇化过程中形成的人口流动,其规模之大、速度之快、历时之久,是世界历史上前所未有的。据国家统计局数据,城镇人口已由1978年的1.72亿人增长到2020年的9.21亿人,城镇化率由1978年的17.92%增长到2022年的65.22%。[1] 中国城镇化的道路大致可以分为以下三个阶段。

第一阶段(1978—1988年):"离土不离乡"的就近城镇化阶段。这一阶段的主要特点是工业化的速度远高于城镇化的速度,中国工业化的主力是乡镇企业,可以说是由工业化带动的城镇化,人口流动的主要特征是"离土不离乡",因此这个阶段可被称为就近城镇化阶段。

第二阶段(1989—2011年):"离土又离乡,进城进镇就业"的异地

---

[1] 数据来源:国家统计局网站,www.stats.gov.cn。

城镇化阶段。这一阶段的主要特点是城镇化的速度加快。1989年，农村外出务工人数由改革开放初期不到200万人迅速增加到3000万人，出现了蔚为壮观的"民工潮"。在不改变农民原有身份、不改变所在城市公共产品供给的情况下，"离土又离乡"的发展新模式逐渐形成。大批的农民工"进城就业"和"身份转换"不同步，因此这个阶段可被称为异地城镇化阶段。

第三阶段（2012年至今）："人口城镇化"的新型城镇化发展阶段。2012年，党的十八大提出坚持走中国特色新型城镇化道路。十八届三中全会又进一步提出"走中国特色、科学发展的新型城镇化"道路。新型城镇化的核心问题是"人的城镇化"，首要原则是推进城镇基本公共服务常住人口全覆盖，稳步提升城镇化的水平和质量。在新型城镇化阶段，中国城镇化由偏重数量转向更加注重质量，促进市民化、现代化、融合化发展成为城镇化发展的重要目标。具体来说，如何使得流动人口"落地""市民化"，如何使得中西部地区的农民"就地""就近"城镇化，是这个阶段城镇化的核心内容，因此这个阶段可被称为新型城镇化阶段。[1]

相应地，伴随着新型城镇化的进程，关于城镇化进程的研究热点层出不穷。由于中国城镇化进程的独特性与复杂性，在第一、第二阶段中，中国城镇化研究大多围绕可持续发展、土地利用、工业化、产业结构、生态环境、空间结构[2]等**"物"的维度**展开，往往停留在土地、产业、空间、环境等宏观视角、宏大叙事的层面，研究视角也往往关注"国家"层面的城镇化机制而忽视城镇化变迁本身对个人所带来的社会后果，即**缺乏对被城镇化进程裹挟/影响的"人"的关注**——忽略个人的生存和发展的重要性。

---

[1] 周飞舟、吴柳财、左雯敏、李松涛：《从工业城镇化、土地城镇化到人口城镇化：中国特色城镇化道路的社会学考察》，《社会发展研究》2018年第1期。

[2] 王云、马丽、刘毅：《城镇化研究进展与趋势——基于CiteSpace和HistCite的图谱量化分析》，《地理科学进展》2018年第2期。

第一章 "理想的生活何以可能":研究背景与核心命题

在第三阶段中,即 2012 年党的十八大提出"新型城镇化"后,学界的关注重点开始聚焦于"人"的维度——"农民工的市民化",研究重点往往从户籍、就业、居住、公共服务等领域出发,强调城镇化的包容性发展,却**忽略了农民工背后的整个家庭离散化的问题**。城镇化进程中的家庭离散化问题是指,我国城镇化进程中出现的家庭成员日常生活的活动区域在城乡、城际或者城镇内部不同板块之间不合理地分散,导致家庭成员只能以年、月、周等为周期短暂聚合,[①] 或者家庭成员虽然日常生活在一起,但是其就业、居住、消费、休闲,以及教育、医疗等公共服务存在无法同步、无法均衡发展的问题。这些阶段性时序异步的特殊问题,与现行的户籍制度、社会保障体制、社会治理等密切相关。有学者形象地指出,目前城镇化"介质"的不合理造成对穿越这一制度和空间环境介质的各个家庭成员和其各项活动产生了比较严重的折射、反射、散射或者衍射、过滤等,这导致本来聚合为一体的家庭成员在城镇化过程中产生了严重的分离。[②]

进一步地,要从"人口城镇化"迈向"人的城镇化",我们还要关注新型城镇化进程所带来的"家庭中的人"——关注**"家庭中的权力关系和家庭中的个人发展"**。举个例子,农民外出、流动、回乡的意愿是个复杂的家庭决策系统,谁外出、谁留守、谁陪读等是一个复杂的家庭结构分工,[③] 暗含着家庭中的性别权力关系和性别权力结构——中国传统家庭的"男主外—女主内"的性别分工、孝道文化等因素影响着农村夫妻外出的安排,妇女更易因照顾年老病弱父母、年幼子女而留守,更易因"工作—家庭"平衡而从事非正规就业,更易因生育、陪读、抚养孩子而回流返乡等。因此,将家庭和性别嵌入中国所经历的新型城镇化进程这

---

① 王兴平:《以家庭为基本单元的耦合式城镇化:新型城镇化研究的新视角》,《现代城市研究》2014 年第 12 期。

② 王兴平:《以家庭为基本单元的耦合式城镇化:新型城镇化研究的新视角》,《现代城市研究》2014 年第 12 期。

③ 李代、张春泥:《外出还是留守?——农村夫妻外出安排的经验研究》,《社会学研究》2016 年第 5 期。

一更宏大的社会结构变迁之中进行讨论，就显得尤为重要和必要。也就是说，我们的研究应该从"物"的维度向"人"的维度，以及再向"家庭中的人"的维度转向，关注"家庭中的个人"在新型城镇化进程的变迁和发展，真正实现发展的均衡性、共享性和包容性。

由联合国编制的《世界城市化展望》指出，城镇化是一个过程，包括两个相互影响方面的变化：一是人口从农村向城镇运动，并在城镇中从事非农业工作，这一过程强调人口的密度和经济职能；二是农村生活方式向城镇生活方式的转变，这包括价值观、态度和行为等方面，这一过程强调社会、心理和行为因素。[①] 可见，新型城镇化的本质和愿景是从农村生活方式向城市生活方式质变的过程。[②] 这是个需要较长时间积淀的"自我调适"的过程，包含农村人口（家庭中的人）自身的生产方式、就业方式、消费方式、思维方式、价值标准等生活方式趋向现代性的全部过程，仅仅改变农民个体的身份和更换居住地并不是真正意义上的"新型城镇化"。而这其中，"家庭中的个人"的差异性不该被磨灭和忽视。

（二）技术变迁：促进还是抑制生活方式的性别不平等

城镇化的进程往往伴随着技术变迁的进程。21世纪以来，网络技术快速发展，社会正经历一场以计算机和网络技术为核心的数字化变革。互联网作为网络化、信息化和数字化的核心技术，深深嵌入人们的生产与生活中，将对其原有的生活方式产生颠覆性的改变。以互联网为依托的数字经济为我国经济增长提供了全新动能，极大地改变了人们的生产、就业方式，并潜移默化地影响并改变着人们的生活方式。可见，信息技术的发展尤其是互联网的快速普及与发展，将深刻改变传统的经济形态，

---

① 转引自 D. L. Brown, C. L. J. Kulcsar, "Micropolitan Areas and the Measurement of American Urbanization," *Population Research & Policy Review* 23 (2004): 399-418。

② Louis Wirth, "Urbanism as a Way of Life," *American Journal of Sociology* 49 (1989): 46-63。

第一章 "理想的生活何以可能"：研究背景与核心命题

亦深刻改变人们的生活方式。2019年，中央一号文件《关于坚持农业农村优先发展做好"三农"工作的若干意见》明确指出"实施数字乡村战略"，以"数字乡村"建设推进农业农村信息化，必将对农业农村农民的经济社会发展产生广泛而深远的影响，是发展现代农业、促进农户创新创业、优化农户生计抉择和增加农户收入的重要手段。

可见，信息技术发展尤其是互联网的迅速发展的趋势与广泛的渗透范围已经超越其技术特征，逐渐成为影响社会结构、重塑个体行为的重要因素。互联网使用会给生活方式带来怎样的影响？互联网使用究竟会促进还是抑制生活方式的性别不平等？目前学界主要聚焦于互联网使用对就业、创业、收入和消费等生活方式带来的影响。以就业和收入为例，目前主要有"互联网促进说"和"互联网抑制说"。"互联网促进说"认为，互联网使用能从多方面促进妇女就业。众所周知，妇女生育后由于工作家庭冲突，往往通过减少劳动供给、改变职业选择等途径满足对儿童照料所需的大量时间和精力的供应，此类行为导致妇女的人力资本积累受损，并对收入造成长期不利影响。而互联网催生出较为灵活的"零工经济"，如外卖送餐员、快递员、网约车司机等，"零工经济"以灵活的就业模式、丰富的就业渠道、较低的从业门槛突破时空特性即工作场所、时间和方式的限制。零工摆脱了传统公司的直接控制以及科层组织的约束，具有更多的灵活性、自主性以及自由度，这为处在劳动力市场弱势的女性带来兼职机会，进而促进妇女就业和增加妇女收入。但也有研究提出了"互联网抑制说"，认为零工经济具有两面性，在给劳务提供者带来诸多益处的同时，亦会导致工作碎片化，即平台不把劳务提供者当作公司的雇员，而是作为独立的签约人，从而免除了传统公司为正式员工所承担的各种社会保护责任。零工，顾名思义，其所做的工作基本上都是临时性的、短期性的、一次性的，缺乏长期而稳定的就业保障。这种工作的碎片化表现为工作的灵活性、风险向劳工的转移、收入的不稳定、工作地点的分散化、工作过程的个体化等。

由此，在新型城镇化进程中，互联网嵌入将对受流动影响人口尤其是妇女的生计抉择、收入和生活方式产生怎样的影响?技术变迁会强化性别不平等的藩篱,还是缩小性别不平等的鸿沟?具体存在怎样的作用?这些问题还需要我们进一步去探索。

综上所述,我国的新型城镇化还在路上,要实现高质量的新型城镇化必须考察"以人为本"中的"人"是谁?不同的"人"的生活方式的差异性在哪里?"家庭中的人"之间的权力关系如何?"家庭中的人"的诉求有什么?如何实现"人"的包容性发展?技术变迁又能为"人"的生活方式带来什么样的影响?互联网使用究竟会促进还是抑制生活方式的性别不平等?

二 核心命题:社会性别视角下的妇女生活方式的变迁研究

基于上述的研究背景和现实问题,本研究认为,我们需要审慎思考以下几个核心议题。

议题一:传统城镇化进程中的家庭离散化已经成为制约城镇化高质量发展的关键环节。

新型城镇化本质上应该是生活方式的转变,而传统城镇化进程中的拆分式生产和再生产模式是当下农民应对生存困境的重要策略,即农民工个体将本应完整的劳动力再生产过程拆解为两部分——部分在城镇(劳动者个人的再生产),部分在乡土村社(抚养子嗣老弱)。这一模式通过改变家庭结构和生产方式进而以一种非常深刻的方式重构着流动家庭的生活方式,使得流动家庭的生活方式包括居住模式、社会关系和社会网络、闲暇休闲、消费方式、家庭关系等发生巨大的变化,在提高流动家庭经济收入和生活水平的同时,亦产生了家庭的离散化、亲属网络的碎片化和人的拆分式再生产[1]等不良后果。仅仅改变农民个体的身份和更换居住地并不是真正意义上的"城镇化",而整个家庭的聚合和生活方式

---

[1] 金一虹:《流动的父权:流动农民家庭的变迁》,《中国社会科学》2010年第4期。

的转变才是真正的城镇化。

议题二：传统城镇化进程中的家庭离散化导致农村家庭生活方式发生了巨大的变化，继而使家庭中的妇女的生活方式也发生了巨大的嬗变。家庭是人类生活的最基本细胞，传统城镇化进程中的外出务工方式却改变了传统家庭的居住模式、家庭结构、家庭关系和家庭功能，亦给妇女的生活方式带来深刻的影响——影响着流动家庭和农村妇女的生活质量和生活满意度。传统城镇化进程中的流动和非农化导致了中国农村家庭的家庭结构和制度发生变迁——家庭离散化给家庭尤其是妇女带来生产、抚育、赡养、情感和性的满足等诸种功能方面的障碍，以及带来角色紧张、冲突，妇女传统的生活方式（包括居住、交往、家庭生活、闲暇、消费等方式）被改变。可以说，在快速城镇化进程中，农村妇女的工作压力、生活压力及精神心理负担将会加重，并且其职业角色与家庭角色、社会身份与性别身份之间，将会发生比以往更为复杂的矛盾和更加强烈的冲突。这些既有力推动妇女特别是农村妇女生活方式的转型与发展，同时又以一种非常深刻的方式重构妇女的生活方式。

议题三：生活方式并不只是个人行动选择的结果，更受到社会结构的形塑。传统城镇化通过改变家庭结构进而形塑农村地区生活方式，产生拆分型家庭生活方式模式。而新型城镇化进程中的拆分型劳动力再生产模式同样生产了拆分型生活方式模式：就家庭而言，部分是离散型家庭生活方式模式，部分是聚合型家庭生活方式模式；就个体而言，部分是现代化生活方式，部分是传统型生活方式。

议题四：既往研究大多没有将社会性别视为结构性因素纳入新型城镇化研究中进行考量与分析，我们不能无视过去城镇化给妇女生存和发展带来的负面影响，缺乏性别意识的城镇化将消减城镇化带来的红利。我们必须认识到，生活方式既是社会区分的重要依据，也可以成为打破社会区隔、促动社会流动和社会融入的关节点，新型城镇化与生活方式变迁之间存在互动机制。也即，一方面，新型城镇化推动现代生活方式的变迁，促进家庭生活质量提升和社会融入的实现；另一方面，以家庭为单元的城镇化（家庭城镇化、生活城镇化），即生活方式的城镇化才是真正的新型城镇化。

议题五：技术变迁对"人"的生活方式带来的影响需要我们进一步论证。以科学技术进步的视角考察生活方式的变迁，成为西方当前生活方式研究的热点，特别是信息革命、生态危机引发的生活方式的质变，更是西方学术界最关注的主题。早在20世纪80年代初，西方兴起了未来学的研究，从科技进步的角度推测最新科技革命引发的社会形态转型，其中一个重要方面就是生活方式的改变。

可以说，中国城镇化在既有发展历程中逐步形成的特质及模式已经固化成为某种路径依赖，这使得当下乡村的城镇化陷入以"农民主体缺位"为核心特征的困境，最终导致城镇化对农民尤其是农村妇女更深层次的"规训"。因此，本研究将家庭和性别对于生活方式的影响嵌入中国所经历的新型城镇化进程这一更宏大的社会结构变迁之中进行讨论，力图在社会性别视角下进行新型城镇化和技术变迁进程中妇女生活方式的变迁研究，以期系统界定妇女生活方式的概念特征、描述妇女生活方式的现实状况，厘清生活方式变迁的内生机制，为妇女转变生活方式、促进角色转换、提高生活质量、融入现代生活提供理论和实证依据。

基于上述几个议题的基本观点，本书的核心命题和研究内容为以下三方面。

一是性别结构如何通过与新型城镇化、技术变迁的互动勾勒出不同群体的妇女在流动、留守和回流过程中的生活处境的？从横向看，主要比较不同性别、城乡、阶层、地域、婚姻状态，以及"留守—流动"妇女之间各群体生活方式的特征、趋势、问题与差异。这主要涉及居住方式（寄居或安居）、家庭生活（离散或聚合）、社会交往（区隔或融合）、闲暇休闲（单一或多元）、消费方式（差异或趋同）等内容。从纵向看，以生命历程和生命周期为视野，比较不同年龄阶段（如女童、中青年妇女、老年妇女等）妇女生活方式的变化与差异。考察不同群体在生活方式上的分布与分化，有助于我们更深刻地认识不同或相同群体生活方式各个方面的现状特征和相关的差异,了解当前社会结构变迁和社会性别分化状况,并分析和研究造成生活方式性别差异的制度性和文化上的深层原因,从而从一个侧面进一步把握不同群体生活方式的现状特征、变化规律和发展趋势。

二是性别不平等是如何在当代中国的城乡迁移中得到复制的?[①] 本书遵循"城镇化/技术—家庭结构/社会网络—生活方式"分析框架,将家庭作为一个系统,分析人口流动产生的离散/半离散/聚合的家庭模式,探讨各种家庭模式下,家庭关系、家庭功能、家庭成员个体特征,以及妇女在其中的性别角色和权力关系。通过城镇化对妇女生活方式影响的定性分析和定量研究,重点分析城镇化通过影响家庭结构和社会网络从而改变妇女生活方式的内在机制;分析离散型和聚合型家庭模式对于个人生活方式的影响,分析和研究造成生活方式差异的制度性和文化上的深层原因。

三是新型城镇化和技术变迁的进程如何影响妇女对自我性别身份和主体性的认同与形塑? 城镇化进程中的技术发展在其中扮演了什么角色?本书也将提出新型城镇化进程中妇女现代化生活方式的主体性建构和相关政策建议。我们的研究应充分考虑妇女在城镇化过程中的利益诉求、主体性地位,追求工具理性与价值理性的统一,使其生活方式实现从家庭本位向"个人—家庭"本位的转变,实现从外力推动向内力驱动的转变。另外笔者建议将社会性别意识纳入城镇化公共决策,把消除过去城镇化实践给妇女带来的负面效应作为决策的一个重要立足点,在坚持男女平等基本国策、实现男女两性协调发展的原则下,重新确立城镇化的政策目标、利益主体、发展模式和推进方式,进而从制度和文化层面更加有效地保护妇女的性别权益,为妇女提供同等的发展机会,分享城镇化带来的发展成果。由离散再次走向聚合的农村家庭城镇化路径是我国未来城镇化可持续发展的方向。

[①] 杜平:《男工·女工:当代中国农民工的性别、家庭与迁移》,香港中文大学出版社,2017。

第二章

生活方式研究：理论基础和实证回顾

"二战"结束之后,在西方社会,生活方式议题进入了学者的研究视野,出现了一系列的理论和实证研究。在中国,生活方式从20世纪80年代末期开始,随着社会学学科的复建也逐渐得到了研究者们的重视。目前,世界范围内生活方式研究面临的挑战是如何将既有理论嵌入实证研究,以及从实证研究中提取新的理论框架。本章梳理了生活方式研究的兴起和发展历史,及其相关理论基础和实证走向,并且进行了中西方的研究比较。最后,笔者对中国妇女生活方式研究进行了回顾,分析其研究态势和发展阶段,呈现部分主要的学术观点,并进行了简要的文献述评。

一　中西方生活方式研究的理论基础

(一) 生活方式研究的兴起与发展

　　生活方式的研究涉及社会学、经济学、人口学、体育学、休闲学等多学科,但在世界范围内,将生活方式作为一个理论体系进行全面、系统研究的却并不多。生活方式是一个高度抽象又极具概括性的概念,它回答人们"怎样生活"和"生活怎样"的问题。[1] 也正是因为生活方式这一概念的概括性、抽象性和包容性,在国内外的研究中也没有明确的、共识性的概念界定。有学者指出,学界对生活方式的含义缺乏共识,截

---

[1] 王雅林:《生活方式研究的社会理论基础——对马克思历史唯物主义社会理论体系的再诠释》,《南京社会科学》2006年第9期。

至20世纪90年代,就有30余种关于生活方式的定义。①

在社会学领域,生活方式研究的起步较晚,"二战"之后,先是在西方,然后是在中国,伴随着消费社会学、城市社会学的兴起,学者的目光逐渐投射在生活方式的研究上。

1. 国外生活方式的研究阶段和研究重点

西方关于生活方式的研究历史,主要有以下三个主要阶段。②

第一阶段的研究重点,是将生活方式作为区别阶级、社会地位的重要标志。

社会学的核心贡献就是将生活方式的研究从"个体"带入"群体"中来。早期的生活方式研究则主要专注于社会结构的分析以及个人在其中的相对位置。韦伯和马克思的相关论述成为较重要的阐释部分之一。

马克思和恩格斯使用"生活方式"这一概念时大致表述了两种意涵。其一,生活方式与生产方式是紧密联系的,生产方式决定生活方式,但生产方式也是人的活动方式的一个方面,生产方式在更广泛的意义上也就是生活方式的一个方面。马克思在《德意志意识形态》一文中首次明确地提出生活方式这个范畴,他指出:"人们用以生产自己的生活资料的方式,首先取决于他们已有的和需要再生产的生活资料本身的特性。这种生产方式不应当只从它是个人肉体存在的再生产这方面加以考察。它在更大程度上是这些个人的一定的活动方式,是他们表现自己生活的一定方式、他们的一定的生活方式。个人怎样表现自己的生活,他们自己就是怎样。因此,他们是什么样的,这同他们的生产是一致的——既和他们生产什么一致,又和他们怎样生产一致。因而,个人是什么样的,这取决于他们进行生产的物质条件。"③ 其二,生活方式是区别阶级的重

---

① A. J. Veal, "The Concept of Lifestyle: A Review," *Leisure Studies* 4 (1993): 233-252.
② L. Berzano, C. Genova, *Lifestyles and Subcultures: History and a New Perspective* (London: Routledge, 2015), p. 3-79.
③ 马克思、恩格斯:《马克思恩格斯选集(第1卷)》,人民出版社,1995,第67页。

要指标。马克思主义创始人关于阶级的论述是公认的学术经典。马克思和恩格斯划分阶级是以社会的生产关系、经济关系为基础的,不过阶级的社会属性并不止于生产关系和经济关系,于是生活方式被马克思主义创始人当成了一种辨别阶级的重要特征。马克思分析法国农民阶级时就采用了生活方式这一指标。他指出,"小农人数众多,他们的生活条件相同,但是彼此间并没有发生多种多样的关系。他们的生产方式不是使他们互相交往,而是使他们互相隔离","既然数百万家庭的经济条件使他们的生活方式、利益和教育程度与其他阶级的生活方式、利益和教育程度各不相同并互相敌对,所以他们就形成一个阶级"。① 可见,马克思没有将生活方式和生产方式混为一谈,而是提出在理解人的时候,应考察其生活方式和生产方式,将其当作感性的活动。

韦伯(Max Weber)将生活方式看作确认地位群体的社会标志。他在《经济与社会》中指出,社会的分化不是依赖于以经济为中心的阶级(class),而是依赖于以声望/荣誉(honor)为中心的阶层,生活方式是声望/荣誉的重要体现。这可以看出,韦伯将生活方式视为社会分层和社会不平等的重要表现方式之一。他强调,一致的生活方式会形成地位群体,一种"生活方式"对于地位受尊敬程度的决定作用意味着,地位群体是一套"习俗惯制"(conventions)的专门拥有者。如此说来,生活的全部"风格化"(stylization)来源于地位群体,或者,至少可以说,表现于地位群体。② 在此语境下,群体地位与威望认知的辩证逻辑紧密相关:生活方式是社会区隔最显而易见的表征——即使在相同的社会阶层里,特别是,生活方式体现了个体相信他们所喜欢或所向往的那种威信。地位群体以生活方式的认同为内部凝聚和外部排斥的机制。地位群体是具有相似地位、阶级背景和政治影响力的人的集合,通过分享相似的生活方式或作为一种保存特定生活方式的手段而产生,地位群体是根据其以特殊的生活方式为代表的商品消费原则来划分的。韦伯用了三个词来表

---

① 马克思:《路易·波拿巴的雾月十八日》,人民出版社,1972。
② 高丙中:《西方生活方式研究的理论发展叙略》,《社会学研究》1998年第3期。

达他的生活方式概念：生活方式（lifestyle）、生活行为（life conduct）和生活机会（life chances），生活行为和生活机会两者构成了生活方式的两个基本组成部分。生活行为是指人们对生活方式的选择，生活机会是指人们实现这些选择的可能性。①

齐美尔（Georg Simmel）在生活方式研究中的作用经常被忽视，尽管他是20世纪最早使用这个术语的主要社会学家之一。他作品的一个中心主题是现代性对个人的影响，特别是与大都市和成熟的货币经济有关的影响。齐美尔在《大都市和精神生活》中指出，现代生活中最深层次的问题是，个人在面对巨大社会压力、历史遗产、外部文化和生活技术时，如何保持其自身存在的自主性和个性化。②齐美尔对生活方式进行了形式分析，他认为在生活方式的概念核心，可以发现个体化、身份认同、社会区隔、社会认知等社会过程，它们既可以被理解为生活方式的生产过程，也可以被理解为被生活方式所生产，也就是说，生活方式是在"横向"和"纵向"两个方向上产生影响的。尽管大都市与科学的发展，特别是货币经济促进了抽象、分析、计算和理性思维模式的主导地位，促进了非个人的人际关系形式，齐美尔得出结论，它们也促进了个性意识；可是，齐美尔并没有明确说明他所说的生活方式到底是什么意思，也许他认为这个词的一般意义很明显，无须进一步阐述。然而，他的作品暗示着生活方式是自主选择的，也是个体在社会中获得和表达个体身份的一种手段和方式。

凡勃仑（Thorstein Veblen）的《有闲阶级论》就是把生活方式作为阶级地位、作为尊荣的社会标志来研究的。凡勃仑对生活方式研究的突出贡献在于他运用历史社会学的方法深入、系统地论述了特定的生活方式与特定的社会阶级的相关性。他的研究充分展示了生活方式概念对于

---

① Thomas Abel and William C. Cockerham, "Lifestyle or Lebensführung? Critical Remarks on the Mistranslation of Weber's Class, Status, Party," *Sociological Quarterly* 34 (1993): 551 - 556.

② 格奥尔格·西美尔：《大都市和精神生活》，郭子林译，《都市文化研究》2007年第1期。

第二章 生活方式研究：理论基础和实证回顾

阶级和社会地位的认识价值和解释力。他的"模仿"（emulation）概念认为，人们会采取具体的"生活计划"和在特定具体模式下进行"炫耀性消费"，这一行为的原动力是人们渴望从自己所在的社会阶层中被区隔出来，并希望通过"模仿"被认定为更高的社会阶层中的内部成员。不仅是他所消费的生活必需品远在维持生活和保持健康所需要的最低限度以上，而且他所消费的物品的品质也是经过挑选的，是特殊化的。他对所消费的物品逐渐改进的主要动机和直接目的除了个人的享受和福利之外，这里还存在着荣誉准则："使用这些更加精美的物品既然是富裕的证明，这种消费行为就成为光荣的行为；相反地，不能按照适当数量和适当的品质来进行消费，意味着屈服和卑贱。"当炫耀性的消费构成整个生活方式的时候，它与有闲阶级才是合二为一的，与此同时，社会经济地位较低的阶级总要或多或少地模仿这种消费，结果也会具有这种生活方式的一些因素，特别是在工业社会，这种趋势更明显。[1]

上述学者对生活方式的理解还只是将其作为一个从属概念，将生活方式当作阶级解释的工具，未将生活方式当作一个独立的研究对象。1981年美国学者索贝尔（Sobel）在《生活方式和社会结构》中首次阐释了生活方式的概念，指出是"明确的可识别的生活模式"，[2] 具体包括生活态度、消费行为、休闲活动等。

法国社会学家布迪厄（Pierre Bourdieu）运用惯习和场域的概念，进一步系统阐释了生活方式的概念。[3] 布迪厄在一个更复杂的模型下更新了齐美尔的研究路径，构建了一个基于不同文化品位的分层生活方式模型——合法的、中庸的和流行的。在这个模型中，生活方式主要由社会实践构成，并且与个体的品位紧密相关，体现了场域的结构和与惯习相连接过程的交叉基点。布迪厄展示了文化资本、休闲和品位（生活方式）

---

[1] 高丙中：《西方生活方式研究的理论发展叙略》，《社会学研究》1998年第3期。

[2] Sobel, E. Michael, *Lifestyle and Social Structure: Concepts, Definitions, Analyses* (New York: Academic Press, 1981), pp. 213-220.

[3] 布迪厄、华康德：《实践与反思——反思社会学导引》，李猛、李康译，中央编译出版社，2004。

的无限变化如何反映整个社会的经济资本和阶级权力的无限变化，认为生活方式是客观的社会结构和主观的心智结构的双重作用下塑造起来的人的行为模式。例如，布迪厄从饮食习惯和运动偏好两个方面研究了专业技术阶级和工人阶级之间的区隔，发现工人阶级更注重男性的力量，倾向于选择便宜、有营养、丰富的食物；而职业人士则更注重体形，更多地选择清淡、美味、低热量的食物。布迪厄更大的关注焦点是个人的日常实践如何受到其社会世界的外部结构的影响，以及这些实践如何反过来形塑这种结构。[1] 布迪厄认为认识论应该优先考虑客观条件而非主观理解，尽管他认为两者都很重要。这意味着我们对生活方式的理解是结构（即生活机会）对惯习心态的强烈影响，惯习心态是生活方式选择的来源。这表明，人们对某种生活方式的选择和参与，在很大程度上受到生活机会的影响。因此，布迪厄的研究表明，生活方式的选择不仅受到限制，而且受到生活机会的影响。布迪厄在他的名著《区隔》中将生活方式的运作过程描述如下：(1) 客观的生存条件与社会结构中的地位相结合，(2) 产生惯习，这种惯习包括 (3) 一种产生可分类的实践和工作的计划系统，(4) 一种感知和欣赏（品位）的计划系统，并且，这些计划系统共同产生 (5) 具体的、可分类的实践和工作，最终 (6) 导致一种生活方式的出现。[2] 虽然个体选择了自己的生活方式，但他们并不是以完全的自由意志来选择的，因为惯习使他们倾向于某些选择。他们可以选择拒绝或修改这些选择，但布迪厄认为，代理人的选择与他们的惯习是一致的。选择也倾向反映阶级地位，因为处于同一社会阶级的人有着相同的惯习。正如布迪厄所解释的那样，同样的结构和共同的认知与欣赏模式的内化，产生了同样的或类似的一套独特的标志或品位；因此，人们普遍认同基于阶级的世界观。惯习是由个人的阶级条件所决定的，反过来，它又构成了社会实践，从而再现了阶级差异。

---

[1] Richard Jenkins, *Pierre Bourdieu* (London: Routledge, 1992).

[2] Pierre Bourdieu, *Distinction*. trans. by Richard Nice (Cambridge, MA: Harvard University, 1984).

第二章 生活方式研究：理论基础和实证回顾

吉登斯（Giddens）描述了现代化——由工业革命产生的社会生活模式——如何影响当代的生活方式。他解释说，现代性不同于以往所有形式的社会秩序，这在于它的活力和全球影响力，以及它削弱传统习俗和习惯的程度。吉登斯观察到，传统失去的越多，就有越多的人被迫在各种地方性和日益全球性的选择中协商生活方式的选择。因此，现代性促进了生活方式选择的多样性。即使是处于社会最低阶层的人也有一些选择，因为穷人也需要选择独特的文化风格和活动（例如，试图在贫困的条件下生存）。吉登斯没有忽视外部来源对个人生活方式选择的影响，并引用了群体压力、角色榜样和社会经济环境等作为这些来源的例子。在高度现代性的条件下，人们很可能会被社会形势所推动，选择一种特定的生活方式，或者，正如吉登斯所说，"我们除了选择别无选择"。也就是说，如果一个人希望加入某个特定群体，就有必要适应这个群体的生活方式。生活方式不仅能满足功利主义的需求，也为自我认同提供了物质形式。吉登斯还通过注意到时间和空间的转换，如研究日益复杂和抽象的货币系统和贯穿整个社会的技术知识渗透如何促进生活方式的变化。吉登斯与生活方式理论相关的工作的另一个领域是他的结构理论的核心是结构和代理的二元性概念。吉登斯解释说，无论是结构还是行动都不是独立的；相反，它们是相互依存的。没有行动，结构是不可能的，因为行动再现结构。没有结构的操作是不可能的，因为操作开始于由之前的操作产生的给定结构。行动者不是抽象的或依赖的行动主体，而是构建社会行为的个体。然而，该行为被嵌入结构中，并有助于该结构的延续或更改。因此，结构不是预先决定的，而是通过社会互动而进化的。结构既是行动的手段，又是行动的结果，因此结构具有二元性；也就是说，结构同时是客观的（约束的）又是主观的（赋能的）。同样，生活方式也可以被描绘成具有同样的双重性。生活方式是一种有规范、价值观和边界的结构化的行为模式，但通过社会行为者的反馈过程，随着时间的推移，人们操作它们，它们被复制或转变。然而，生活机会仍然会阻碍行为人在构建或修改生活方式结构方面的创造力，吉登斯的结构二元性观与布迪厄的惯习观有一些相似之处。吉登斯对生活方式和自我认同之间关系的观点也与齐美尔的研究大体一致，但要深入得多。吉登斯将生活方式的运作过程描述如下：（1）晚期现代性的作用，形成了一种生活方式的多样性的选择；（2）有选择的必要性和必然性；（3）倾向选择集群的特定模式；（4）过程中所扮演的角色的生活方式反映个体的自我认同；（5）结构和行为的双重性质。①

第二阶段的研究重点，是将生活方式看成一种思考风格、个性风格。

这种基本上将生活方式解释为思考方式的研究路径植根于精神分析学的土壤之中，开创者是奥地利心理学家阿尔弗雷德·阿德勒（Alfred Adler）。他认为生活方式可以理解为一种个性风格，也就是指主导价值观和原则的框架，在此框架中个体通过早年生活的塑造，最终形成了一个价值判断的系统，这个系统指导个体的行为进而伴随其度过一生。之后，尤其是在洛奇赤（Milton Rokeach）的研究、米切尔的VALS②研究和卡勒（Lynn Kahle）的LOV③研究中，生活方式分析发展为价值的剖析，研究者们假设价值的砝码是按照森严的等级被组织和排列的，人们可以确定不同种类的价值模型，这些价值模型又分别对应不同的人口类型。

例如，美国学者米切尔（Arnold Mitchell）在美国对1600名调查对象进行了一项调查研究，其问卷涉及800多个问题，对每种类型生活方式的人所占的比例、衣食住行及闲暇时间的消费状况、社会价值观及政治态度做出了详细的描述。根据调查对象的价值观和个性风格，归纳出四大类共九种美国生活方式：第一大类需要驱动类，包括（1）活命型生活方式（处于生活方式类型的最底层，生活拮据，几乎没有任何奢侈的消费）；（2）维持型生活方式（对社会抱有负面情绪，但仍怀有希望，比活

---

① Anthony Giddens, *Modernity and Self-identity* (Stanford, CA: Stanford University Press, 1991).
② VALS, Values and Lifestyles, 即"价值观与生活方式"，是针对心理市场分割的专有研究方法，于1978年被社会科学家、未来学家阿诺德·米切尔和他的同事首次使用。
③ LOV, List of Values, 即"价值列表"，于1986年被美国消费心理学家林恩·卡勒在研究中首次提出使用。

命型的境况略好一点)。第二大类外向类,包括(3)归属型生活方式(美国典型的中产阶级);(4)奋斗型生活方式(勤奋工作,充满野心向上层社会爬);(5)成功型生活方式(各行各业的顶尖人物)。第三大类内向类,包括(6)我行我素型生活方式(在个人生命周期中持续时间不长,很可能父母是成功型的);(7)体验型生活方式(以获取新经验为最大的满足);(8)社会自觉意识型生活方式(重视与社会和自然的和谐,对社会有一定的影响力)。第四大类外向与内向混合类,即(9)综合型生活方式。[1]

此后,扬克洛维奇(Daniel Yankelovich)和威尔斯(William Wells)又提出了AIO[2]研究路径,在此路径下,态度、兴趣和意见被认为是生活方式的基本组成部分,研究者们通过共时性(synchronic)和历时性(diachronic)两种视角来分析生活方式,并在特定的社会语境中、在社会文化发展趋势的基础上进行解读。最后,在这个阶段发展出了一条更进一步的、被称为"轮廓与流变"的研究路径,该路径的核心是针对精神与行为变量之间的联系的分析,同时考虑到社会文化流变对于多元的生活方式在一个群体内的传播以及不同的思想—行动交互模式的影响。

第三个阶段的研究重点,是将生活方式看作一种行动方式(包括消费方式、日常生活行为、健康生活方式等)。

以行动剖析作为生活方式分析的研究路径有以下特点:行动层面不再被简单地认为是生活方式的某种衍生产物,也不再被认为是并行的附属产物,而是生活方式的构成要素。在最初阶段,该视角主要集中考察消费行为,将产品需求视为目标表达,反映出个体的自我形象以及他们如何看待自我在社会中的位置。如有研究认为,消费社会本质下生活方式是一种符号与差异的寻求,通过对符号的把握和占据,建构彼此间差

---

[1] Arnold Mitchell, Warner Books, *The Nine American Lifestyles*: *Who We Are and Where We're Going* (New York: Macmillan, 1983).

[2] AIO, 全称为 Attitudes, Interest and Opinions, 即"态度、兴趣和意见",见于市场科学领域。

异,将阶层属性彻底抹去(如鲍德里亚的符号论)。随后,该视角又被拓宽,学者们更多关注日常生活的层面(如法国社会学家杜马哲等人的研究),专注考察时间的使用,尤其是休闲生活的安排,并且试图探讨选择的积极维度与塑造了行动层面的日常套路/结构化的维度之间的交互关系。还有学者关注那些与健康行为相关的生活行为方式(如库克汉姆的健康生活方式研究),专注健康的生活方式和不健康的生活方式(如缺乏锻炼、抽烟、吸烟、不合理的饮食等)对健康的正面或负面影响。还有一些学者如詹金斯(Richard Jenkins)、维尔(A. J. Veal),提出了一种新的生活方式研究路径,他们认为,处在生活方式的分析面上的并不应该是日常生活中的行动,而应是那些行动者采取的、他们认为特别有意义或者与众不同的行动。此外,还有学者将生活方式看成是社会关系的建构者和行动者。例如,美国社会学家、符号互动论代表学者米德认为,人们的日常生活方式对社会关系的构成具有重要影响。他不但看到了外部世界对人的行为的影响,而且注意到了个人对客观世界的理解和解释,以及根据这种理解与解释所产生的社会行动。

2. 国内生活方式的研究阶段和研究重点

中国学术界从20世纪80年代初开始进行生活方式研究,其理论来源主要是60年代至80年代苏联学者在阐释并发展马克思主义创始人的有关论述的基础上形成的学术体系。中国学者在生活方式的理论梳理上,与西方学者的研究路径有所不同,这也许与我国社会科学起步较晚,又在一定时期很大程度上受苏联影响有关。[①] 主要也分为三个阶段。

第一阶段,理论萌芽期。

这一阶段受苏联生活方式研究的影响,学者们都不约而同地从马克思主义的相关社会理论、历史唯物主义理论中挖掘出长期被忽略的生活方式论述加以阐发,强调生活方式等问题"是研究中国社会主义发展

---

① 高丙中:《西方生活方式研究的理论发展叙略》,《社会学研究》1998年第3期。

第二章　生活方式研究：理论基础和实证回顾

战略、研究中国式的现代化道路时必须重视的一些问题",① 在一定程度上被赋予意识形态功能和工具性功能。② 主要阐述生活方式研究的理论和现实意义、阐述国家社会主义建设中生活方式的地位和发展模式、研究社会主义初级阶段生活方式的特点和发展规律、生活方式和生产方式的关系、现代化发展中生活方式模式的选择等，并开始探索相关理论和概念等。

早在1982年，《国外社会科学》杂志就刊载了原载于苏联《社会学研究》1981年第四期上的芬兰学者罗斯所著的《生活方式的类型学》，罗斯是西方少数以马克思主义哲学路径分析生活方式研究的学者之一，而此后，几乎所有研究生活方式的中国学者，都在一定程度上受到了罗斯的影响。罗斯将视角放在了资本主义社会衡量生活方式的指标之上。他将生活方式的范畴定义为："各类活动对不同的个人、家庭或社会群体由于主体的生活道路和生活条件的具体情况而形成的不同结合。"他认为广义的生活条件（物质条件和社会历史条件）决定这种或那种生活方式，但同时，生活方式的形成又有赖于主体自身，同主体的观点和价值目标体系直接相关。而马克思主义研究生活方式的传统，是以承认物质因素的决定性作用为基础的，各种意识现象在人们的行为调节中亦有重要的意义。罗斯构建了一个准理论系统，将生活方式具体化为四个指标：其一是生活控制，包括外部和内部两方面，指的是一个人（或一个家庭）能否管理自己的生活，感觉自己是生活的主人；其二是基本生活印象，指的是个人（或家庭）的生活是否丰富多彩，是否充满各种事件，而这些事件是有利的还是不利的；其三是个人（家庭）生活的社会领域和私人领域的区别程度（罗斯强调，在发达资本主义国家中，两者的区别在加深），这一指标与内在的自我控制密切相关；其四是主要生活定向

---

① 于光远：《社会主义建设与生活方式、价值观和人的成长》，《中国社会科学》1981年第4期。

② 王雅林：《生活方式的理论魅力与学科建构——生活方式研究的过去与未来20年》，《江苏社会科学》2003年第3期。

(life orientation)的总和。根据上述指标,罗斯将生活方式分为四种类型:真正幸福的多面型、传统普通型、现代的无内容型、十分不幸型。同时,罗斯也补充道,对于这种类型体系还可以提出一些客观特征来补充,比如引入社会地位可分析在农村中就业而有城市生活方式的工人阶级,新城市工人阶级,"中间阶级",社会上层分子,各种边缘群体和特殊群体等。

中国学者最早发表的一批生活方式研究的文章与罗斯的文章引进中国的时间大致相同,约为1981年末至1982年初,如于光远的《社会主义建设与生活方式、价值观和人的成长》、杜任之的《谈谈生活方式》、王雅林的《社会主义生活方式》等。《社会主义建设与生活方式、价值观和人的成长》[①]一文认为生活方式包括物质的和精神的两个方面,物质生活可以划分为生产性的和消费性的,精神生活则包括政治生活、科学和艺术生活、宗教生活和在各式各种伦理关系中过的精神生活。着重讨论了什么样的生活方式是值得中国人民为之奋斗的问题,指出在中国社会主义建设中要努力提高人民群众的物质生活水平,但是应该根据中国的特点创造自己的消费模式。《谈谈生活方式》[②]提出生活方式是社会学研究的一个课题,认为生活方式与生产方式密切相关,并运用生活方式观点就如何具体解决人们的"食、衣、住、用、行、乐"问题,以及家庭、闲暇、消费生活提出具体设想;《论社会主义生活方式》[③]初步探讨了生活方式的范畴和概念,认为生活方式体现为一定社会条件下社会和个人、客观和主观的、具体的、历史的统一,重点阐释了社会主义生活方式的优越性及基本特征,探讨了我国社会主义生活方式的发展道路。这些文章无一例外地从马克思主义哲学体系下的生活方式概念入手,[④]将生活方

[①] 于光远:《社会主义建设与生活方式、价值观和人的成长》,《中国社会科学》1981年第4期。

[②] 杜任之:《谈谈生活方式》,《社会》1982年第1期。

[③] 转引自王雅林、贾稚岩,《社会主义的生活方式问题》,《江汉论坛》1982年第10期。

[④] 以马克思、恩格斯《德意志意识形态》和马克思《路易·波拿巴的雾月十八日》,以及马克思《"政治经济哲学批判"序言》等为研究文本。

式看成区别阶级的重要指标和衡量生产方式的砝码。高丙中认为：马克思主义创始人使用"生活方式"的两种意义为后世奠定了生活方式研究的基本思路。在西方，韦伯以来的社会学家延续马克思的思想，把生活方式视为阶级（后演变为社会群体）的辨别指标，以大量的实证研究和理论建设把生活方式研究成一个专门的学术方向。而社会主义国家的社会学者们则侧重把生活方式看作生产方式的表征，认为生活方式是人的生命活动方式的总和，是全部生活活动的总和。[①] 在这一阶段，中西方关于生活方式的理论建构存在较大的差别，王雅林也认为："我国生活方式研究的初创阶段主要理论依据的是马克思主义的社会理论和历史唯物主义理论体系，同时受苏联生活方式研究的影响……但我国社会学的重建主要是在西方社会学基础上形成的学术体系，两者的话语体系不同，既成的生活方式的概念体系尚无法完全融入以西方社会学为基础的社会学知识体系之中。"[②]

第二阶段，理论发展和应用研究初探期。

学者们通过探讨有关生活方式的基本理论和概念，在生活方式的学科理论建设的探索上出版了《生活方式概论》（王雅林主编）、《生活方式论》（王玉波、王雅林、王锐生著）、《生活方式》（王玉波、王辉、潘允康著）、《新时代与生活方式》（刘崇顺著）等十余部著作，这些著作的共同特点是，试图以马克思的社会理论为指导建立生活方式的理论、概念分析框架。在应用研究方面，学者们探讨了劳动、闲暇、消费、交往、家庭、日常生活等领域的社会问题以及青年、妇女、老年、中年知识分子、少数民族、城乡各阶层的生活方式，还有的从应用理论层面对社会主义初级阶段生活方式的特点和发展规律，对我国社会生活方式的模式选择、生活方式指标体系、生活方式的国际比较等做了范围广泛的研究，发表论文上千篇，举办各种专题学术会议。

第三阶段，理论发展和应用研究缓慢发展期。

---

① 高丙中：《西方生活方式研究的理论发展叙略》，《社会学研究》1998年第3期。
② 王雅林：《生活方式的理论魅力和学科建构》，《社会学研究》2003年第5期。

1990年代尤其是2000年以后，市场经济发展、新型城镇化、技术发展等对生活方式产生影响，由此，这一阶段的研究内容包括：探索新社会问题下生活方式的性质和作用机制；西方生活方式理论综述；学科建设；对消费、闲暇、家庭生活、健康、体育锻炼、宗教等不同领域的社会问题的应用研究；对不同城乡、性别、民族、区域的生活方式的应用研究；继续关照青年、妇女、老年、中年知识分子、少数民族、农民工、受流动影响群体（流动和留守群体）、城乡各阶层的生活方式；探索生活方式的研究方法和测量指标等。可以发现，由于生活方式理论建构尚未形成公认的定论，且生活方式的内涵具有一定的包容性，直接以总体生活方式研究为稳定方向的研究人数减少，但对生活和生活方式的研究却又在社会学研究的各细分领域中得到一定呈现，这说明对社会的研究不论自觉程度如何，总是绕不开怎样生活的问题。[1]

（二）西方生活方式概念的理论基础和解释框架

生活方式研究发展到今天，呈现一种实证研究所占的比重远远大于理论研究的比重的状态。即使是生活方式的概念本身，也并不是不言自明的，围绕着生活方式展开的延伸性议题，也并不像"认同"（identity）、"群体"（group）、"阶层"（social class）等传统社会学核心概念那样有序。究其原因，大概正如高丙中所说："生活方式概念是用于解释别的概念的，而不是一个被解释的概念。"[2] 也就是说，在社会学领域，生活方式基本上并不是一个专门的核心概念，而是在不同的理论流派中有着不同的含义。近年来，社会研究、社会学研究渐渐注重将个人与社会、价值与事实、主体与客体、行动和结构的分析结合起来，主张回归生活世界。生活方式理论则是用来帮助搭建其理论基础的。维尔曾梳理了不同

---

[1] 王雅林：《生活方式研究40年：学术历程、学科价值与学科化发展》，《西北师大学报》（社会科学版）2019年第3期。

[2] 高丙中：《西方生活方式研究的理论发展叙略》，《社会学研究》1998年第3期。

第二章 生活方式研究：理论基础和实证回顾

的理论流派对于生活方式概念的不同诠释。①

（1）韦伯主义（Weberian）的解释：在韦伯的《经济与社会》（*Economy and Society*）一书中名为"阶层，地位和党派"（Class, Status and Party）的一章里，韦伯论证了社会区隔的划分并不仅仅来自基于经济关系的阶级区隔，还来自基于荣誉的地位。一个"有地位的群体"不但意味着在社会中有不同的荣誉，还意味其独有的生活方式。不过，韦伯只是强调了生活方式的作用，他和他的学派认为生活方式包括宗教实践、道德价值、穿着风格、性行为和是否饮酒等，虽然这些内容具有启发性，但它并没有构成一个全面的、精确的关于生活方式的定义。因此谢伊思（M. Scheys）扩展了韦伯的思路，认为生活方式是一系列符号构成的系统，或者说是与社会中的威望群体相关联的、特定的符号性行为。在他看来，生活方式不仅是社会过程的行为模式反应，还涉及社会关系中不同权力被行使/运用背后的机制。②

（2）亚文化（sub-cultrual）的解释：因为文化/亚文化都涉及共同价值观和共同的生活形态，所以它们必然和生活方式的概念有一定的关联。文化/亚文化的理论基础是，在社会中必然有一个被大多数人接受的主流文化，同样也会有一定的群体会发展出一些与主流文化大相径庭的（边缘的）亚文化。这一理论框架的意义在于，在多数情况下，生活方式都被赋予比较积极的意义，而亚文化意义下的生活方式则更体现了边缘群体的痛苦和挣扎。一些生活方式研究者可能会怀疑亚文化研究，因为亚文化典型研究只处理单一的、小众的、非主流的群体，且研究者经常运用激进的理论/意识形态方法；同样，亚文化研究者也会对许多"市场细分"和生活方式研究持怀疑态度，认为它们的数据不够充分，且隐含了理论/意识形态保守主义的立场。然而，事实上，在休闲社会学领域，亚文化研究和生活方式研究可以看作互为补充的层面。

---

① A. J. Veal., "The Concept of Lifestyle: A Review," *Leisure Studies* 4 (1993): 233-252.
② Micheline Scheys, "The Power of Life Style," *Loisir et Societe* 10 (1987): 249-266.

（3）心理学的解释：心理学视角对于生活方式的分析更多的在于个体层面而不是社会层面。比如前文提到的阿德勒根据他在20世纪20年代作为心理治疗师的经历，认为孩子在4—5岁左右的时候就形成了世界观，与弗洛伊德学派纠结于意识与潜意识之间的争斗不同，阿德勒强调把个体看成一个连贯的"完整的人"（whole person），而个体的价值观和指导原则为其生活方式提供了整体性框架。这一原则被阿德勒的追随者应用于性治疗、精神分裂症治疗和家庭治疗领域。[①] 阿德勒与韦伯一样，并没有给生活方式下一个精准的定义，更没有解释所谓的价值和主要原则系统是如何因人而异的，测量的问题仍然没有解决。同样，价值观与行为的相互作用和影响方式在文献中也没有明确说明。阿德勒研究的追随者们，更多地将目光放在了个体的"连续的生活方式"（coherent lifestyle）之上。[②]

（4）市场研究/消费心态学的解释：与大多数基于社会阶层、社会经济群体的解释框架不同，市场研究对于生活方式的兴趣源于市场细分（segmentation）的兴起，人们发现，消费行为的差异，不仅发生在不同的社会阶层之间，同时也发生在相同社会阶层的内部，因此消费市场研究者们使用价值变量建立数学模型考察生活方式的变化和区隔（建立数学模型的方法后来也被其他方向的研究采用，比如生活方式视角下的健康研究、女性研究、城市研究等）。最著名的研究是前文提到的关于美国九种生活方式的VALS类型学。[③] 近年来，价值变量模型的方法开始被研究者们质疑，因为这些模型大多太笼统，或者难以衡量一个具体的产品，或者它们看上去过于冗繁，不够有效。与韦伯和阿德勒只提供理论不提供测量方式不同，市场消费学视角只提供测量方式而没有提供足够的理

[①] H. Ansbacher, "Life Style: A Historical and Systematic Review," *Journal of Individual Psychology* 23 (1967): 191.

[②] J. R. Kelly, R. Rapoport, R. N. Rapoport, *Leisure and the Family Life Cycle* (London: Routledge & Kegan Paul, 1975).

[③] Arnold Mitchell, Warner Books, *The Nine American Lifestyles: Who We Are And Where We're Going* (New York: Macmillan, 1983).

第二章　生活方式研究：理论基础和实证回顾

论依据，不过，消费心理学视角也可以看作是对阿德勒心理学视角的补充，而消费群体或许也可以看作是韦伯主义视角下的具有不同社会地位的群体（许多衍生研究在使用"成就者"或"奋斗者"等术语时暗示了地位渴望的重要性）。

（5）空间视角的解释：空间分析本来是地理学领域的概念，后来逐渐地从自然科学向人文科学进行了跨越。社会学者也对空间现象产生了兴趣，诸如移民、社区和城中村等。空间视角下的生活方式研究有两种形式：其一兴起于二战之后，伴随着郊区城市化（suburbanization）的进程吸引了研究者们的注意，人们发现，城郊居住的人们的生活方式与城市和农村的生活方式都不相同，不过，这些研究并没有把重点放在生活方式的概念上，而是着重强调邻里关系；其二与地理人口统计有关，主要针对某个小型地区数据进行统计分析，通过居住、社会经济和人口学的数据，考察不同地区的居住形态对休闲、消费模式——也可以说是生活方式的影响，[1] 认为生活方式由住房条件、社会经济和人口因素以及休闲和消费行为等综合构成，可能是地方性/空间性的。当然，地理人口学的视角与其他定量的视角一样受到研究者的诟病，尤其是这一视角缺乏理论依据的支撑。不过，1990年祖金（Sharon Zukin）提出了一种有关基于"空间嵌入性"（spatial embeddedness）的消费模式的新的理论视角。[2]

（6）休闲方式（leisure styles）的解释：休闲方式在很多领域被使用，不过一直以来都不是主流的视角，很多相关研究都更侧重数据而轻视理论。另外一个重要的问题是对于活动的界定，我们不知道这些作为变量的活动是否可以是被替代的，因为它们往往基于一个狭窄的活动范围，基本上都限定于室外活动（outdoor）。而如果能够把活动的范围打

---

[1] 在英国，最著名的地理人口系统叫 ACORN，即住宅区的分类（A Classification of Residential Neighbourhoods），学者们考察了 ACORN 和休闲行为之间的关系。

[2] S. Zukin, "Socio-spatial Prototypes of a New Organization of Consumption: The Role of Real Cultural Capital," *Sociology* 24 (1990): 37-55.

开，研究者们就能找到核心活动（core activities），比如大多数人都会做的看电视、和亲朋好友交流等活动，然后和边缘的活动区分开来。另外一个和休闲方式有关的视角是度假/旅游研究，主要关注游客的品位与价值观的类型，[1] 以及人们现有的生活方式体系会如何对旅游中的行为产生影响。[2]

（7）消费文化（consumer culture）的解释：消费文化的研究者们侧重考察在当代和后现代的西方资本主义社会中商品和服务的消费模式及其过程的意义，以及生产者与消费者之间的中介机构的作用，包括设计师、市场营销、广告商和媒体等。这一经验主义的研究看上去很新颖，不过理论依据还是老的一套，即个人是否享受资本主义伦理所声称的真正的自由，还是这种自由只是一种幻觉，背后是被作为少数者的受益人所创建和操控的。近年来，一个新的问题是伴随着消费与时尚的重要性的增加，富裕的消费社会是否提供了机会为人们创造一个真正的自由环境，来彰显他们自我的时尚——新的生活方式和身份，很大程度上独立于传统的阶级、地位的限制。还是说，新兴的消费方式和风格与所谓"商品的光环"（aura of the commodity）仅仅只是资本实现剥削、操纵、支配和区隔的新工具。[3] 因此，"自由"成为在消费文化的视角下最大的争论话题，关键的问题是生活方式是个人或个人群体的自由、创造性的表达，还是资本主义及其代理人创造和操纵生活方式的手段。经济学者和市场主义者倾向于是真自由，而社会学者和文化研究者倾向于认为这是一种伪自由。

（8）性别视角（gender）的解释：整体说来，性别一直以来都不是生活方式研究的主流视角，现有的研究主要集中在性别差异上，也有少

---

[1] W. Perrault et al., "A Socio-psychographic Classification of Vacation Life Styles," *Journal of Leisure Research* 9 (1977): 3.

[2] D. Shih, "VALS As a Tool of Tourism Marketing Research: The Pennsylvania Experience," *Journal of Travel Research* 24 (1986): 2-11.

[3] M. Featherstone, "Lifestyle and Consumer Culture," *Theory, Culture & Society* 1 (1987): 55-70.

第二章 生活方式研究：理论基础和实证回顾

部分女性视角的研究。在心理学领域，有时会将女性生活方式单独列出，① 不过大部分定量研究，比如前文所提到的 VALS 研究，则没有考虑这一点，甚至倾向忽略性别。自生活方式被提出以来，有一些地域性的女性生活方式研究，比如北美的女性研究，② 英、法、美三国的女性比较研究，③ 女性的"传统"、"新传统"和"非传统"的三种生活方式研究，④ 以及女性的就业问题研究。⑤ 在未来，性别视角或许依然不会是生活方式研究的主流，不过（尤其是东方世界的）女性生活方式问题应该会逐渐地、更多地进入研究者们的视野。

（9）其他的解释：除了上述的研究路径之外，还有针对特殊的社会群体或社会现象的生活方式研究，不过大多使用的都是上述提到的研究路径。例如：老龄化和退休研究、⑥ "社区"（communes）的生活方式研究、⑦

---

① 例如 M. G. Greenberg et al., "Leisure Lifestyle: Segmentation by Interests, Needs, Demographics, and Television Viewing," *American Behavioral Scientist* 26 (1983): 4; S. Mehrotra et al., "Psychographics and Consumer Behavior: Theory And Recent Empirical Findings," in *Consumer and Industrial Buying Behavior* (New York: North HollandElsevier, 1977)。

② 例如 E. Ginzberg et al., *Life Styles of Educated Women* (New York: Columbia University Press, 1966)。

③ 例如 Urban Douglas, "Life-Style Analysis to Profile Women in International Markets," *Journal of Marketing* 41 (1977): 46。

④ 例如 A. N. O'Connell, "Correlates of Life Style: Personality, Role Concept, Attitudes, Influences and Choices," *Human Relations* 33 (1980): 8。

⑤ 例如 E. Matthews et al., "Attitudes toward Career and Marriage and the Development of Life Style in Young Women," *Journal of Counselling Psychology* 2 (1964): 4。

⑥ J. R. Kelly, *Peoria Winter: Styles and Resources in Later Life* (Boston: Lexington Books, 1987); R. J. Havighurst, "Leisure and Life Style," *American Journal of Sociology* 64 (1959): 5-11; R. J. Havighust et al., "Life Styles and Free Time Activities of Retired Men," *Human Development* 12 (1969): 34-54; H. G. Schutz et al., *Lifestyles and Consumer Behaviour of Older Americans* (New York: Praeger, 1979); R. H. Williams et al., *Lives Through the Years: Styles of Life and Successful Aging* (New York: Atherton Pre, 1965).

⑦ A. A. Aidala, "Communes and Changing Family Norms: Marriage and Lifestyle Choice Among Former Members of Communal Groups," *Journal of Family Issues* 10 (1989): 311-338; P. Cook, *Alternative Australia: Communities of the Future?* (Melbourne: Quartet Books, 1979); A. Rigby, *Alternative Realities: A Study of Communes and Their Members* (London: Routledge & Kegan Paul, 1974).

青年与青年亚文化研究、[①] 家庭研究、[②] 家庭设计研究。[③] 还有相当一部分的健康研究涉及生活方式，在这些语境下，生活习惯等同于日常生活方式，例如抽烟、饮酒等。[④]

通过以上的梳理我们可以看到，即使二战之后，西方社会关于生活方式的多角度、多路径探索呈现"爆发"的状态（尤其是20世纪60—80年代），可是在方法和方法论上并没有非常大的突破。大多数西方学者还是沿用韦伯主义的研究路径（正如中国学者沿用马克思主义的研究路径一样），究其原因，一方面，生活方式的定义和变量过于模糊；另一方面，生活方式作为一种学术概念还没有得到理论研究者的足够重视。

[①] M. Bernard, "Leisure-rich and Leisure-poor: The Leisure Patterns Of Yound Adults," *Leisure Studies* 3 (1984): 343 - 361; Brettschneider, *Adolescents, Leisure, Sport and Lifestyles*, Conference Paper to "*Moving Towards Excellence*", Loughborough University, England, 1990; J. Bynner et al., *Teenage Careers and Leisure Lives: An Analysis of Lifestyles*, paper to *The International Sociological Association XIIth Congress of Sociology*, Madrid, 1990; R. Jekins, *Lads, Citizens and Ordinary Kids: Youth Life-styles in Belfast* (London: Routledge & Kegan Paul, 1982).

[②] D. Deutsch, "Family Therapy and Family Lifestyle," *Journal of Individual Psychology* 23 (1967); J. G. & L. L. Hunt, "Here to Play: from Families to Life-styles," *Journal of Family Issues* 8 (1987); Lee, An Exploration of the Role of Family Life Style on Selected Behavior Variables, in *Advances in Consumer Research Vol. III*, 1976, Association for Consumer Research, Chicago.

[③] J. A. Davis, *Living Rooms as Symbols of Status: A Study in Social Judgement*, PhD dissertation, Harvard University, 1955; E. O. Laumann et al., *Living Room Styles and Social Attributes: the Patterning of Material Artifacts in a Modern Urban Community*, in *Logic of Social Hierarchies*, Markham, Chicago, 1970.

[④] J. D. Long et al., "Relationships of Locus of Control to Life Style Habits," *Journal of Clinical Psychology* 44 (1988): 209-214; Manton, "Life Style Risk Factors," *Annals of the American Academy of Political and Social Science* 503 (1989): 72 - 88; J. A. Jorgensen et al., "Life-style Themes of Unwed, Pregnant Adolescents Who Chose to Keep Their Babies," *Individual Psychology* 44 (1988): 466.

第二章 生活方式研究：理论基础和实证回顾

二 中西方生活方式研究的实证走向

虽然目前在社会科学界，生活方式理论还未形成共识和体系，我们必须也要承认，对生活方式的探讨不可能脱离实证研究。如前所述，在应用型研究方面，西方和中国的差异并不是很明显，使用的研究方法也以建立模型和数据分析为主（而在生活方式研究领域，理论和实证的结合一直是很大的问题，无论是韦伯主义还是马克思主义都很少在实证研究中被提及），下面我们将分别举例，介绍近年来中西方在生活方式视角下的应用性研究。

（1）生活方式与可持续发展：近年来，有关可持续的生活方式的讨论方兴未艾。① 在现代社会，个人身份和日常行为之间的那条线已经变得模糊，② 比如"绿色生活方式"（Green Lifestyle）倡导的理念，即低碳、节能（尤其是石油能源）、③ 减排，并且将其作为一种信念运用到生活的实践之中。④ 比如洛伦岑（J. A. Lorenzen）的研究就表明："绿色生活方式"已经渗透日常生活之中，包括交通、买菜、换尿布等，从减少环境危害到选择可持续发展的生活。环保成了行动的主题，同时也被作为未来新的生活方式的动机。而"绿色生活方式"的特征是具有连续性（coherence），人们坚信他们在做正确的事情（do the right thing），这种对话也终将发生在政策的制定者和倡导者之中。⑤

---

① E. David et al., Towards a Sociology of Sustainable Lifestyles, Working Paper to The Research Group on Lifestyles, *Values and Environment* (RESOLVE), London.

② A. Giddens, *Modernity and Self-identity: Self and Society in the Late Modern Age* (Cambridge: Polity Press, 1991).

③ O. Hallin, "Energy, Lifestyles and Adaptation," *Geografiska Annaler Series B Human Geography* 76 (1994): 173–185.

④ L. R. Kahle et al., *Communicating Sustainability for the Green Economy* (New York: M. E. Sharpe, 2014).

⑤ J. A. Lorenzen, "Going Green: the Process of Lifestyle Change," *Sociological Forum* 27 (2012): 94–116.

(2) 城市—农村（urban-rural）、城市—边缘城市（city-fringe）以及城市—郊区（urban-suburb）的生活方式研究：农村地区与大都市有着不同的生活方式，① 甚至在城市范围之内，也有不同的生活方式区隔，位置（location）是非常重要的参数之一。受地理位置影响的社区文化会影响个人的（休闲）生活方式（比如在沿海地区，冲浪就是一种常见的休闲方式）；另一方面，研究者也发现，在美国的城市中中心—边缘的生活方式差异与政治一体化（political integration）的公投相关，身处城市边缘的家庭急需相应的公共政策。② 社会学家们也注意到，城市化的扩张带来了郊区生活方式的改变，一方面，城市的增长给郊区化的进程带来了活力，另一方面，城市内的就业和贸易依然向饱和状态靠近，郊区化带来很多封闭性的就业机构，而郊区的人们也因此发展出来一套与城市中心完全不同的郊区生活方式。虽然城市视角下的生活方式研究需要放到具体的社会文化、经济结构之下来看，不过西方的个案研究方法对于中国的城市研究来说依然有参考意义。梁晨认为，市民化不仅包括制度身份的改变，还包括适应城市的一整套生活方式。通过考察一定数量的、在制度层面市民化的人群在消费方式、闲暇方式等生活方式方面的市民化程度，他判断，即使完成了身份、居住地的转变，农民的市民化仍然是个漫长的过程，户籍的转变并不能直接带来生活方式的转变。③

(3) 健康（health）与生活方式：早在人们注意到生活方式的概念之前，在健康研究领域的研究者们已经不同程度地提到了"健康的生活方

---

① 比如 Irving Tallman 和 Ramona Morgner 对城乡蓝领工人的对比研究，他们通过几项指标的测试表明，城市蓝领工人对于中产阶级的生活理念和生活方式更认同，引自 Irving T., Ramona M., "Life-Style Differences among Urban and Suburban Blue-Collar Families," *Social Forces* 3 (1970): 334-348。

② B. W. Hawkins, "Fringe-city Life-style Distance and Fringe Support of Political Integration," *American Journal of Sociology* 74 (1968): 3.

③ 梁晨：《生活方式市民化——对农转非居民消费模式与闲暇模式的探讨》，《青年研究》2012年第5期。

式"（healthy lifestyles）的重要性,[1] 不过，关于健康生活方式的理论研究并不多，库克汉姆（W. C. Cockerham）一次尝试了用韦伯—布迪厄主义的思路建立了有关个体健康生活方式的理论框架，他认为，健康生活方式的个人主义范式太狭窄并且不现实，因为它没有考虑到健康生活方式选择的结构性影响。为了纠正这一现象并且建立一种新的理论秩序，库克汉姆提出，将生活方式当成是一种个体行为来研究，忽视了社会结构和群体效应对生活方式的影响，因而需要将生活方式嵌入社会、文化和心理效应的综合模型中。据此，库克汉姆建立了一个与经验世界的影响相符合的框架（见图2-1），认为在社会结构、社会化经验以及经历的影响下，个体形成了对健康生活方式的生活选择，进而形成了健康生活方式的行动倾向（惯习），并发生生活方式行为（如吸烟、饮酒、饮食、锻炼和体检等）。这些行为模式进而形成了健康生活方式，这些方式又会影响他们的行动倾向（惯习）。

同时他也强调需要将理论框架嵌入健康生活方式的实践之中。[2] 在全世界各个不同的社会文化背景下，在各个学科不同的学理框架中，人们对于健康问题的关注却是一致的，比如人类学视角下的、针对美国非洲人社区的文化与健康关系的研究；[3] 比如针对东欧和俄罗斯的关于生活方式和延长人均寿命的、带有历史维度的研究，该研究从苏联的健康政策、社会压力与生活方式（比如在俄罗斯民族中比较普遍的酗酒问题）三个

---

[1] J. Harrington et al., "Living Longer and Feeling Better: Healthy Lifestyle, Self-rated Health, Obesity and Depression in Ireland," *The European Journal of Public Health* 20 (2010): 91-95.

[2] W. C. Cockerham, "Health Lifestyle Theory and the Convergence of Agency and Structure," *Journal of Health and Social Behavior* 46 (2005): 51-67.

[3] W. W. Dressler et al., "The Health Consequences of Cultural Consonance: Cultural Dimensions of Lifestyle, Social Support, and Arterial Blood Pressure in an African American Community," *American Anthropologist* 102 (2000): 244.

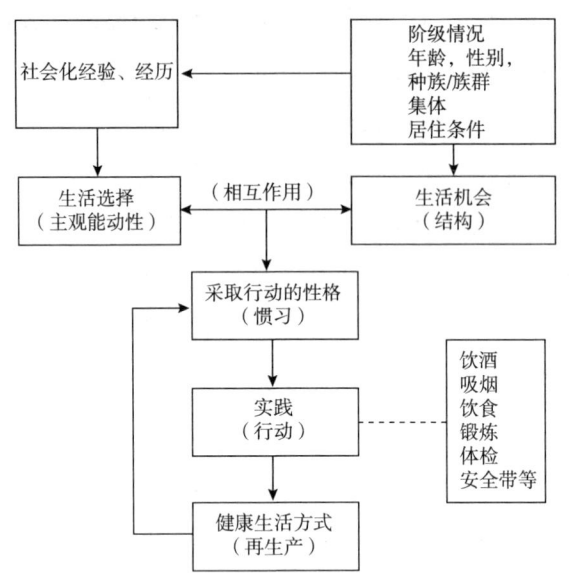

图 2-1　库克汉姆关于个体健康生活方式的理论框架

角度入手;[①] 在中国,健康与生活方式的研究已经起步,詹宇波总结了中西方的经验,并展开了关于健康不平等的讨论,他指出,2019年的对于仅仅使用 GDP 等经济指标来衡量一国发展水平的做法在世界范围受到诟病。如何确定一个合理的指标体系,从而做到切实而全面地考察一国居民的福利水平,成为包括中国在内的世界各国亟待解决的问题。[②]

(4) 婚姻/伴侣关系与生活方式:伴侣关系的研究,作为家庭生活方式的外延,已经在西方世界普遍展开,只是目前还没有在中国社会学界产生水花,究其原因,应该是婚恋文化的差异问题。在西方社会已经出现了除了婚姻之外的其他伴侣关系(同居、事实婚姻等)。随着全球化、城市化、现代化的进程,伴侣关系研究也终将进入中国学者们的视野之中,并且作为中国女性社会地位提升的一个重要标志。有学者曾经对荷

---

① W. C. Cockerham, "The Social Determinants of the Decline of Life Expectancy in Russia and Eastern Europe: A Lifestyle Explanation," *Journal of Health and Social Behavior* 38 (1997): 117-130.

② 詹宇波:《健康不平等及其度量:一个文献综述》,《世界经济文汇》2009 年第 3 期。

第二章 生活方式研究：理论基础和实证回顾

兰 1523 对伴侣进行了休闲方式的考察，重点区分了双方的共享休闲方式和独立休闲方式，他们将休闲活动分为四个大类：探亲访友、娱乐、室外活动和室内活动，并发现现代伴侣并非高度个体化的。接下来他们又分析了为什么有一些伴侣的独立休闲方式要高于其他的，结论是，生活周期（life cycle）对休闲方式是否独立的影响最大，而价值观和同质性的影响最小，此外他们还发现，有孩子的伴侣的休闲方式受到孩子生活习惯和时间计划的限制，以及，双职工的伴侣并没有比其他类型的伴侣在休闲方式上更加独立。[①] 如果这一研究的思路能够引入中国，将对婚姻关系研究有很大的启发。在此基础上，可以展开一系列的中国家庭婚姻生活幸福感的定量以及定性研究。

（5）移民生活方式：国内外对移民生活方式的研究主要从空间和社会网络分析两个视野出发研究移民的过程。阿帕都莱（Appadurai）最早将空间概念应用到移民生活方式的变迁研究上，他认为在全球化的脉络下，移民的流动构成了族群地景，这地景是由移民的去领域化和再领域化的经验而形成的。社会网络分析强调人与人之间的互动模式，这些理论有助于解释移民个人与结构的互动。如美国著名的社会学家马西斯就是最早以社会网络分析研究了美国的墨西哥移民社群的社会交往。此后，马西斯和保迪等人的著作里，不仅涉及移民群体内部的网络，他们还把移民和非移民联系在一起，移民网络被定义为一组持续的人与人之间的关系，而互惠关系网的形成有利于移民进入和适应社会。[②]

（6）妇女与生活方式（消费、健康与性别平等视角）：妇女作为社会生活中的特殊群体，其生活方式类型研究和消费方式研究是生活方式研究中的一个独特分支。早在20世纪60—70年代，伴随着女性走出家庭，进入工作岗位，曾经有一系列的女性生活方式研究（包括女性消费方式

[①] M. Kalmijn et al., "Joint and Separated Lifestyles in Couple Relationships," *Journal of Marriage and Family* 63 (2001): 1-41.

[②] 转引自孟庆洁：《上海市外来流动人口的生活方式研究》，华东师范大学博士学位论文，2007。

研究、女性知识分子研究、女性休闲研究等)。但性别视角(包括女性视角)在生活方式的研究中并不占主流地位。妇女生活方式的研究主要集中于三方面。

第一是妇女消费生活方式研究。用消费方式概念替换生活方式概念,讨论主题就是消费方式,20世纪80年代以来大量关于消费社会的研究就是在这层意义上产生的。下表列出了西方国家从消费视角的生活方式的应用研究。可见,西方国家对于妇女生活方式的研究,往往围绕消费方式开展研究,此时期研究集中在传统女性与现代女性生活方式差异比较,而研究的侧重点集中在以消费生活方式的研究:女性高参与劳动力市场引发的女性角色的转变,使得已有原来的家庭主妇的角色转为步入劳动力市场的角色转变,女性态度、生活方式和行为的研究一时间蜂拥而至,如 Cosmas(1982)年调查了1797名来自不同国家的女性,研究女性消费生活方式和日用品消费间的关系,发现在日用产品的消费中,归结了7种消费模式(个人护理、装料、烹饪和烘焙、自我放纵、社交、儿童用品、个人形象)和7种生活方式(守旧派、失意派、生活扩张派、移动设备派、世故派、活跃派、即时满足派)。[1]

第二是社会性别与妇女生活方式。后期至近代,由女性地位提升转型期进入稳定期后,男女性别不平等为特点的社会性别领域成为主要的研究内容。社会性别与妇女生活方式的研究主要集中在男女两性在社会中扮演角色的不同,以及因性别不同拥有的权利和资源的不均而引发的性别不平等。男女两性拥有的社会资本不同而导致两者在社会中的总体发展上存在巨大差距,从而形成性别社会区隔。

第三是妇女健康生活方式研究。一直持续的研究内容则集中在妇女健康生活方式的研究,妇女作为特殊的社会群体,其特定的社会角色、生理和年龄特点使妇女健康生活方式研究突出呈现。研究主要集中于两方面,一方面,随着生活方式疾病的发生率和致死率越来越高,研究者

---

[1] S. C. Cosmas, "Life Styles and Consumption Patterns," *Journal of Consumer Research* 8 (1982): 453-455.

表 2-1　消费视角下的西方生活方式研究一览

作者	研究领域	主要发现
Cosmas（1982）	妇女与消费	发现女性的 7 种消费模式和 7 种生活方式
Jackson 等（1990）	妇女与消费	工作女性和家庭主妇之间的生活方式差异
Gutman，Mills（1982）	妇女与消费	商场顾客的时尚生活方式和购买趋势
Roberts，Wortzel（1979）	妇女与消费	女性食品购买的新生活方式因子
Venkatesh（1980）	妇女与消费	女性角色的转变
Wells，Cosmas（1977）	妇女与消费	法国和英国家庭主妇角色的对比研究
Reynolds（1972）	妇女与消费	购买与商场光顾：消费者的生活方式分析
Valette-Florence（1985）	日用品消费	日用产品消费和生活方式的关系
Valette-Florence（1987）	日用品消费	价值观、生活方式和日用产品消费之间的显著关系
Kamakura，Wendel（1995）	服装时尚消费	用访谈的方式进行市场细分，减少了问卷的问项，从而节约了时间和成本
Tell 等（1979）	大众媒体	电视和收音机观（听）众的生活方式研究
Tigert（1969）	媒体选择	生活方式的再测信度分析
Villani（1975）	大众媒体	生活方式、个性和电视观看行为
Jackson（1974）	休闲	休闲态度的跨文化研究
Thompson，Kaminski（1993）	服务质量期望	与服务质量期望相关的市场细分，研究结果优于人口统计方法得到的结果
Lesser，Hugbes（1986）	市场行为	区域市场的生活方式市场细分
Robertson，Wind（1980）	市场行为	组织和革新的生活方式研究
Ziff（1974）	市场行为	生活方式市场细分
Burnett（1981）	社会行为	献血者的人口统计和生活方式特征
Pressemier，Handelsman（1984）	社会行为	消费者行为随时间的变化

资料来源：根据 Ana M. González, L. Bello, The Construct "Lifestyle" In Market Segmentation: The Behaviour Of Tourist Consumers, *European Journal of Marketing* 36（2002）整理。

更加关注积极生活方式对妇女常见疾病如冠心病、宫颈癌、肥胖症、心血管等生活方式病的治疗或预防作用，探索出生活方式具有的保健功能。Ramachandran 等（2016）检索 2004 年到 2015 年所有有关妇女冠心病与生活方式关系研究的文章，整理有关 21 篇文献发现，妇女对于冠心病是女性死亡主要原因的认识不理想，且积极健康的生活方式与认知冠心病是女性死亡主要原因、冠心病风险因素的有关知识有积极关系,[①] 即妇女在意识到冠心病是女性死亡主要原因及熟知冠心病风险因素的知识后更有利于妇女实施健康的生活方式,如放弃抽烟、不健康的饮食、参与体育锻炼,减肥等。也有诸多学者指出积极的生活方式(如体育锻炼)对于延缓衰老、改善身体机能有重大作用;此外,肥胖问题与生活方式存在密切关系,通过积极生活方式干预可以改善肥胖问题。另一方面,研究集中于特定年龄阶段妇女,如绝经妇女、孕期妇女、中年妇女等处于女性生命周期中关键阶段的妇女。也有学者研究了1769名56—69岁中老年妇女人群健康的生活方式,如规律的体育锻炼、健康的饮食消耗等,与身体功能间的关系,发现规律的体育活动与中年妇女健康的身体功能有显著相关。[②] 此后,西方女性视角下的生活方式研究并没有突破性的进展,我们认为,是因为生活方式和女性视角都是解释性的变量,而不是被解释的核心概念,需要找到第三个核心概念才足够撑起一个研究的理论框架。关于妇女与消费文化,在社会学领域已经有相当数量的基于消费社会学、时尚社会学的成果,比如,许艳丽提出的女性消费生活方式的社会建构问题,[③] 将生活方式视角与女性消费文化[④]联系起来,她认为,女性的消费生活方式是一种社会建构,是一种受操纵的社会现象,它的产生机制建立在传统社会性别文化的基础上,在市场的操纵下利用传媒造势,营造精致生活方式的幻景,目的是刺激大众消费。由广大女性积极参与的消费文化制造了一个假象、一个伪概念,那就是消费等于女性,也即

[①] H. J. Ramachandran, V. X. Wu, Y. Kowitlawakul & W. Wang. "Awareness, Knowledge and Healthy Lifestyle Behaviors Related to Coronary Heart Disease among Women: An Integrative Review," *Heart and Lung: The Journal of Critical Care* 45 (2016): 173-185.

[②] Nackers et al., "The Effect of a Healthy Lifestyle on Future Physical Functioning in Midlife Women," *Medicine and Science in Sports and Exercise* 49 (2017): 274.

[③] 许艳丽:《女性消费生活方式的社会建构与反思》,《中华女子学院学报》2008年第6期。

[④] 郭景萍:《女性消费文化的社会意义分析》,《湖南师范大学社会科学学报》2003年第6期;刘胜枝,《消费与现代女性的自我实现:时尚杂志中的女性价值观念诉求》,《中国青年研究》2006年第1期。

女人是消费活动的积极参加者和推动者,女人是消费社会的"罪魁祸首"。消费的性别偏见也削弱了女性在生态环境保护等公共议题中的积极作用。

三 中国妇女生活方式研究的发展态势

自20世纪80年代以来,"妇女生活方式"亦进入我国人文社科领域的研究范畴。本章试图通过对1986—2019年有关妇女生活方式学术文献的梳理,对中国妇女生活方式领域的相关研究成果进行回顾和总结,以探讨妇女生活方式的研究现状和发展态势。

本研究的研究数据来自中国知网（www.cnki.net）的检索,检索范围包括中国知网内的中国期刊全文数据库中的人文社科领域的核心和非核心期刊、优秀硕士学位论文全文数据库和博士学位论文全文数据库,其中人文社科领域包括哲学与人文科学、社会科学Ⅰ辑、社会科学Ⅱ辑、经济与管理科学；国家图书馆的馆藏图书数据库及《中国妇女研究年鉴》上的论文、专著目录。通过以1986—2019年为时间段,分别以"妇女""女性""性别""女童"等与"生活方式"组成关键词进行搜索,[1] 共获得有关妇女生活方式研究的期刊论文240篇,学位论文177篇（硕士146篇,博士31篇）,专著16部,总计433篇/部。

以下是以这433篇/部的论文/专著为基础进行的分析。

（一）总体态势

1. 总体发展态势

（1）数量及年代分布

本章所搜索到的1986—2019年在人文社科期刊上发表的、硕博论文

---

[1] 需要说明的是,由于广义生活方式的内涵非常丰富,为便于统计,本研究仅以"生活方式"与"妇女""女性""性别""女童"等为关键词进行搜索,不涉及下文中婚姻、居住、闲暇、养老等具体生活方式/模式等的关键词。后文涉及具体领域时,再根据相关的关键词进行搜索,以进一步深入了解研究进展和研究态势。

库收录的和正规出版社正式出版的论文（包括期刊论文和硕博论文）及专著共计 433 篇/部，其数量的年代分布如表 2-2 所示。

表 2-2　1986—2019 年论文和专著数量分布

年份	论文/专著数（篇/部）	占比（%）	与上年比较（百分点）
1986	2	0.5	/
1987	1	0.2	-0.3
1988	1	0.2	0
1989	1	0.2	0
1990	2	0.5	+0.3
1991	2	0.5	0
1992	1	0.2	-0.3
1993	3	0.7	+0.4
1994	0	0	-0.7
1995	2	0.5	+0.5
1996	2	0.5	0
1997	2	0.5	0
1998	0	0	-0.5
1999	4	0.9	+0.9
2000	6	1.4	+0.5
2001	2	0.5	-0.9
2002	11	2.5	+2.0
2003	13	3.0	+0.5
2004	8	1.8	-1.2
2005	15	3.5	+1.7
2006	19	4.4	+0.8
2007	14	3.2	-1.2
2008	27	6.2	+3.0
2009	18	4.2	-2.0
2010	32	7.4	+3.2
2011	41	9.5	+2.1
2012	27	6.2	-3.3
2013	36	8.3	+2.1

续表

年份	论文/专著数（篇/部）	占比（%）	与上年比较（百分点）
2014	33	7.6	-0.7
2015	27	6.2	-1.4
2016	18	4.2	-2.0
2017	20	4.6	+0.4
2018	14	3.2	-1.4
2019	29	6.7	+3.5
总计	433	100.0	/

第一，在1986—2019年，共发表、收录、出版了论文和专著433篇/部，平均每年12.7篇/部。

第二，从各年份的数量分布看，最多的为2011年，41篇/部，占9.5%；最少的为1994年和1998年，均为0篇/部，最多年份与最少年份有一定的差异。

第三，2019年与1986年相比，2019年发表/收录/出版的论文和专著为1986年的14.5倍。即，就发展态势而言，妇女生活方式论文和专著的数量呈增长态。

第四，1986—2019年的年均增长率为39.71%，即，就平均增长率而言，妇女生活方式论文和专著的数量有较高的增长值。

第五，就相邻年份数量所占百分比相比，差距最大的为2018年（3.2%）与2019年（6.7%），为3.5个百分点；最大差距值与最小差距值之间的差异并不显著。即，就发表/收录/出版数而言，各相邻年份的差距并不大，呈现某种变化的常态。

第六，以数量分布为基础，可以将妇女生活方式论文和专著数量的发展划分为三个阶段（图2-2），一是1986—2001年，这16年间，发表、出版数的变化不大，发表、出版数基本保持在0—6篇/部之间（平均为1.9篇/部），为发展缓慢阶段；二是2002—2011年，在这10年中，发表、出版数基本在8—41篇/部之间（平均为19.8篇/部），且呈现快速增长的态势，为快速增长阶段；三是2012—2019年，基本在14—36篇/

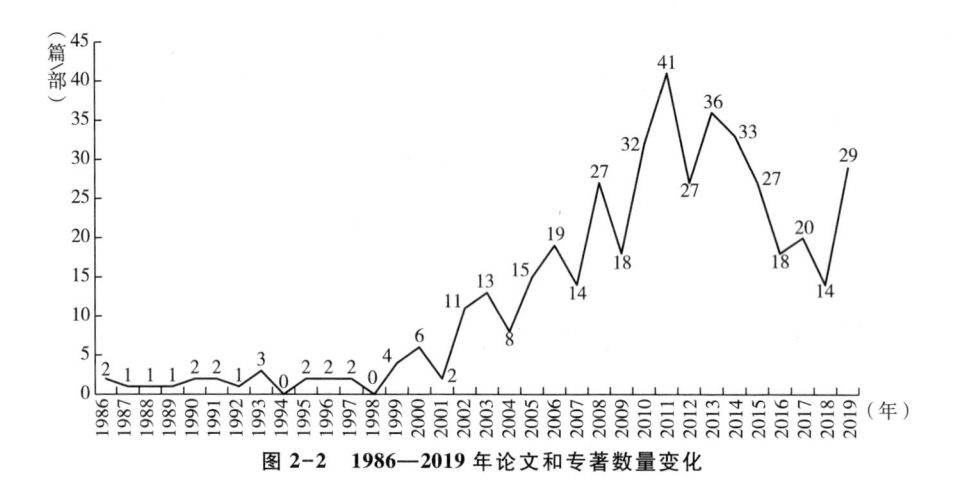

图 2-2 1986—2019 年论文和专著数量变化

部（平均为 25.5 篇/部），虽然数量有波动，但总体呈现增长的态势，为波动发展阶段。

（2）研究内容

通观 1986—2019 年所发表和出版的 433 篇/部妇女生活方式人文社科类学术论文/专著，可将其内容基本划分为十七大类，按所占比例由多到少排序，这些内容具体分布如表 2-3 所示。

表 2-3 1986—2019 年论文和专著内容分布

序号	内容	论文/专著数（篇/部）	占比（%）
1	妇女与总体生活方式研究	60	13.9
2	妇女与体育生活方式	54	12.5
3	妇女与心理、身体健康	39	9.0
4	妇女与生殖/生育/性生活	38	8.8
5	妇女与消费方式	35	8.1
6	妇女、形象、文化象征	27	6.2
7	妇女与婚姻家庭生活	27	6.2
8	妇女与闲暇/精神生活	26	6.0
9	妇女与职业/就业	20	4.6
10	妇女与生活质量	19	4.3

续表

序号	内容	论文/专著数（篇/部）	占比（%）
11	生活方式与性别	19	4.3
12	妇女、身体、美学	18	4.2
13	妇女与社会地位	18	4.2
14	妇女与教育	15	3.5
15	妇女与政治生活	14	3.2
16	妇女、宗教和生活	2	0.5
17	妇女与生命安全	2	0.5
	总计	433	100.0

第一，在1986—2019年，在妇女生活方式领域最受关注的是"妇女与总体生活方式研究"这一议题，论文/专著数占总数的13.9%。这从一个侧面提示我们，1986—2019年，在人文社科领域，学者们仍更多地从妇女生活方式综合方面来进行探讨，妇女的生活方式在较大程度上是指日常生活，包括衣、食、住、行，以及妇女生活方式的变迁。

第二，如果以10%为较多值的最低标准，十七大类内容中有以下两大类超过了这一底线：妇女与总体生活方式研究（13.9%）和妇女与体育生活方式（12.5%），且两者合计占总数的四分之一，即有关妇女与总体生活方式研究、妇女与体育生活方式这二者构成了人文社科领域近30多年来有关妇女生活方式研究内容的绝对多数。

第三，在总数中所占比例低于1%的为"妇女、宗教和生活"（0.5%）、"妇女与生命安全"（0.5%）。这意味着在1986—2019年，人文社科领域有关妇女生活方式的研究中，这两大议题所获得的关注度是极低的。

第四，以占比划分，十七大内容基本可分为三大版块：一是超过10%的较高值（两大类）；二是低于10%，高于1%的较小值（十三大类）；三是低于1%的极小值（两大类）。这三大块之间比例差距较大。这表明，人文社科领域有关妇女生活方式研究的各类内容所获得的学术关注度是较不平衡的。

第五，在占比的分布中，同因子的专题往往分散在不同的版块中。如，同属"日常生活研究"的"妇女与体育生活方式（12.5%）""妇女与消费方式（8.1%）""妇女与闲暇/精神生活（6.0%）"，以及"妇女、宗教和生活（0.5%）"分别可纳入第一、第二和第三版块；同属"生命健康"的"妇女与心理、身体健康（9.0%）"和"妇女与生命安全（0.5%）"分别可归于第二和第三版块。这表明，在人文社科领域有关妇女生活方式的专题研究中，相关议题的研究存在着较大的离散性。

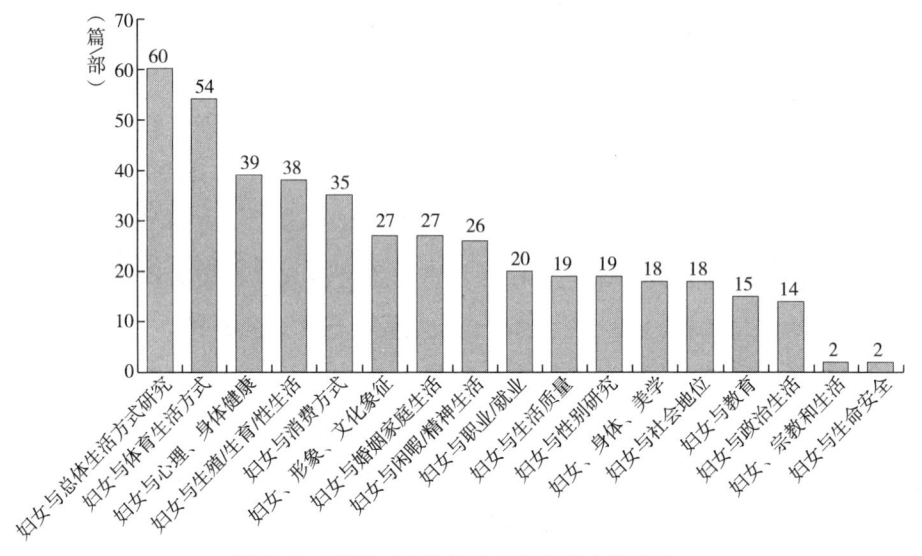

图 2-3　1986—2019 年论文和专著内容分布

（3）研究对象

1986—2019 年，人文社科领域中有关妇女生活方式的研究对象呈现多元化的态势，但关注度有较大的差距。

按民族分（见表 2-4），研究对象包括了多个民族的妇女，其中，以少数民族妇女为研究对象的共 24 篇/部，其中特定的少数民族包括回族、维吾尔族、达斡尔族、壮族、彝族、布依族、傈僳族、裕固族、德昂族、哈萨克族、景颇族、黎族、朝鲜族、苗族和藏族，而有关其他特定少数民族妇女生活方式的研究则处于空白状态。

第二章　生活方式研究：理论基础和实证回顾

表 2-4　以少数民族妇女为研究对象的论文/专著的数量分布

民族	数量（篇/部）	占比（%）
少数民族（整体角度）	3	12.4
回族	3	12.4
维吾尔族	3	12.4
达斡尔族	2	8.3
壮族	2	8.3
彝族	1	4.2
布依族	1	4.2
傈僳族	1	4.2
裕固族	1	4.2
德昂族	1	4.2
哈萨克族	1	4.2
景颇族	1	4.2
黎族	1	4.2
朝鲜族	1	4.2
苗族	1	4.2
藏族	1	4.2
总计	24	100.0

按阶层[①]分（见表2-5），研究对象包括了职业上层、职业中层和职业下层妇女，其中，共有38篇/部论文和专著从阶层的角度论及妇女的生活方式，其分布为：有关女领导干部等职业上层妇女生活方式的，共1篇/部，占2.6%；有关职业女性、女教师等职业中层妇女生活方式的，共29篇/部，占76.3%；有关农民、女职工、女性农民工等职业下层妇

---

① 中国社会科学院社会学研究所有关中国社会阶层的研究将中国的社会阶层分为国家与社会管理者、经理人员、私营企业主、专业技术人员、办事人员、个体工商户、商业服务业人员、产业工人、农业劳动者、失业半失业者这十大阶层。其中，前三者属社会上层，中间三者属社会中层，后四者属社会下层。本研究参照中国社科院社会学研究所的有关社会阶层的分层，将职业层次分为三类：上层、中层、下层（详见陆学艺，《当代中国社会流动》，社会科学文献出版社，2004）。

女生活方式的，共 8 篇/部，占 21.1%。可见，从阶层角度看，职业中层和职业下层妇女是近 30 多年来人文社科领域妇女生活方式研究的重点。

表 2-5 以阶层为研究对象的论文/专著的数量分布

阶层	数量（篇/部）	占比（%）
职业上层	1	2.6
职业中层	29	76.3
职业下层	8	21.1
总计	38	100.0

按区域分（见表 2-6），研究对象包括了城市妇女和乡村妇女，其中，共有 66 篇/部论文和专著从区域的角度论及妇女的生活方式。具体分布为：以城市妇女为研究对象的论文和专著共 25 篇/部，占 37.9%；以农村妇女为研究对象的论文和专著共 41 篇/部，占 62.1%。可见，从区域角度看，相较于城市妇女的生活方式，农村妇女的生活方式更被学者们所关注。

表 2-6 以区域为研究对象的论文/专著的数量分布

区域	数量（篇/部）	占比（%）
城市	25	37.9
农村	41	62.1
总计	66	100.0

按特定人群分（见表 2-7），共有 37 篇/部论文和专著从特定人群的角度论及妇女的生活方式。具体分布为：以育龄妇女为研究对象的论文和专著共 10 篇/部，占 27.1%；以经期妇女为研究对象的论文和专著共 9 篇/部，占 24.3%；以留守妇女为研究对象的论文和专著共 8 篇/部，占 21.6%；以未婚妇女为研究对象的论文和专著共 7 篇/部，占 18.9%；以流动妇女为研究对象的论文和专著共 3 篇/部，占 8.1%。可见，从特定人群角度看，受流动影响妇女（留守和流动妇女）的生活方式最受关注，共 11 篇。

表 2-7　以特定人群为研究对象的论文/专著的数量分布

人群	数量（篇/部）	占比（%）
育龄妇女	10	27.1
经期妇女	9	24.3
留守妇女	8	21.6
未婚妇女	7	18.9
流动妇女	3	8.1
总计	37	100.0

按妇女生命周期分（见表 2-8），研究对象包括了青年、中年、更年期和老年妇女，其中，共有 36 篇/部论文和专著论及各生命周期阶段妇女的生活方式。具体分布为：以青年女性为研究对象的论文和专著共 8 篇/部，占 22.2%；以更年期妇女为研究对象的论文和专著共 8 篇/部，占 22.2%；以中年妇女为研究对象的论文和专著共 7 篇/部，占 19.4%；以老年妇女为研究对象的论文和专著共 13 篇/部，占 36.2%。可见，从妇女生命周期角度看，老年妇女的生活方式最受关注，其次为青年和更年期妇女的生活方式，而婴幼儿和青少年女性生活方式的研究未被涉及，说明我国学者忽略了女童的生活方式。

表 2-8　以生命周期为研究对象的论文/专著的数量分布

生命周期	数量（篇/部）	占比（%）
青年	8	22.2
更年期	8	22.2
中年	7	19.4
老年	13	36.2
总计	36	100.0

按大环境分（见表 2-9），以妇女生活方式的大环境为研究对象的研究，包括了社会、经济、文化和自然环境等四方面，共有 86 篇/部论文和专著。其中，以社会环境为研究对象的论文和专著共 32 篇/部，占 37.2%；以经济环境为研究对象的论文和专著共 30 篇/部，占 34.9%；以文化环境

为研究对象的论文和专著共17篇/部,占19.8%;以自然环境为研究对象的论文和专著为7篇/部,占8.1%。可见,从大环境角度看,更多的研究关注的是社会环境对妇女生活方式的影响,经济环境对妇女生活方式的影响次之,再者是文化环境对妇女生活方式的影响,最少的是自然环境对妇女生活方式的影响。

表 2-9 以大环境为研究对象的论文/专著的数量分布

环境	数量(篇/部)	占比(%)
社会环境	32	37.2
经济环境	30	34.9
文化环境	17	19.8
自然环境	7	8.1
总计	86	100.0

(4)妇女生活方式研究的地位

从数据的可获得性出发,鉴于核心期刊论文和硕博士论文所具有的较高的学术地位代表性,本章以期刊论文和硕博士论文为一个侧面,探讨妇女生活方式研究在妇女研究和人文社科研究中的地位及变化。

第一,在人文社科学术主流中的地位。

一是从妇女生活方式研究期刊论文在人文社科类期刊论文中所占比例及变化看,就总比例而言,1986—2019年,人文社科领域的期刊论文为38044957篇,妇女健康研究的论文为240篇,后者仅占人文社科领域期刊论文总数的0.063‰,可谓沧海一粟。

二是从有关妇女生活方式研究论文在人文社科核心期刊和非核心期刊上的发表数比较看,30多年来发表的240篇妇女生活方式研究论文中,在核心期刊上发表的共42篇,占17.5%;在非核心期刊上发表的共198篇,占82.5%。这表明,相比较而言,妇女生活方式研究成果进入人文社科学术主流、被学术主流所认可的尚属少数。

三是从硕博士学位论文中有关妇女生活方式专题所占的比例及变化看,1986—2019年,人文社科领域的硕博士论文为1833106篇,妇女生活方式研究的论文为 177 篇,后者占妇女研究论文总数的 0.097‰。这表明,在代表人文社科高学术地位的硕博士学位论文中,妇女生活方式研究的地位也是极低的。

第二,在妇女研究中的地位。

一是从妇女生活方式研究期刊论文在妇女研究期刊论文中所占的比例及变化看,1986—2019 年,关于妇女研究的期刊论文为 595426 篇,妇女生活方式研究的期刊论文为 240 篇,后者占妇女研究论文总数的 0.40‰。如果以在妇女研究期刊论文中所占的比例作为妇女生活方式研究在妇女研究中的基础地位的一大标示器,那么,这表明,妇女生活方式研究在妇女研究中的基础地位是较弱的,30 多年来的增长也是微弱的。

二是从妇女生活方式专题在硕博士学位论文中所占的比例及变化看,1986—2019 年,关于妇女研究的硕博士论文为 29157 篇,妇女生活方式专题为 177 篇,后者占妇女研究论文总数的 0.61%。这表明,妇女生活方式的研究在代表妇女研究较高学术地位的硕博士学位论文中地位也是较低的。

2. 期刊论文发展态势

(1) 数量及年代分布

1986—2019 年,在人文社科类期刊上发表的有关妇女生活方式的论文共 240 篇。

表 2-10　1986—2019 年期刊论文数量分布

年份	论文数(篇)	占比(%)
1986	1	0.4
1987	1	0.4
1988	1	0.4
1989	0	0
1990	1	0.4
1991	2	0.8
1992	1	0.4

续表

年份	论文数（篇）	占比（%）
1993	2	0.8
1994	0	0
1995	2	0.8
1996	2	0.8
1997	2	0.8
1998	0	0
1999	3	1.3
2000	6	2.5
2001	2	0.8
2002	10	4.2
2003	11	4.6
2004	4	1.7
2005	8	3.3
2006	7	2.9
2007	10	4.2
2008	18	7.5
2009	9	3.8
2010	22	9.2
2011	23	9.6
2012	14	5.8
2013	10	4.2
2014	18	7.5
2015	17	7.1
2016	10	4.2
2017	10	4.2
2018	6	2.5
2019	7	2.9
总计	240	100.0

表2-10显示，从论文分布的年份上看，数量最多的为2011年，为

23篇；最少的为1989年、1994年和1998年，为0篇；各年年均7.1篇。

若以2001年为界，从论文年平均数量看，1986—2001年，年均数为1.6篇；2002—2019年，年均数为11.9篇。后者总量较前者年份总量增加了188篇，增加了7.2倍。就总体而言，有关妇女与生活方式期刊论文发表数量的增长步伐在2001年以后开始加快，且呈逐年波动发展态势（见图2-4）。

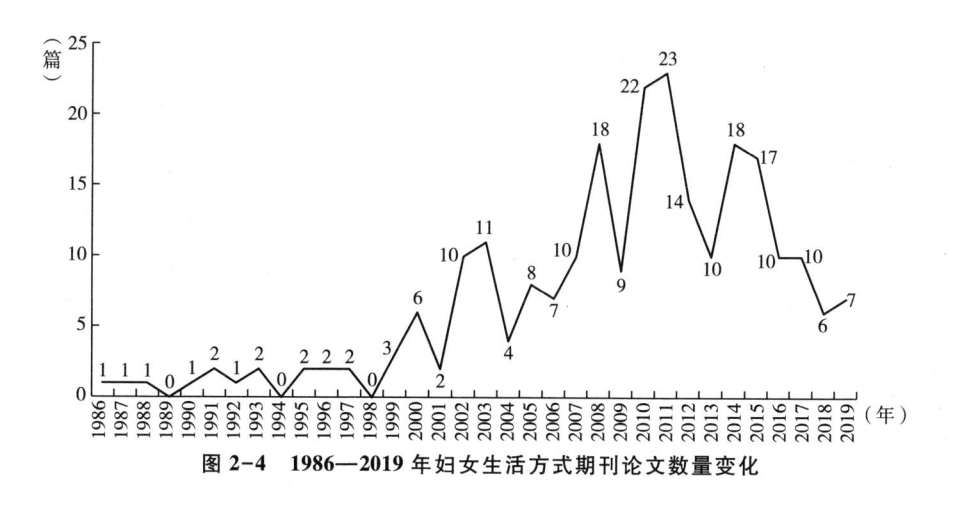

图2-4　1986—2019年妇女生活方式期刊论文数量变化

（2）学科分布

从学科角度上看（见表2-11），如果以10%为比较多的最低标准，有比较多数妇女生活方式学术研究产出的学科为预防医学与卫生学、体育学、社会学和妇女学。其中，所占比重最大的为预防医学与卫生学，占总数的20.8%，接下来依次为体育学，占17.5%；社会学，占11.7%；妇女学，占10.0%。经济学所占比例为5.8%，政治学所占比例为5.4%，文学所占比例为5.0%。其他学科均不到5%，合计为23.8%。所占比重超过10%的预防医学与卫生学、体育学、社会学和妇女学共计比重达60.0%。

这表明，第一，"妇女与生活方式"更多地被学者们认为是"医学健康问题/议题"、"运动锻炼问题/议题"、"社会问题/议题"和"性别差异问题/议题"，而在预防医学与卫生学、体育学、社会学和妇女学领域得到了更多的研究；第二，预防医学与卫生学、体育学、社会学和妇女学领域的学者更关注妇女生活方式领域，对这一领域的问题和/或议题的研究有更多的投入和产出。

表 2-11 期刊论文的学科分布

学科	论文数（篇）	占比（%）
预防医学与卫生学	50	20.8
体育学	42	17.5
社会学	28	11.7
妇女学	24	10.0
经济学	14	5.8
政治学	13	5.4
文学	12	5.0
管理学	10	4.2
人口学	9	3.8
统计学	8	3.3
历史学	7	2.9
民族学	6	2.5
老年学	4	1.7
艺术学	4	1.7
法学	3	1.3
教育学	2	0.8
人类学	2	0.8
新闻学	2	0.8
总计	240	100.0

（3）研究内容

从研究内容上看（见表 2-12），第一，1986—2019 年所发表的有关妇女生活方式的期刊论文中，所占比例最多的是妇女与体育生活方式（运动健身）这一议题，占 14.2%，可见妇女的运动健身问题在期刊论文中获得更多的关注；第二是妇女与总体生活方式研究，占 12.5%；第三是妇女与心理、身体健康，占12.5%；第四是妇女与生殖/生育/性生活，占10.4%。如果以10%为较多值的最低标准，以上四者构成了近30多年来有关妇女生活方式期刊论文研究内容的绝对多数。

第二，在总数中所占比例低于1%的为妇女与生命安全（0.8%）和妇女、宗教和生活（0.4%），这意味着在1986—2019年，有关妇女生活方式研究的期刊论文中，这两大议题所获得的关注度是极低的。

第三，运动健身问题、日常生活问题和健康问题三大议题所占比例将近40%，进一步佐证了1986—2019年"妇女生活方式"研究在相当程度集中在妇女运动健身问题、日常生活问题和健康问题。

表2-12 期刊论文的内容分布

研究内容	论文数（篇）	占比（%）
妇女与体育生活方式	34	14.2
妇女与总体生活方式研究	30	12.5
妇女与心理、身体健康	30	12.5
妇女与生殖/生育/性生活	25	10.4
妇女与消费方式	15	6.3
妇女与生活质量	14	5.8
妇女与闲暇/精神生活	13	5.4
妇女与职业/就业	13	5.4
生活方式与性别	12	5.0
妇女与社会地位	11	4.6
妇女、形象、文化象征	10	4.2
妇女、身体、美学	9	3.8
妇女与教育	8	3.3
妇女与婚姻家庭生活	7	2.9
妇女与政治生活	6	2.5
妇女与生命安全	2	0.8
妇女、宗教和生活	1	0.4
总计	240	100.0

（4）期刊分布

近三十多年来，期刊论文共发表在 199 种期刊中。如果以载文数超过 2 篇者为较多数，30 多年来较多刊登过有关妇女生活方式论文的期刊共 24 种，占 199 种期刊的 12.1%。论文的期刊具体分布如下所示（见表 2-13）。

表 2-13　期刊载文数分布

期刊名	载文数（篇）	占期刊论文总数的占比（%）
兵团工运	6	2.5
妇女研究论丛	5	2.2
中华女子学院学报	5	2.2
中国妇幼保健	4	1.7
护理研究	4	1.7
当代体育科技	3	1.3
运动	3	1.3
体育科技文献通报	3	1.3
中国妇运	3	1.3
北京体育大学学报	2	0.8
成都体育学院学报	2	0.8
南方人口	2	0.8
体育学刊	2	0.8
中国青年研究	2	0.8
法制与社会	2	0.8
妇女学苑	2	0.8
黑龙江史志	2	0.8
护理实践与研究	2	0.8
基层医学论坛	2	0.8
辽宁大学学报（哲学社会科学版）	2	0.8
企业活力	2	0.8
山东女子学院学报	2	0.8
体育世界（学术版）	2	0.8
中国公共卫生	2	0.8
总计	66	27.5

第二章　生活方式研究：理论基础和实证回顾

第一，发表在这 24 种期刊上的论文共 66 篇，占期刊论文总数的 27.5%，即 12.1% 的期刊发表了近 27.5% 的论文；而另外 133 种期刊上共发表论文 174 篇，即 87.9% 的期刊仅发表了 72.5% 的论文。这 24 种期刊可谓是妇女生活方式研究成果展示的"核心区"。

第二，论文分布的期刊主要集中在如《妇女研究论丛》（5 篇，占 2.2%）、《中华女子学院学报》（5 篇，占 2.2%）、《中国妇运》（3 篇，占 1.3%）、《山东女子学院学报》（2 篇，占 0.8%）这类专门的妇女研究的刊物，或是《当代体育科技》（3 篇，占 1.3%）、《运动》（3 篇，占 1.3%）、《体育科技文献通报》（3 篇，占 1.3%）、《北京体育大学学报》（2 篇，占 0.8%）、《成都体育学院学报》（2 篇，占 0.8%）、《体育学刊》（2 篇，占 0.8%）、《体育世界》（学术版）（2 篇，占 0.8%）这类专门的体育研究学术刊物上，或是《中国妇幼保健》（4 篇，占 1.7%）、《护理研究》（4 篇，占 1.7%）、《护理实践与研究》（2 篇，占 0.8%）、《基层医学论坛》（2 篇，占 0.8%）、《中国公共卫生》（2 篇，占 0.8%）这类专门的医疗卫生学术刊物上。这表明，妇女研究期刊、体育研究期刊和医疗卫生期刊更多地认同妇女生活方式的学术研究价值，对妇女生活方式研究成果有较高的关注度和重视度。

第三，也有不少论文发表在一些省级社科院院刊（如《江苏社会科学》《贵州社会科学》）、高校学报［如《南开学报》（哲学社会科学版）、《武汉体育学院学报》］等人文社科类综合性刊物上、人口学刊（如《人口学刊》《南方人口》）。这表明，妇女生活研究在人文社科期刊中获得了一定的价值认同。

3. 专著发展态势

对国家图书馆（电子库）的检索结果显示，关于妇女生活方式研究的著作并不多，1986—2019 年，关于妇女生活方式的专著共有 16 部，数量最多的是 2013 年和 2019 年，各为 3 部；研究内容以总体生活方式（31.3%），妇女、形象、文化象征（18.8%），妇女、身体、美学

（18.8%），妇女与心理、身体健康（12.5%）为主；专著研究类型大多以日常生活、时尚美学等科普类、工具类研究为主，研究类专著少之又少。

4. 硕博士论文发展态势

（1）数量及年代分布

1986—2019年，共有177篇硕博士学位论文论及妇女生活方式议题。从这177篇硕博士学位论文看，第一，博士论文为31篇，占总数的17.5%，硕士论文为146篇，占总数的82.5%，即基本为硕士论文（见表2-14）。

表 2-14 硕博士学位论文作者学历分布

学历	人数（人）	占比（%）
博士	31	17.5
硕士	146	82.5
总计	177	100.0

第二，从发展进程和发展速度看，有关妇女生活方式研究的硕博士学位论文始见于1999年，为1篇，2013年数量突破20篇，而至2019年，稍有减少，为19篇，总体呈现波动增长的态势；这表明，在2010年以后，硕博士学位论文作者对妇女生活方式的关注度有了较大提高（见图2-5）。

（2）学科分布

从作者的学科分布来看（见表2-15），第一，作者的学科背景包括社会学、体育学、文学、历史学、民族学、医学、艺术学、政治学、管理学、教育学、新闻学、妇女学、经济学、伦理学、法学、老年学、人口学、宗教学、环境科学、社会工作、哲学这21个专业学科；第二，从百分比的分布看，以10%以上为较多数的最低标准，则较多数学科包括：社会学（21.5%）和体育学（14.1%）。社会学和体育学等专业共占专业总人数的35.6%，构成了绝大多数。可见，在社会学和体育学领域的硕

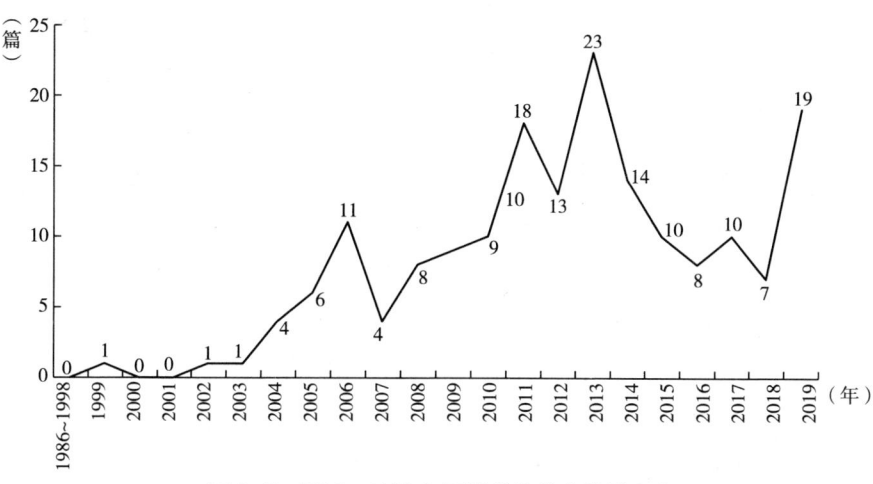

图 2-5　1986—2019 年硕博学位论文数量变化

博士学位候选人中，妇女生活方式议题得到了更多的研究。换言之，社会学和体育学等专业是有关妇女生活方式专题研究的硕博士学位论文中的"核心专业"。

表 2-15　作者专业分布情况

作者专业	人数（人）	占比（%）
社会学	38	21.5
体育学	25	14.1
文学	14	7.9
历史学	12	6.8
民族学	12	6.8
医学	10	5.6
艺术学	9	5.1
政治学	8	4.5
管理学	6	3.4
教育学	6	3.4
新闻学	6	3.4
妇女学	5	2.8

续表

作者专业	人数（人）	占比（%）
经济学	5	2.8
伦理学	5	2.8
法学	4	2.3
老年学	3	1.7
人口学	3	1.7
宗教学	2	1.1
环境科学	2	1.1
社会工作	1	0.6
哲学	1	0.6
总计	177	100.0

(3) 研究内容

从研究内容上看（见表2-16），第一，硕博士学位论文的内容包括妇女与总体生活方式研究，妇女与婚姻家庭生活，妇女与体育生活方式，妇女与消费方式，妇女、形象、文化象征，妇女与生殖/生育/性生活，妇女与闲暇/精神生活，妇女与政治生活，妇女与教育，妇女与社会地位，妇女与心理、身体健康，生活方式与性别，妇女与职业/就业，妇女、身体、美学，妇女与生活质量，妇女、宗教和生活等十六类内容。

第二，以10%以上为较多数的最低标准，以百分比由多到少排序，硕博士学位论文中较多数内容为妇女与总体生活方式研究（14.1%）、妇女与婚姻家庭生活（10.7%）、妇女与体育生活方式（10.7%）、妇女与消费方式（10.7%）等四大类。

第三，妇女与总体生活方式研究、妇女与婚姻家庭生活、妇女与体育生活方式、妇女与消费方式这四大内容占总数的46.2%，即，有关妇女日常生活、婚姻家庭、运动问题和消费方式受到大部分硕博士学者的关注。

表 2-16　硕博士论文研究内容分布

研究内容	论文数（篇）	占比（%）
妇女与总体生活方式研究	25	14.1
妇女与婚姻家庭生活	19	10.7
妇女与体育生活方式	19	10.7
妇女与消费方式	19	10.7
妇女、形象、文化象征	14	7.9
妇女与生殖/生育/性生活	13	7.3
妇女与闲暇/精神生活	13	7.3
妇女与政治生活	8	4.5
妇女与教育	7	4.0
妇女与社会地位	7	4.0
妇女与心理、身体健康	7	4.0
生活方式与性别	7	4.0
妇女与职业/就业	7	4.0
妇女、身体、美学	6	3.4
妇女与生活质量	5	2.8
妇女、宗教和生活	1	0.6
总计	177	100.0

5. 小结

综上分析，可将 1986—2019 年中国妇女生活方式研究的发展态势综述如下。

第一，就成果数量而言，1986—2019 年有了较快的增长。尤其在 2001 年后，进入了快速发展时期，在 2012 年后，虽然有波动，总体呈现进入发展态势。

第二，就发展阶段而言，大致分为三个阶段：第一阶段（1986—2001 年）为发展缓慢阶段；第二阶段（2002—2011 年）为快速增长阶段；第三阶段（2012—2019 年）为波动发展阶段。

第三，就研究内容而言，可分为十七大类，按所占比例由多到少排序为：(1) 妇女与总体生活方式研究；(2) 妇女与体育生活方式；(3) 妇女生活方式与心理、身体健康；(4) 妇女与生殖/生育/性生活；(5) 妇女与消费方式；(6) 妇女、形象、文化象征；(7) 妇女与婚姻家庭生活；(8) 妇女与闲暇/精神生活；(9) 妇女与职业/就业；(10) 妇女与生活质量；(11) 生活方式与性别；(12) 妇女、身体、美学；(13) 妇女与社会地位；(14) 妇女与教育；(15) 妇女与政治生活；(16) 妇女、宗教和生活；(17) 妇女与生命安全。其中，最受关注的是"妇女与总体生活方式研究"这一议题。这从一个侧面提示我们，30多年来，在人文社科领域，学者们仍更多地从妇女总体生活方式和体育生活方式来进行探讨，妇女的生活方式在较大程度上是指日常生活和体育锻炼。这也在一定程度上反映出学者更多地将生活方式界定为一种个人选择日常生活的问题，而不是从社会建构的视野来解读生活方式问题。

第四，就研究对象而言，呈现多元化态势，而少数民族妇女、中下层妇女、农村妇女、特定生存环境下的妇女、老年妇女等处于弱势和边缘状况的妇女及与妇女相关的社会环境、文化环境、经济环境以及自然环境都获得了学者的关注。

第五，就学科分布而言，预防医学与卫生学、体育学、社会学和妇女学领域的学者更关注妇女生活方式领域，就研究视角而言，"妇女与生活方式"更多地被学者们认为是"健康问题/议题"、"运动健身问题/议题"、"社会问题/议题"和"性别差异问题/议题"。但近年来，跨学科的研究也有所增加，新的学科视角不断加入，从传统的妇女学、人口学、社会学、体育学学科，进一步扩展到政治、经济、教育、法律、艺术、新闻等其他学科，妇女生活方式研究进入了多学科研究和跨学科综合研究的新阶段。

第六，就专著的类型而言，包括科普类、工具类、研究类三大类型，其中，科普类著作在妇女生活方式专著中占了绝大多数。

第七，无论在人文社科研究领域还是在妇女研究领域，妇女与生活方式研究的基础性地位和主流化程度均极低；而尽管30多年来，妇女生活方式研究在妇女研究和人文社科研究中均呈现微弱增长倾向，但这一低弱地位的状况仍呈现某种稳定状态。

（二）发展阶段

有关人文社科领域妇女生活方式研究发展态势的分析表明，在1986—2019年，中国有关妇女生活方式的研究大致可分为三个阶段：一是1986年到2001年的第一阶段，为发展缓慢阶段；二是2002年到2011年的第二阶段，为快速增长阶段；三是2012年到2019年的第三阶段，为波动发展阶段。本节以具有34年（1986—2019年）完整数据的论文（包括期刊和硕博士论文）和专著一起为分析对象，从数量、主要内容和学科分布这三个方面，分析对比三个发展阶段的主要特征。

1. 数量

从数量看，首先，有关妇女生活方式的论文和专著在1986—2001年，最高为6篇/部，最低为0篇/部，总体呈变化较平稳的缓慢增长态；2002—2011年，最高为41篇/部，最低为8篇/部，总体呈持续性的较强增长态；2012—2019年，最高为36篇/部，最低为14篇/部，总体呈波动发展。

其次，将三个阶段总量和年均数进行比较，从数量分布来看，总量上，第一阶段为31篇/部，第二阶段为198篇/部，第三阶段为204篇/部；从论文和专著年平均数量上看，第一阶段为1.9篇/部，第二阶段为19.8篇/部，第三阶段为25.5篇/部。这表明无论总量或年均数，第三阶段均明显高于第一、第二阶段。

2. 主要内容

从研究内容看，第一，在1986—2001年，研究内容所占比重最高的为妇女与总体生活方式研究，共12篇/部，占1986—2001年所有期刊论文总数的38.7%。如果以10%为较多数的最低标准，第一阶段论文和专著的较多数内容为妇女与总体生活方式研究（38.7%）和妇女与生殖/生育/性生活（19.4%），余者均为10%以下，两者共占58.1%，构成了第一阶段有关妇女与总体生活方式论文和专著研究内容的绝对多数。可见，1986—2001年，论文和专著的主要关注点首先在于妇女与总体生活方式研究，其次在于妇女与生殖/生育/性生活，其他研究内容则相对较少。

第二，2002—2011年，研究内容所占比重最高的为妇女与体育生活方式，共23篇/部，占2002—2011年所有论文和专著总数的11.6%；如果以10%为较多数的最低标准，第二阶段论文和专著的较多数内容为妇女与体育生活方式（11.6%）、妇女与消费方式（10.6%）、妇女与总体生活方式研究（10.1%），余者均为10%以下，三者共占32.3%，构成了第二阶段有关妇女与生活方式论文和专著研究内容的三分之一。可见，2002—2011年，论文和专著的主要关注点在于妇女与体育生活方式、妇女与消费方式、妇女与总体生活方式研究。相比较第一阶段而言，更多领域引起了妇女生活方式研究者的关注。

第三，2011—2019年，研究内容所占比重最高的仍为妇女与体育生活方式，共31篇/部，占2011—2019年所有论文和专著总数的15.2%；如果以10%为较多数的最低标准，第三阶段论文和专著的较多数内容为妇女与体育生活方式（15.2%）、妇女与总体生活方式研究（13.7%），余者均为10%以下，二者共占28.9%，构成了第三阶段有关妇女与生活方式论文和专著研究内容的三分之一。可见，2011—2019年，主要关注点在于妇女与体育生活方式、妇女与总体生活方式研究。

第四，从无到有的研究内容为：妇女与身体/美学、妇女与宗教生活、妇女与婚姻家庭生活、妇女与生活质量、妇女与生命安全、妇女与体育生活方式。这说明，妇女生活方式研究的边界有了进一步的拓展。

这表明，相较于第一阶段，在第二阶段和第三阶段，关于妇女生活方式的论文和专著的关注点从较单一的妇女与总体生活方式研究、妇女与生殖/生育/性生活两大专题逐渐转向包括妇女与体育生活方式、妇女与消费方式、妇女与闲暇/精神生活、妇女与婚姻家庭生活、妇女与心理/身体健康在内的，更为多样的妇女生活方式专题，妇女生活方式研究的领域也有了进一步的扩展，生活方式的内涵和维度更为多元、丰富。

表2-17 论文和专著研究内容发展趋势

内容类型	第一阶段（1995—2002年）数量（篇/部）	第一阶段 本阶段的占比（%）	第二阶段（2003—2009年）数量（篇/部）	第二阶段 本阶段的占比（%）	第三阶段（2010—2016年）数量（篇/部）	第三阶段 本阶段的占比（%）	数量总计（篇/部）
妇女与身体/美学	0	0	10	5.1	8	3.9	18
妇女形象、文化、象征	2	6.5	10	5.1	15	7.4	27
妇女与宗教生活	0	0	2	1.0	0	0	2
妇女与婚姻家庭生活	0	0	14	7.1	13	6.4	27
妇女与教育	1	3.2	10	5.1	4	2.0	15
妇女与社会地位	1	3.2	7	3.5	10	4.9	18
妇女与总体生活方式研究	12	38.7	20	10.1	28	11.7	60
妇女与生活质量	0	0	10	5.1	9	4.4	19
妇女与生命安全	0	0	1	0.5	1	0.5	2
妇女与生殖/生育/性生活	6	19.4	16	8.1	16	7.8	38
妇女与体育生活方式	0	0	23	11.6	31	15.2	54
妇女与闲暇/精神生活	1	3.2	13	6.6	12	5.9	26
妇女与消费方式	1	3.2	21	10.6	13	6.4	35
妇女与心理/身体健康	3	9.7	18	9.1	18	8.8	39
性别研究	2	6.5	7	3.5	10	4.0	19
妇女与政治生活	1	3.2	6	3.0	7	3.4	14
妇女与职业/就业	1	3.2	10	5.1	9	4.4	20

3. 学科分布

从学科分布看（见表2-18），以学科分布较明显且有1986—2019年数据的期刊论文（不含专著）为代表，第一，在1986—2001年，学科分布所占比重最高的为预防医学与卫生学，共5篇，占18.5%。如果以10%为较多数的最低标准，第一阶段期刊论文的学科分布主要为预防医学与卫生学（18.5%）、妇女学（14.8%）、人口学（11.1%）、文学（11.1%）和政治学（11.1%），余者均为10%以下，四者共占66.6%，构成了第一阶段有关妇女与生活方式期刊学科分布的绝对多数。可见，1986—2001年，期刊论文的学科分布主要集中在预防医学与卫生学、妇女学、人口学、文学和政治学这五大学科，其他学科则相对较少。

第二，2002—2011年，学科分布所占比重最高的为体育学，共30篇，占15.5%。如果以10%为较多数的最低标准，第二阶段期刊论文的学科分布主要为体育学（15.5%）、社会学（14.4%）和预防医学与卫生学（10.3%），余者均为10%以下，三者共占40.2%，构成了第二阶段有关妇女与健康期刊研究内容的大多数。可见，2002—2011年，期刊论文的学科分布主要集中在体育学、社会学和预防医学与卫生学这三大学科，其他学科则相对较少。

第三，2012—2019年，学科分布所占比重最高的为体育学，共37篇，占18.9%。如果以10%为较多数的最低标准，第三阶段期刊论文的学科分布主要为体育学（18.9%）、社会学（18.4%）和预防医学与卫生学（12.8%），三者共占50.1%，余者均为10%以下，构成了第三阶段有关妇女与生活方式期刊研究内容的绝对多数。可见，2012—2019年，期刊论文的学科分布主要集中在体育学、社会学和预防医学与卫生学这三大学科，其他学科则相对较少。

第四，从无到有的学科为：在第二阶段，法学、老年学、伦理学、人类学、体育学、新闻学、医学、艺术学和宗教学开始进入研究视野；在第三阶段，环境科学、社会工作和哲学开始进入研究视野。这说明，妇女生活方式研究的学科视角有了进一步的拓展。

这表明，相较于第一阶段，在第二阶段、第三阶段，关于妇女生活方式研究的主要学科视角已从传统的社会学、妇女学、人口学等，进一

第二章　生活方式研究：理论基础和实证回顾

步扩展到体育学、新闻学、艺术学、宗教学、法学等其他学科，而环境科学、哲学、社会工作的进入，又开拓了有关妇女与生活方式的多学科研究和跨学科综合研究的空间。

表 2-18　期刊论文研究学科发展趋势

内容类型	第一阶段（1995—2002 年）数量（篇/部）	本阶段的占比（%）	第二阶段（2003—2009 年）数量（篇/部）	本阶段的占比（%）	第三阶段（2010—2016 年）数量（篇/部）	本阶段的占比（%）	数量总计（篇/部）
法学	0	0	3	1.5	4	2.0	7
妇女学	4	14.8	15	7.7	10	5.1	29
管理学	2	7.4	8	4.1	6	3.1	16
环境科学	0	0	0	0	2	1.1	2
教育学	1	3.7	5	2.6	2	1.0	8
经济学	1	3.7	13	6.7	5	2.6	19
老年学	0	0	1	0.5	6	3.1	7
历史学	1	3.7	9	4.6	9	4.6	19
伦理学	0	0	3	1.5	2	1.0	5
民族学	1	3.7	7	3.6	10	5.1	18
人口学	3	11.1	8	4.1	1	0.5	12
人类学	0	0	1	0.5	1	0.5	2
社会工作	0	0	0	0	1	0.5	1
社会学	2	7.4	28	14.4	36	18.4	66
体育学	0	0	30	15.5	37	18.9	67
统计学	1	3.7	1	0.5	6	3.1	8
文学	3	11.1	13	6.7	10	5.1	26
新闻学	0	0	5	2.6	3	1.5	8
医学	0	0	6	3.1	4	2.0	10
艺术学	0	0	7	3.6	6	3.1	13
预防医学与卫生学	5	18.5	20	10.3	25	12.8	50
哲学	0	3.7	0	0	1	0.5	1
政治学	3	11.1	10	5.2	8	4.1	21
宗教学	0	0	1	0.5	1	0.5	2

69

4. 小结

中国有关妇女生活方式的研究获得一定发展，具体表现在数量、内容和学科分布三个方面。

就数量而言，有关妇女生活方式的研究在1986—2001年总体呈变化较平稳的缓慢增长态；2002—2011年，总体呈持续较强增长态；2011—2019年总体呈波动态。

就研究内容而言，相较于第一阶段，第二阶段、第三阶段关于妇女健康的研究从较单一的妇女与总体生活方式研究、妇女与生殖/生育/性生活两大专题逐渐转向包括妇女与体育生活方式、妇女与消费方式、妇女与闲暇/精神生活、妇女与婚姻家庭生活、妇女与心理/身体健康在内的，更为多样的妇女生活方式专题发展，生活方式的内涵和维度更为多元、丰富。

就学科分布而言，相较于第一阶段，在第二阶段，法学、老年学、伦理学、人类学、体育学、新闻学、医学、艺术学和宗教学开始进入研究视野；在第三阶段，环境科学、社会工作和哲学开始进入研究视野。关于妇女生活方式研究的主要学科视角从传统的社会学、妇女学、人口学等，进一步扩展到体育学、新闻学、艺术学、宗教学、法学等其他学科，而环境科学、哲学、社会工作的进入，促使妇女生活方式研究进入了多学科研究和跨学科综合研究的新阶段。

四　将性别视角带入生活方式研究

从中西方生活方式研究的理论基础、实证走向和发展态势来看，无论在社科研究领域还是在妇女研究领域，妇女与生活方式研究的基础性地位和主流化程度均极低，而尽管妇女生活方式研究在妇女研究和人文社科研究中均呈现微弱增长倾向，但这一低弱地位的状况仍呈现某种稳定状态。而这一低弱地位的现状，也导致妇女生活方式研究存在如下问题，也是未来研究中有待改进和完善的面向和方向。

1. 研究内容：缺乏社会性别视角，以现象呈现为主，较少关注内在机制和权力关系

其一，现有研究淡化甚至忽视了"性别"这一基本社会事实，缺乏社会性别视角的"性别盲视"导致了诸多研究将妇女与男子放在同一维度进行考察，男子的状况和态度被推及至全体社会成员，忽略妇女在城镇化进程中的特质和作用；现有研究主要集中在性别差异的实证研究上，大部分定量研究则忽视了社会性别这一变量，从而难以把握生活方式变迁中的性别差异和分化，更无法揭示出导致其变迁的深层机制问题，因而存在着不可回避的缺陷，亦无法得知性别不平等是如何在当代中国的城镇化进程中得到复制的。

其二，现有研究对城镇化和生活方式之间的中间机制涉及不多，有"只顾头尾"之嫌。现有研究主要以现象描述和现象分析为主，呈现生活方式的现状、变化等，如许多研究者倾向于采用质性研究方法，通过观察和访谈等方法，从生计方式、消费方式、婚恋生活方式、宗教生活方式、闲暇生活方式等方面"白描"少数民族妇女群体、大学生、受流动影响妇女等研究对象的生活世界、生活状况和生活变迁，而较少关注生活方式变迁背后的内在机制和权力关系等。

其三，现有研究主要从政策层面强调生活方式的客体性建构，忽视生活方式的主体性建构。目前相当一部分的体育、健康研究涉及生活方式，在这些语境下，例如抽烟、饮酒、体育锻炼等生活习惯、日常生活行为等往往等同于生活方式，而一些量化研究为了测量的方便，也往往将这些指标作为衡量妇女生活方式的重要面向。而事实上，这些体育学导向的生活方式研究更多强调的是身体、个体概念，而忽略了生活方式形塑和变迁下的社会建构和社会背景，即过分强调个体的能动性，忽略了社会建构的结构性。

2. 研究视野：断面研究为主，缺少历史性、累计性、变化的生命历程视角

以往研究较多的以断面研究为主，强调个体年龄、生命周期等的变化，不注重将社会、历史因素与个体相结合，因而难以深入解释生活方式变迁及累积优势/劣势等的内在规律。经济社会、文化观念、社会政策等的变迁，往往伴随着家庭结构的转变、生活方式的转变等环环相扣的转变，因此生命历程视角等动态变迁视角的引入就显得尤为重要。由此，将生命历程理论与累积优势/劣势理论相结合，从生命历程视角来探讨生活方式的动态变迁及其影响机制的研究仍待进一步的深入探讨。在未来研究中，需要利用纵贯数据，定性和定量结合，引入更多元的方法来克服这一问题，如个体生命历程的口述史研究等。

3. 研究方法：定性研究和经验研究为主，系统、全面的定量研究和理论研究较少

一是以个案描述、对象访谈等定性研究为主，缺少具有代表性的定量研究，现有部分研究由于受到调查数据和研究方法等方面的制约，缺少全国层面的调查数据，限定在特定群体研究，而没有系统、全面地进行妇女生活方式的变迁研究。因此，突破原有分析框架的局限，改进概念操作化，强调机制分析，是今后研究的突破点。

二是以经验研究为主，缺少深入、系统的理论研究。不难发现，男女之间的支配与从属的性别差异经常会通过大量的日常生活例证表现。因而，现有研究主要从实证层面分析经济、社会、政治等日常生活领域的妇女群体的生活方式，如"打工妹"、留守妇女、流动妇女等群体的生活体验和生活经验，为性别与生活方式研究提供了本土化的经验参考。

综上所述，虽然性别一直以来都不是生活方式研究的主流视角，现有的研究主要集中在性别差异的实证研究上，大部分定量研究则忽视了社会性别这一变量；生活方式研究一直以来也不是性别研究的主流视角，主要原因在于生活方式这一变量往往作为解释性的变量来分析性别差异，

第二章 生活方式研究：理论基础和实证回顾

而非被解释变量。但可以预见的是，性别与生活方式问题将会逐渐地、更多地进入研究者们的视野，从日常生活结构中去寻找性别不平等的源头。① 而如何将既有生活方式理论嵌入性别视角以及从实证研究中提取新的理论框架和分析方法，是性别视角下生活方式研究的一大难点，也是主要的研究路径所在。

---

① 姜佳将、高雪玉：《性别与生活：小康社会建设新视角》，《妇女研究论丛》2016年第5期。

第三章
回归生活方式：理论范式与研究框架

一 相关概念与研究框架

鉴于20世纪后期发生的大规模的政治、经济、社会、文化和技术变迁，生活方式成为社会学理论的重要新发展，生活方式作为一个重要的社会学概念越来越受到重视，生活方式研究亦成为国内外社会学的重要研究范畴。

（一）妇女生活方式的相关概念

通过中西方生活方式研究的文献综述可知，国内外诸多学者均从不同角度揭示了生活方式的概念和内涵，如《中国大百科全书·社会学卷》将生活方式定义为："不同的个人、群体或社会全体成员在一定的社会条件制约和价值观指导下，所形成的满足自身生活需要的全部活动形式与行为特征的体系"。但学界对生活方式的概念和内涵尚未形成共识，因此并没有一个被广泛接受的定义。现有研究存在的一点共识是，生活方式主要呈现广义与狭义之分：广义的生活方式是指人们在一定社会条件制约和一定的价值观指导下形成的，满足自身需要的生活活动和其表现形式，涵盖生活的一切面向，包括劳动生活方式、社会交往生活、日常生活方式、闲暇和精神文化生活方式、消费生活方式、宗教生活方式等；狭义的生活方式则仅指人们的日常生活活动特征和其表现形式，把"生活"限定在日常生活领域，如物质消费、闲暇和精神文化生活、家庭内的生活活动等，或限制在衣、食、住、行、乐等日常生活领域，形成生活方式的狭义概念。① 事实上，由于生活方式的内涵丰富、结构复杂，诸多研究主要基于研究议题的需要，对生活方式进行界定，且越来越多的学者开始基于某种具体的生活方式现象，来分析其中的社会根源及其影响，比如凡勃伦对炫耀性消费生活方式的分析、齐美尔对都市生活方式的分析、库克汉姆对健康生活方式的分析等。

同时，需要将生活方式概念与下列几个相关的概念相区分。

生活水平：主要是以数量参数作为衡量指标，说明生活方式的程度和内容。生活水平所反映的生活资料的内容是生活方式赖以进行的条件之一，一定的生活水平是一定生活方式的标志，全面考察和揭示生活水平有助于认识和研究生活方式。

生活风格②：吉登斯认为生活风格是自我认同得到某种特定叙述的物质形式。维尔指出生活方式的基本特征是选择程度较低，而生活风格则是一个表现形式，具有较高程度和较大范围的自由选择。从生活方式到生活风格的转变，体现了人们的经济与社会等结构性条件的变化和进步。生活方式与生活风格既有联系又有区别。

生活质量：生活方式谈论的是"怎样生活"的问题，生活质量则谈论的是"生活怎样"的问题，二者的共同点是都以人们的生活现实为依据，而区别在于研究的入口和侧重点不同。生活方式与生活质量反映的都是人们的生活活动体系，但生活质量更偏重对人们生活的全面性评价。如有学者认为，生活质量是由反映人们生活状况的客观条件和人们对生活状况的主观感受两部分组成的。生活质量中既包含客观条件，又包含主观评价。③

生活事件：在一个人的生活史中会发生许多生活事件，比如接受教

---

① 符明秋：《国内外生活方式研究的新进展》，《成都理工大学学报》（社会科学版）2012年第3期。
② 孟庆洁：《上海市外来流动人口的生活方式研究》，华东师范大学博士学位论文，2007。
③ 卢淑华、韦鲁英：《生活质量主客观指标作用机制研究》，《中国社会科学》1992年第1期。

育、独立生活、参加工作、迁移、结婚、生子、父母亡故或离异等。这些生活事件是生活史的重要内容，不同生活事件发生的时间，以及社会、家庭对人的角色期待会影响人的生活轨迹。① 美国社会学芝加哥学派的早期代表托马斯和兹纳涅茨基的代表作《身处欧美的波兰农民》就注重收集研究对象的生活故事，注重让材料本身说话，从普通人入手书写历史。

（二）妇女生活方式的五大特性

通过中西方生活方式研究的文献回顾的启示，本研究认为，妇女生活方式的概念和内涵需要从如下几个特性进行分析。

1. 双重性："结构与能动"／"机会与选择"的关系视野

机会与选择（chance/choice）是经典的社会学议题之一，涉及"结构与能动性"的争论（structure/agency debate），即人类的行为是如何以及在怎样的程度上被外部因素左右的，以及人们在什么样的程度和情境下能实现自由意志（free will）。以往研究主要形成了两种研究面向：一是结构面向，审视社会经济地位等社会结构因素与生活方式的关系；二是能动面向，广义的生活方式类型被视为亚文化现象，强调生活方式的主体性以及对个体自我身份认同的作用。② 在经典社会学研究中韦伯关注的是地位，布迪厄关注的是品位，吉登斯关注的是自我认同。理解基于阶级的生活方式差异的关键在于选择和机会的辩证相互作用，韦伯强调选择，布迪厄更关注结构的作用，吉登斯注重结构和行为的双重性质。许多社会学方法集中在社会行动者的视角上，往往低估了社会行为模式和生活机会之间的相互依赖，虽然选择是由个人做出的，但它们仍然符合基于群体行为的结构方面；相反，还有许多研究过分强调生活机会对个

---

① 李强、邓建伟、晓筝：《社会变迁与个人发展：生命历程研究的范式与方法》，《社会学研究》1999 年第 6 期。

② 王帝钧、周长城：《生活方式研究的结构与能动视角——兼论生活方式研究的新进展》，《哈尔滨工业大学学报》（社会科学版）2021 年第 1 期。

人的影响的结构性，而往往低估了社会主体的创造力和主体性。生活方式取决于生活机会，包括年龄、性别、种族和民族，以及这些机会提供的选择。因此，关键的一点是，选择与机会的关系必须被概念化为一种复杂的互动形式，包括两者的相互作用。

基于此，维尔提出了一个基于贫穷/富裕和选择程度的生活/生活方式连续体模型（见图3-1），他提出，我们显然不能忽视社会中的社会、经济和政治结构力量的后果，在任何社会中，个人都在根本上受到这些力量的制约；但这些结构力量也会受到个人因素的制约，如个人关系、家庭承诺和健康状况等。然而，当所有这些限制因素都被注意到并被考虑在内时，大多数个体仍然有一个或多个选择的"空间"。这些空间的大小、选择的"自由"程度以及引导和影响它们的因素都是值得研究的问题。这些个人的选择反过来又会影响到其个人所处环境，当与其他数百万人的决定结合起来时，也会影响到更广泛的社会、经济和政治环境。需要特别指出的是，当代社会中的某些群体由于缺乏经济资源或权力而被排除在选择过程之外，当然说那些只有有限选择的人"没有选择"是不正确的——问题是他们希望有更多的选择。甚至"生活方式"lifestyle 这个词用 lifestyle 来表示也可能是不恰当的，应该用 way of life 来代替——基本上这些社区的成员都有相同的生活方式，这些生活方式是由环境强加给他们的。这是一个由更多或更少的选择组成的连续体，而不是一个二分法。缺乏选择可能不仅是因为贫穷，也会因为缺乏权力。例如，妇女缺乏选择的自由是因为她们缺乏权力。在这种情况下，贫困—富裕维度应该被一个权力的连续体所取代。由此可以得出结论，在西方社会中，生活方式涉及选择，尽管选择的自由程度因个人、群体和时间而不同。但这个问题关注的是生活方式是如何形成的，而不是生活方式本身的性质。

我们要承认社会结构的力量和允许人类行为的个体差异之间，存在着一股张力。社会环境决定了我们自身，同时我们自身也发挥着决定性作用；我们既是受动者，也是施动者。能动性（强调生活选择）和结构

图 3-1 基于贫穷/富裕和选择程度的生活/生活方式连续体

资料来源：Veal A. J., *The Concept of Lifestyle: A Review*.

（塑造生活机会）之间的张力，是区分不同社会学观点以及各种女性主义观点的问题之一。有些观点更加注重结构，强调社会结构对个体、群体的限制性影响，另一些观点则更加注重能动性，强调我们作用于世界的方式，以及我们在此过程中改变世界的能力。还有一些则发展出特别的理论，如吉登斯就尝试具体地理解社会世界中这两个方面或维度之间的关系，并以"结构化"（structuration）之名来描述结构和能动性之间的动态关系。巴特勒也认为主体是被建构的并不意味着它是被决定了的，相反，主体被建构的性质正是其"能动性"产生的先决条件。[①] 事实上，生活方式是一种锻造自我意识，并创建与个人身份产生共鸣的文化符号的途径，并不是所有的生活方式都是个体自愿的，个体身处的政治、社会、经济、文化环境和技术系统可以约束其对生活方式的可能性选择，并约束个体投射到他人与自我身上的符号。[②] 因此，将"结构与能动"或"机会与选择"的关系视角引入妇女生活方式研究，可以考察妇女对生活方式的选择以及自由意志之间的关系，以及"被动选择"背后的深层原因——缺少物质基础（poverty）或缺少权力（power），等等。

[①] 刘希：《后结构理论与中国女性主义批评——以社会主义文化研究中的妇女"主体性"为中心》，《文艺理论研究》2021年第1期。

[②] G. Spaargaren & B. VanVliet, "Lifestyle, Consumption and the Environment: The Ecological Modernisation of Domestic Consumption", *Environmental Politics* 9 (2000): 50-75.

2. 多维性：生产/生活、个体/社会的关系视野

从横向维度看，我们不难发现，生活方式往往被隐藏于婚姻家庭、消费、闲暇、锻炼等具体日常生活世界的脉络中，因而单个维度/指标无法全面、深入地衡量生活方式，考虑妇女生活方式的多维性和综合性就显得尤为重要。当前，研究者们主要关注的是消费模式、休闲活动，对于工作（职业）行动的考察较少，而事实上，对于成年人来说，工作所占的时间要远远超过闲暇，如果将工作行动包含进来，生活方式就可以从全天的层面上进行讨论，个人的生活方式就可以看成一个生活行为的连续统。马克思主义认为，生产方式是生活方式的一部分，生产方式制约生活方式，是形成人们生活方式的客观条件，生活方式是生产方式的表现。女性主义也十分注重个人在公共领域（比如劳动力市场）进行竞争的权利，以及个人参与公共生活时应当承担的相应责任。同时，女性主义尤其是自由主义女性主义者强调到，妇女的不平等地位源自妇女全面参与公共领域活动时面对的人为限制（超越家庭及家人的领域），这导致她们不能（像男人一样的）充分发掘其潜力。因此，自由主义女性主义的一个关键政治目标就是实现机会平等。公民权利和在公共领域获得同男子一样的平等地位是女性主义的重要取向。而作为妇女在公共领域的重要体现的就业方式就理应纳入生活方式的考量。因此，妇女生活方式应涵盖包括就业方式在内的居住模式、婚姻家庭、教养方式、社会交往、消费行为、闲暇生活、健康养老以及文化精神生活等多个维度。

从纵向维度看，生活方式一方面是一种群体现象（group phenomenon），另一方面它也是个人问题（individual matter）。Ansbacher[①] 认为，生活方式可以从三个层面进行考量：个体层面、群体层面、社会层面。个体层面上的生活方式也具有社会学的意义，研究者们可以考察个体生活方式是如何形成以及如何影响社会关系的，由此，个案研究是必要的；

---

① H. Ansbacher, "Life Style: A Historical and Systematic Review," *Journal of Individual Psychology* 23 (1967): 3-5.

从群体层面来说，一个群体可能有相同的生活方式，但这些群体成员之间未必会有个体层面上的互动，因此，有必要厘清群体互动与生活方式的关系，以及群体互动对生活方式的影响；从社会层面来说，生活方式有可能受到媒体等媒介以及经济水平、政治文化、社会地位、社会资本、习俗规范的影响。因此，妇女生活方式也应从个体层面、群体层面、社会层面进行考量。

3. 情境依赖性：空间的变异性和时间的累积性视野

情境依赖性（context dependency）是指在不同空间、时间或文化情境下，妇女生活方式存在差异性和流动性。从空间维度看，列斐伏尔曾指出，"社会空间是社会产物"，[1] 空间既生产社会关系，也被社会关系所生产。任何生活方式的发展都是在一定的社会空间内进行的，主要体现于城/乡地域、私人领域和公共领域等的差异性和变异性，如城乡空间的分离、家庭成员的空间离散、生活场所的空间存在等；从时间维度看，埃尔德曾指出，"个人的生命历程嵌入历史的时间和其在生命岁月中所经历的事件之中，同时也被这些时间和事件所塑造着"，"一系列的生活转变或生命事件对于某个个体发展的影响，取决于它们什么时候发生于这个人的生活中"。[2] 可见，年龄/世代的差异往往意味着在社会变迁中所经历的生命过程和潜在结果的差异，主要体现在处于不同生命周期/生命历程时的差异性和时间效应的累积性，如女童、中青年妇女和老年妇女的生活方式的异质性。

不同的生活空间和生活时间会创生出不同的生活方式，每一种生活方式都刻有其所属的社会空间和社会时间的烙印，都有其特定的时空适应性和情境依赖性。时空所造成的脱域机制以及与组织或权力的纠葛，都很好地证明了现代社会对时空的关注。比如，妇女外出打工或回流往往是特定历史时空下的选择结果和生活策略。因此，当一个人的生活空

---

[1] 列斐伏尔：《都市革命》，刘怀译，首都师范大学出版社，2018，第18页。
[2] 埃尔德：《大萧条的孩子们》，田禾译，译林出版社，2002，第5页。

间发生转移时，其固有的传统生活方式必然与新的生活空间的生活方式发生矛盾、碰撞甚至冲突，而人也必须做出相应的调整，才能适应、匹配新的生活空间所要求的生活方式，进而有效地融入新的社会空间；否则，将导致其生活世界的碎片化、离散化和陌生化。

换句话说，许多生活方式是不同情境交汇的一个投影，折射了性别之间的权力落差以及社会性别同地区、城乡、阶层、文化、群体等权力等级之间错综复杂的交互作用。生活方式在不同的时空情境下往往呈现不同的面貌，凸显出妇女生活方式中的性别问题和城乡均等化发展问题、现代化发展问题、社会分层问题、文化多元和多样需求实践等诸多因素交互而形成的不同情境。而脱离具体时空情境往往会乐观化、浪漫化妇女生活方式的"发展"与"解放"，唯有将日渐拉大的城乡差异、阶层差异、文化差异、时空差异、群体差异等一并予以考虑，社会性别的不平等才能得到更加细微和全方位的理解。而这种情境化的探讨不仅有助于再现妇女的异质性生活经验，从而有可能对妇女的需求做出更有针对性的反应，而且也有利于捕捉妇女社会地位场景中更复杂、微妙而动态的图景。也就是说，妇女生活方式是特定时空中的妇女生活方式，唯有在具体时间、空间、文化情境下加以审视方可得到更全面而充分的理解。

4. 多元异质性："交叉性"视野

相关研究显示，生活方式在反映社会阶层方面具有些许不稳定性，尤其是在受后现代影响的年轻群体中。[①] 同样的，生活方式在反应社会性别上也存在也许不稳定性，这主要在于妇女群体及其生活方式本身存在一定的内部差异。"交叉性"（intersectionality）流派对女性内部差异以及形成这种差异的宏观社会过程的关注，为我们审视中国剧烈社会变迁下

---

① Satyen Lata, "Youth Lifestyles in a Changing World." *Journal of Family Studies* 1 (2001): 3-5.

妇女群体内部的社会分化提供了新的视角。① "交叉性"指主体所拥有的不同及多重的身份认同之间互相交叉、彼此作用的性质。它强调不同的社会范畴之间以及各压迫系统之间的相互作用。阿夫塔尔·布拉赫（Avtar Brah）和安·菲尼克斯（Ann Phoenix）将"交叉性"定义为"表示多重——包括经济的、政治的、文化的、心理的、主观的以及经验的——维度差异化在特定的历史背景下互相交叉所产生的复杂的、不可化约的、多样的以及变化的影响"。②

不可否认，男子和妇女的生活方式具有很大的差异，而妇女群体本身也并不是同质的，存在着多元异质性特点，如在城乡二元格局下，农村女性与城市的中产女性和精英女性在生活经验和利益诉求方面存在巨大差异。因此单一变量不足以解释变迁社会中特定生活方式的演变和传播，生活方式可能因性别、年龄、民族、文化和少数群体地位而存在显著差异。为了了解妇女生活方式的性别差异和群体差异，这些变量不应该被遗漏，而必须包括在今后的相关分析中。③ 由此，从性别、阶层、年龄、教育、身份和城乡等多个维度关注农村妇女的多元化日常工作和生活经验就显得尤为重要，而借用"交叉性"流派的方法将能够使她们集体而非个体的声音发出来。④

5. 流动性：延续与变迁、连续与流动的关系视野

一方面，生活方式存在连续性特征。连续性的意义有两个层面，其一是人们是否会改变自己的生活方式，这种改变是自觉的，还是不自觉的？自愿的，还是非自愿的？其二是个人的某种生活方式是否与其他的

---

① 苏熠慧：《"交叉性"流派的观点、方法及其对中国性别社会学的启发》，《社会学研究》2016年第4期。
② 张也：《女性主义交叉性理论及其在中国的适用性》，《国外理论动态》2018年第7期。
③ W. C. Cockerham et al., "Conceptualizing Contemporary Health Lifestyles: Moving beyond Weber", *The Sociological Quarterly* 38 (1997): 321-342.
④ 苏熠慧：《"交叉性"流派的观点、方法及其对中国性别社会学的启发》，《社会学研究》2016年第4期。

生活要素保持一致？对于一些个体来说，总是会有意识/无意识地追求或保持系列的、连续的生活方式，而对于其他的个体来说并不是这样，这也许和社会化或者教育的缺失有关，又或许他们的个性、文化或者价值观使得他们不需要连续的生活方式。正如费孝通所说，西方家庭是"生活堡垒"，而中国家庭则是"绵续性事业社群"，[①] 由此，其生活方式也有其稳定性和连续性的一面。

另一方面，生活方式也存在流动性、变迁性特征。众所周知，社会分层研究的一个面向是阶层的结构，另一个重要的面向就是流动，由此，关于生活方式的流动和生活方式的变迁的研究也得到了重视。生活方式的整体变迁会影响到个体生活方式的改变，从而影响到社会变迁，例如当生活方式转变为轻食主义、绿色消费主义的时候，整体社会也会发生变迁。

可以说，中国社会变迁是生活方式变迁的最大背景和重要推力，生活方式的变迁正是中国社会变迁的一个重要窗口和现实缩影，因此，将妇女生活方式置于社会变迁的大环境下考察，关注其共同的变迁趋势，关照其动态变迁的流动性特征，剖析其特定的变迁逻辑，就显得尤为重要。

（三）研究框架和主要维度

综上所述，考虑到妇女生活方式的双重性、多维性、情境依赖性、多元异质性和流动性等五大特征，借鉴并深化韦伯的生活方式概念，本研究将妇女的生活方式（lifestyle）分为四个维度来解读（见图3-2）。

- 生活机会（life chances）：选择的可能性
- 生活时空（time and space of living）：生活的情境性
- 生活行为（life conduct）：对生活方式的选择以及具体生活模式

---

① 费孝通：《乡土中国　生育制度》，北京大学出版社，1998。

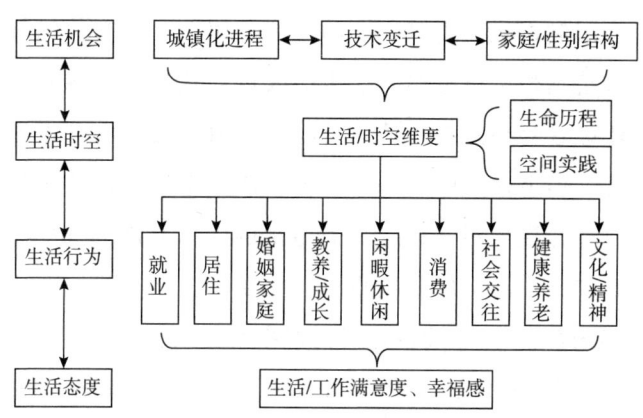

● 生活态度（life attitude）：价值观和满意度

图 3-2　本书研究框架和生活方式的主要维度

生活方式是一个情境中（situated）的概念，其具有生活时空下的"情境依赖性"（context dependency）。我们无法脱离具体的文化和社会语境去思考生活方式的内容和形式，因为行动者的能力和主体性从来都被主导性的规范或其背后的权力关系所规约和调节，所以不能忽略对具体权力结构的分析，对妇女生活方式的理解往往从女性主义的视角强调各种社会控制力量是如何被内化为各种身体性的规范的，但它也可能在日常生活中被改变。①

所谓的生活机会就是一个人在生活中的选择和机会，就宏观而言是个人在社会结构和社会关系制约下的选择过程。② 韦伯认为选择是生活方式的主要影响因素，然而选择还会受到生活机会的影响。韦伯并不认为生活机会是纯粹的机会，相反，它们是人们因其社会地位而在生活中所拥有的机会。由此，生活机会是由社会决定的，社会结构是生活机会的安排。在韦伯的生活方式概念中，生活机会和个体选择的关系，为生活方式在经验世界中运作的概念化提供了理论的关键。可以说，个人在选

---

① 刘希：《后结构理论与中国女性主义批评——以社会主义文化研究中的妇女"主体性"为中心》，《文艺理论研究》2021 年第 1 期。

② Ralf Dahrendorf, *Lqe Chances* (Chicago: University of Chicago Press, 1979).

机会与选择

择生活方式方面有一定范围的自由，但不是完全的自由。也就是说，人们不能完全自由地决定他们的生活方式，但可以自由地在适用于他们生活情况的社会限制内进行选择。生活方式的限制，在韦伯的背景下，主要源于社会经济地位。有意愿和手段的人可以选择，那些缺乏某种方式和权力的人不能容易地选择，甚至可能发现他们的生活方式更多地由外部环境所决定。但韦伯更强调个体选择，认为生活方式并非与结构无关的随机行为，而是受生活机遇影响而做出的深思熟虑的选择。拉尔夫·达伦多夫（Ralf Dahrendorf）[①]则指出，生活机会是"为利益、欲望和需求找到满足感的概率"。获得满足感的概率受到结构性条件影响，这些结构性条件主要是经济收入、财产、获利机会等——但达伦多夫认为，生活机会的概念还涉及权利、规范和社会关系（其他人将以某种方式回应的概率）。达伦多夫认为，一个人的成长过程受到家庭状况及其所在社会阶层与社会关系的影响。个人的生活机会不仅取决于历史环境，同时也取决于一个人在社会结构中所处的位置。在个人生活史的微观过程中，个人的生活机会则是其生命历程长期选择的结果。因为家庭及其所处的社会结构的嵌入机制，在一个社会结构相对固化的社会中，个体的生活机会是有限的。后来美国学者 Schiller 提出了"有限机会观点"，[②] 主要用于分析个人出身对于美国社会中有色人种、妇女、低收入阶层社会流动的影响。这些观点无疑对于我们思考妇女的生活机会有启发性，个人及其家庭所处的结构性位置是决定个人可以获得相应生活机会的最基本因素，但是，将生活机会完全归于历史环境和社会结构似乎有宿命论的嫌疑，个人变成了社会结构和历史环境下的"木偶"，这样也就淹没了个体的主动性。因此，生活方式是个人选择和社会结构性约束相互作用的结果。

总体而言，生活机会、生活时空、生活行为和生活态度是构成生活

[①] Ralf Dahrendorf, *Lqe Chances* (Chicago: University of Chicago Press, 1979).

[②] B. R. Schiller, *The Economics of Poverty and Discrimination* (London: Prentice Hall, 1995): 24-27.

第三章　回归生活方式：理论范式与研究框架

方式的四个基本组成部分。每一种生活方式都刻有其所属的社会时空的烙印，不同的生活时空会引致不同的生活方式，带有其特定的时空适应性和情境依赖性。生活行为是指人们在这一社会时空中对生活方式的选择，生活机会是指人们实现这些选择的可能性，生活态度是对生活方式的价值观和满意度。

进一步地，我们将生活行为细化为生产劳动方式（就业方式）、婚姻家庭生活方式、居住方式/居住安排、教养/成长方式、闲暇休闲、消费方式、社会交往方式、健康生活/养老方式、文化/精神生活方式等，深入去探讨生活方式的特点、变迁和内在逻辑。

（1）生产劳动方式（就业方式）：劳动作为人类创造物质财富和精神财富的活动，对塑造人类生活方式的意义是不言自明的，马克思将生产物质生活本身的生产活动看成是人类的第一个历史活动，认为"在劳动发展史中找到了理解全部社会史的锁钥"。[①] 由此，生产方式决定生活方式，但生产方式也是人的活动方式的一个方面，生产方式在更广泛的意义上是生活方式的一个方面。生产劳动生活方式是生活方式最重要的组成部分，是构成生活方式的基础和根本。劳动生活方式作为主体最基本的活动方式之一，主要内容一般包括劳动就业形式、工作环境、劳动时间、劳动保障等方面。妇女不同生命历程下的生产劳动方式参与受到婚姻、生育和母职的多重影响，婚姻、生育和母职阻碍她们的就业参与和工资收入，是生产劳动方式发展的风险因素。

（2）居住方式/居住安排：居住方式是一种制度、经济和文化力量的复杂混合作用在居住上的反映。居住方式反映了居住者对于自然环境、人文环境、交往对象和生活方式的选择。居住产生的文化基于不同的社会制度和社会行为模式。居住是"居住者同城市生活的各个方面产生联系的出发点"，居住的社区类型、空间格局、住房质量及周边环境，深刻反映着城市生活方式的变迁以及社会空间的分化状况。[②] 除了空间上的物

---

① 马克思、恩格斯：《马克思恩格斯选集（第4卷）》，人民出版社，1995。
② 孟庆洁：《上海市外来流动人口的生活方式研究》，华东师范大学博士学位论文，2007。

理意义和区隔意义，居住安排（与谁同住）对身心健康和生活质量的影响亦引起了国内外学者的广泛关注，① 如有研究认为与子女同住能方便老年人获取子女的经济支持、生活照料和精神慰藉。② 因而，对于居住方式/居住安排的研究也是进行生活方式研究的重要起点和重要视角。

（3）婚姻家庭生活方式：婚姻是人类社会的基本社会关系，家庭是人类社会的基本生活单位，两者都是社会稳定的重要基础。婚姻家庭是社会的缩影之一，在婚姻家庭中最能反映人、家庭和社会三者社会互动结构的是婚姻关系，它需要对环境的变迁做出回应并做出适应性调整，③ 而在社会变迁和家庭内部双重变迁时期直接显现的便是婚姻家庭生活方式的变化。婚姻家庭活动是生活方式的重要内容，所谓婚姻家庭生活方式，是人们的婚恋和家庭生活活动的总和，主要涉及家庭结构、夫妻关系、家庭规模、家庭职能、家务劳动、家庭情感等。

（4）教养/成长方式：教养方式对儿童发展的影响受到广泛关注，诸多研究表明儿童时期的健康、认知、社会情绪等方面的发展水平对其一生都有重要影响。教养方式是指通过家长养育行为传递给儿童，并由儿童感知到的有关儿童养育的信念、价值、目标、态度和养育风格。④ 教养方式是解释家庭背景、代际传承与儿童未来成就关系的一个重要机制，如蓝佩嘉在《拼教养——全球化、亲职焦虑与不平等童年》中曾对中国台湾地区"新移民"家庭亲职教养进行研究，介绍了他们如何在具有局限性的经济处境中保障下一代安康成长，考察了全球化对其产生的影响，并指出，相对于中产阶层的"世代断裂"叙事，劳工阶层常常使用"世

---

① 王金水、许琪：《居住安排、代际支持与老年人的主观福祉》，《社会发展研究》2020年第3期。
② 鄢盛明、陈皆明、杨善华：《居住安排对子女赡养行为的影响》，《中国社会科学》2001年第1期。
③ 马丹丹：《家庭生活方式对婚姻关系的调适研究》，四川省社会科学院硕士学位论文，2008。
④ I. E. Sigel, et al., "Parenting Beliefs Are Cognitions: The Dynamic Belief Systems Model," in Bornstein M. H, *Handbook of Parenting: Being and Becoming A Parent. Mahwah* (NJ, Lawrence Erlbaum Associates: Inc. Publishers, 2002): p.485-508.

代延续"的叙事,即他们会延续父辈,采取接近华人文化传统的"管教"和"勤管严教"的模式。① 教养方式包括家庭在社会、经济和文化方面的资本投入,以及家长的学业参与等具体的养育实践,还包括家庭情感氛围。② 如有研究认为,进城务工妇女在教养层面面临三个方面的结构性限制:首先,进城务工家庭多面临住房空间的局限(多是租房住宿)、孩子祖辈没办法融入城市生活习惯等;其次,家校合作成为必然趋势,教育任务被"带回家";最后,流动妇女距重视说理沟通的"新教养"的要求相差甚远。③

(5)闲暇休闲:闲暇休闲,是指人们在摆脱了物质与文化环境的外在压力和支付了各种必要时间支出后所从事的一种相对自由的生活活动,这种活动为本人所喜爱和本能地感到有价值,从而成为满足人自身精神文化的、心理与生理需要的重要活动方式。法国社会学家杜马兹迪埃(Joffre Dumazedier)在《走向休闲的社会》一书中也说"所谓休闲,就是个人从工作岗位、家庭、社会义务中解脱出来的时间,为了休息,为了消遣,或为了培养与谋生无关的技能,以及为了自发地参加社会活动和自由发挥创造力,是随心所欲活动的总称"。简单地说,"闲暇"强调的是时间,"休闲"强调的是一种心态和心境。它们虽是两个不同的概念,而它们却相互依存,互为条件。无"闲暇",何谈"休闲"所以,闲暇是休闲的重要前提之一。闲暇活动是人们在闲暇时间内进行的各种活动,包括休闲活动,主要内容一般包括闲暇时间、闲暇活动、闲暇空间等。事实上,在本研究中,研究妇女闲暇更为合适,因为大多受流动影响的妇女距离我们真正意义上的休闲还有很大的差距,她们的休息时间往往被严重压缩,休闲空间和休闲时间也被严重压缩,她们的闲暇消遣方式往往较为单一,比如看电视、刷手机等。

---

① 蓝佩嘉:《拼教养——全球化、亲职焦虑与不平等童年》,春山出版社,2019。
② 朱美静、刘精明:《教养方式对儿童学业能力的影响》,《社会发展研究》2019年第2期。
③ 赵洪萍:《进城务工女性的母职实践:以"家为社会田野"的叙事研究》,《妇女研究论丛》2020年第3期。

(6) 消费方式：在消费社会，消费生活成为生活方式的主要表现形式，而消费内容无疑是消费生活的一大构成，消费内容是指人们在日常生活中为了满足物质上的、精神文化上的需要而消费的各种产品和劳务的总合。消费内容不仅是个人维持物质生命之所需，也是个人精神生活之所需，因此，消费生活方式包括对物质和精神文化的消费，一是满足衣、食、住、行、用等物质消费需要的生活方式，二是满足人们娱乐艺术、风俗节日、宗教活动等精神文化消费需要的生活方式。消费生活方式的，主要包括消费水平、消费结构、消费方式、消费观念和消费习惯等。

(7) 社会交往方式：作为社会中的个人，社会交往是人类生存与发展的必然方式和基本条件，也是人类社会最基本的活动形式，是社会成员之间相互联系和作用的社会交往实践活动过程。社会心理学家舒茨（Schutz）曾提出人际需要三维理论，他认为，每一个个体在人际互动过程中都包括三种基本的需要，即包容需要、支配需要和情感需要。它们决定了个体在人际交往中所采用的行为，以及如何描述、解释和预测他人行为。社会交往是人们在一定的社会规范和社会制度下进行的交往，交往方式广泛地渗透到人们的劳动、消费、闲暇、家庭等各种领域，这不仅是社会关系的直接体现，而且也具有社会发展阶段的特点。社会交往方式受到通信手段、交往工具的制约，尤其是高铁、电子计算机、信息技术和网络技术的发明和使用，人们社会交往的全面性和便捷性特征日益突出。布劳曾提出社会交往的"接近性"假设，即：人们更多地与自己群体或社会阶层中的其他成员交往，处于相同社会位置的人们有着共同的社会经验和角色以及相似的属性和态度，这一切都将促进他们之间的交往。① 社会交往方式包括交往对象、交往方式、交往目的等内容。

(8) 健康生活方式/养老方式：健康权是人的基本权利的重要组成部分。健康不仅事关自身，而且事关后代、家庭乃至整个社会。由此出发，妇女的健康也是妇女的一大基本人权，是每个家庭和社会的重大利益关切点。妇女作为特殊的社会群体，其特定的社会角色、生

---

① 布劳：《不平等和异质性》，王春光等译，中国社会科学出版社，1991。

理和年龄特点使妇女健康生活方式研究作用凸显。妇女的健康生活方式极其深刻地反映着性别关系中的权力关系和权力结构，而且也反映着妇女的地位状况。健康生活方式，是指个人基于一定的动机和能力所发生的一系列维护和促进良好健康状况的行为模式。[1] 科克汉姆结合韦伯和布迪厄关于生活方式的论述提出了健康生活方式生产和再生产的综合模型，认为在社会结构（主要是阶级结构、年龄、性别、种族、集体行为和生活条件等）和社会化，以及社会经历的影响下，个体形成了对健康生活方式的生活选择，进而形成了健康生活方式的行动倾向（惯习），并发生生活方式行为（如吸烟、饮酒、安全行驶、运动和常规体检等）。这些行为模式形成了健康生活方式，这些方式又会影响他们的行动倾向（惯习）。如进城打工对妇女健康生活方式带来变化的结果是焦虑、倦怠、失眠、颈椎病等在她们身上落下了印记。[2] 这里，将养老方式也一并放入探讨，家庭结构和老年个体的变化共同塑造着老年人的养老模式（如居住模式，与子女同住/不同住）选择，不同养老模式产生不同的生活方式。

（9）文化/精神生活方式：精神生活，一般政治思想、伦理道德观念、宗教信仰以及社会观、幸福观等；文化生活，一般指文学、艺术和文娱活动等方面，与闲暇休闲生活有一定的重合，但层次又高于闲暇休闲生活。

二　理论范式和理论视野

如何更好地看待和理解妇女生活方式呢？本研究认为，妇女生活方式应涉及生物性别/社会性别、时间/空间、社会/家庭等多种维度。正如

---

[1] W. C. Cockerham et al., "Conceptualizing Contemporary Health Lifestyles: Moving Beyond Weber", *The Sociological Quarterly* 38 (1997): 321-342.

[2] 赵洪萍：《进城务工女性的母职实践：以"家为社会田野"的叙事研究》，《妇女研究论丛》2020年第3期。

《男性妥协：中国的城乡迁移、家庭和性别》[1] 中所述，个人故事与宏大叙事的交织提醒我们，尽管个体变化与结构变迁之间存在着理论上的划分，但实际上两者一直交织在一起，很难人为地将其分裂。如在一个传统上家庭会对个体家庭成员生活和福祉产生关键影响的社会里，城乡迁移很少是由个体决定的。迁移常常是出于效益最大化和风险分担而做出的家庭策略。这表示迁移会同时影响迁移的人和他们留守在老家的家人，他们在城市的生活、在农村的生活都会被迁移所重塑。这其中，生命历程、性别关系和家庭结构/形式/功能都在不断地变迁和重塑中。

首先，从性别维度看，由于妇女与男子在生理结构、社会角色期待等等因素上的不同，男女两性的生活方式存在一定的异质性。因此，应该从社会性别视角来看待妇女生活方式。其次，从时间维度看，妇女在不同的年龄/生命周期/特殊生命历程背景下，不同的生活事件导致其在特定生活阶段中对生活的关注重点不同，生活方式实践不同，因此，应该从生命历程视角来看待妇女生活方式。最后，从社会/家庭维度看，鉴于妇女群体拥有的多种身份、多重角色和多样需求，家庭往往影响着妇女的生活机会和生活选择，因此，应该从家庭结构视角来看待妇女生活方式。

综上所述，本研究对于妇女生活方式的研究，基于多种理论视角。

（一）社会性别视野

社会性别视角是人文社科研究的一个重要视角，也是本书关于妇女生活方式分析的首要视角。"社会性别"一词是由美国人类学家盖尔·卢宾（Gayle Rubin）最早提出的。"社会性别"在英语中为"gender"，它与"sex"（生理性别）是相对的。生理性别指的是与生俱来的生物属性，而社会性别是一种文化构成物，通过社会实践的作用发展而成的性别之间的角色、行为、思想和感情特征方面的差别。社会性别是社会建构的，

---

[1] 蔡玉萍、彭铟旎：《男性妥协：中国的城乡迁移、家庭和性别》，罗鸣、彭铟旎译，生活·读书·新知三联书店，2019。

包含着性别差异与性别规范、性别分工与性别身份、性别利益与性别需要等多个含义丰富的维度。

不难发现,社会性别是在时间/空间/历史的过程中建立的一种脆弱的身份和角色,通过生活方式、社会关系、权力机制等程式化的重复行动在一个规训的空间里建制,从而产生主体塑造与性别惩罚。从社会性别视角来研究生活方式,可以考察不同性别在生活方式上的分布与分化,有助于我们更深刻地认识不同或相同性别群体生活方式各个方面的现状特征和相关的差异,了解当前社会结构变迁和社会性别分化状况,并分析和研究造成生活方式性别差异的制度性和文化上的深层原因,从而从一个侧面进一步把握不同性别群体生活方式的现状特征、变化规律和发展趋势。而在目前,社会性别研究领域关于生活方式的具体研究主要集中于时间利用方式的研究,主要关注有酬劳动和无酬劳动的性别分布以及家务劳动中的性别承担;注重休闲活动中的性别差异,探讨休闲的性别公平、赋权与社会变革等。

"交叉性/多元交织性"研究是国外女性主义研究的重要范式,也是分析社会中性别现象的重要方法。[1] 在研究妇女生活方式时,不能将社会性别从生命历程、地区、城乡、阶层、文化、群体、年龄等经验维度中分离出来,而应把社会性别当作一个主要变量,在全球化、国际化、城镇化、现代化背景下,将妇女生活方式置于诸多因素的交叉分析下,更加全方位地理解中国妇女的生活方式。

(二) 生命历程视野

生命历程理论(life course theory)着重研究生命发展历程中结构性、社会性以及文化等不同因素对个体生活的影响。[2] 生命历程大体是指在人

---

[1] 苏熠慧:《"交叉性"流派的观点、方法及其对中国性别社会学的启发》,《社会学研究》2016年第4期。

[2] G. H. Elder, "The Life Course as Developmental Theory," *Child Development* 69 (1998): 1-12.

的一生中随着时间的变化而出现的,受到文化和社会变迁影响的年龄级角色和生命事件序列。从已有的研究来看,所谓的生命事件一般包括接受教育、离开父母独立生活、结婚或离婚、生养子女、参加工作或辞职、居住地的迁徙、退休等事件。生命历程理论最具代表性的著作是托马斯(William I. Thomas)和兹纳涅茨基(Florian Znaniecki)在1918—1920年出版的五册《身处欧美的波兰农民》[①](*The Polish Peasant in Europe and America*),这一研究独创性地引入了生命历史(life history)与生命轨迹(life trajectory)的概念,并指出需要使用纵贯性研究方法来进行移民研究,通过回溯和追踪来获得移民生活中各种经历的连续记录。再如著作《大萧条的孩子们》(*Children of Great Depression*)[②]融合了以往的理论创见,系统地提出生命历程理论的内容与研究范式。与生命周期理论、生命史相比,个人的生命历程被主要看成是更大的社会力量和社会结构的产物。生命历程研究不仅要求在一个共同的概念和经验性研究的框架内对个体生命事件和生命轨迹的社会形式做出解释,并且注重考察影响这些事件和轨迹的社会进程。[③]而生命周期理论强调"世代"效应,但较少关注贯穿个体毕生的时间过程、历史时代或地理位置等,也就无法去寻找一种个体生命与社会的联结。

生命历程理论从"生命时间""社会时间""历史时间"三个维度解释"时间"的概念。以"生命时间"代表出生年代,标识个体在自身发展中所处的位置,即生命轨迹中的自然阶段。"社会时间"代表对体质变化的社会期待,强调在特定的社会环境中,个体经历的生命事件对生活方式的影响,充分反映了社会因素对生活方式的实时影响;"历史时间"强调的是个人生活的历史环境,关注历史事件和社会环境对体质的影响。通过对时间三个维度的划分,将个体生命历程与时代变化相联系,充分

[①] 威廉姆·托马斯、弗洛里安·兹纳涅茨基:《身处欧美的波兰农民》,张友云译,译林出版社,2000。

[②] 埃尔德:《大萧条的孩子们》,田禾译,译林出版社,2002,第102页。

[③] 李强、邓建伟、晓筝:《社会变迁与个人发展:生命历程研究的范式与方法》,《社会学研究》1999年第6期。

解释社会、历史因素对体质的影响。琳达·乔治（Linda George）总结了基于生命历程健康研究的四个时间效应假说：（1）暴露时长，即个体经历某一事件的时间越长，越有可能形成某一特定的结果。即使是相同的经历时长，暴露于不同的风险或保护因素对健康的影响效应也具有明显的差异。（2）时间顺序，即生命历程中经历生活环境、生活经验以及重要事件发生的时间顺序或所处的年龄段不同，对个体健康状况会带来不同的影响效应。（3）关键时期，即如果特定的发展任务在适当的年龄没有完成，随后发生的一系列事件将被推迟或很多机会将不再出现。（4）转折点或里程碑效应，即某些重要事件的发生可能改变个体原有的发展轨迹，或转到与以往预期完全不同的发展方向。[1]

近几十年来，生命历程理论逐渐成为研究日常生活和生活方式的重要分析框架。学者们将生命历程理论与累积优势/劣势理论相结合，强调童年期的某些经历和事件如何使人们产生不良的生活方式和行为，并随着年龄的推移对个体产生不同的发展轨迹。如早年不幸经历会增加以后吸烟、酒精依赖和肥胖等不良习惯/生活方式的风险，进而对健康形成持续的不利影响。[2] 生命历程理论的研究方法，主要包括口述史、叙事访谈、客观诠释等质性研究。正如埃尔德的生命历程理论所述，个体的生命历程嵌入了其所经历的事件之中，同时也被这些事件塑造着，而且这些经历事件的影响取决于这些事件什么时候发生于个人的生活中？他/她们又是如何通过在自身的选择和行动，利用所拥有的机会，克服环境的制约，从而建构自身的生命历程的？

（三）"家为社会田野"的研究视野

新型城镇化、技术变迁如何作用并影响家庭结构、家庭形式和家庭

---

[1] Linda George., "Taking Time Seriously: A Call to Action in Mental Health Research," *Journal of Health and Social Behavior* 55 (2014): 251-264.

[2] 石智雷、吴志明：《早年不幸对健康不平等的长远影响：生命历程与双重累积劣势》，《社会学研究》2018年第3期。

功能？家庭结构、形式和功能又如何作用并影响妇女的生活方式，包括居住方式、婚姻方式、社会关系、健康行为、照顾角色、日常生活习惯等？其中的解释机制与西方有什么不同？这都需要我们从妇女的日常生活史和生活方式中去探求性别权力结构的隐喻。因此，本研究选取家庭整体作为切入点来研究生活方式，即以"家为社会田野"为研究视角，"家为社会田野"是中国台湾学者夏林清所发展的一种理论视角与工作方法，它看重"人"在结构限制中朝向行动改变的力量与动能，亦能从作为具有力量与动能的行动者视角"看见"层层结构的挤压。[①] 通过把宏观的城镇化和技术变迁放到中观、微观的家庭和个人中，从家庭变迁的角度来窥视妇女生活方式的变迁，从而寻找一种理解中国社会转型中人的转型的更接地气的方式。

具体而言，"家为社会田野"的理论视角呈现了对于"家"的三个层面的观点：第一，视"家为社会田野"，在本质上即要理解家被作为整体在社会结构中所具有的社会资本的差异，在观察家的移动和家人劳动的身影时，她们所具有的家的社会阶层处境即得以呈现；第二，家内矛盾、家人关系的社会性被更清楚地辨识，避免将家内矛盾化约为个体与人际的冲突或斗争；第三，家的养育条件以及教养子女的方式被更清楚地呈现，同时，"家为社会田野"亦是一种家庭工作方法，暗含了作为行动者的家人认同家以多元形态存在的真实性、现实条件与限制，并催化一种"人"在结构限制中朝向行动改变的力量与动能。[②]

透过进城打工、回流生娃、家庭离散等留在她们身上的"印记"，可以看到她们因各自的生存压力而不得不选择打工，或因抚养孩子和照顾老人而不得不回流，或因不得不留守而夫妻分离等生活情境，也可以看到她们奋力谋生（图生存、谋生活）的社会历史场景，也看到其生命历

[①] 夏林清：《斗室星空："家"的社会田野》，《中国农业大学学报》（社会科学版）2013年第3期。

[②] 赵洪萍：《进城务工女性的母职实践：以"家为社会田野"的叙事研究》，《妇女研究论丛》2020年第3期。

程中被"体制与权力"留下的痕迹,更看到其在"婆媳关系""夫妻关系""亲子关系"中存在的社会关系张力,①从而发现"刻痕"在她们身心留下的城镇化的历史印记。

三 研究方法与资料来源

近年来关于生活方式的研究十分多元,但是存在的问题也较为明显,生活方式的测量难以统一是主要问题之一,不同的文章对于生活方式的测量均不一致,多数是限于数据的可得性,有的以健身/体育活动等日常行为代替,有的通过饮食、消费等众多因素代替。近年来,针对生活方式的不可直接测量的特质,有学者通过日常行为、价值观念等变量采用统计手段构建生活方式的潜变量。②这些方法相较于简单直接的测量可能会更加完备,但是也同样存在着问题。因此,本研究注重从单一到多元混合的研究方法来研究妇女生活方式问题。混合方法研究,是在定性和定量两者研究方法的基础上发展而来,以"问题"为中心,强调研究方法服务于研究目的。混合方法研究在社会科学方法论领域开始成为研究者关注的热点和发展趋势。

(1)定量研究:综合利用三次中国妇女社会地位调查数据(1990、2000、2010年)、中国教育追踪调查(CEPS)、中国综合社会调查(CGSS)、2019年"西北农村地区信息传播及其影响研究"调查、国家统计年鉴数据等数据库资源,采用描述统计、多元回归分析等定量数据处理方法来描述妇女生活方式状况和群体之间的性别差异。

(2)定性研究:用叙事访谈法(narratives interview)在浙江、江苏、陕西、四川、安徽等地选取典型案例50余个,通过焦点访谈和小组讨论深入考察妇女生活方式的变迁。为保护被访谈对象的个人隐私,书中出

---

① 赵洪萍:《进城务工女性的母职实践:以"家为社会田野"的叙事研究》,《妇女研究论丛》2020年第3期。

② 王甫勤:《社会经济地位、生活方式与健康不平等》,《社会》2012年第2期。

现的被访谈者姓名均为化名。叙事访谈是舒茨在20世纪70年代建立起来的专门针对生平研究的方法。这一方法强调，个人生平唯有生平经历者通过对自己人生的回顾叙述才得以再现，而且唯有在完全不被外界干扰的情况下，才能最忠实地得以呈现。对于个人生平的完整（且必然是曲折的）叙事，舒茨称为"过程曲线"。生命历程基于共同的制度性结构，因此同龄群体的生命历程会有一定程度的重合。叙事访谈法的目的就是要呈现过程曲线，并对各过程曲线进行对照，以找出生命历程的结构。叙事访谈虽然与一般生平研究通常采用的口述史研究方法类似，但在分析操作上仍有差异。口述史方法的用意一般在于以对话的方式从经历者那里收集历史事件资料，目的在于还原不同于文献记载的历史与社会面貌，以及历史洪流中的人民生活，但叙事访谈的目的与分析方式旨在通过分析与比较，挖掘出生命历程本身的结构规则。[①]

综上所述，本书将从具体的时空情境出发，以新型城镇化、技术变迁、家庭结构变迁等为社会技术背景分析妇女的生活机会，以女童、中青年妇女、老年妇女的生活方式为重点，透视她们在社会技术背景下的生活机会和个体选择。由于生活方式的涉及面广泛，我们的研究将以居住模式（离散或聚合）、生产方式（变换成游离）、教养方式（留守或流动）、养老方式（区隔或融合）、技术与发展（机遇或鸿沟）等事关受流动影响人口生存发展的生活行为模式为例，聚焦生活方式生成和变迁的内在机制和可能性，探讨妇女独特生命历程下的生活轨迹，分析中国妇女生活方式变迁的现有状况、发展困境和内在逻辑。

[①] 郑作彧、胡珊：《生命历程的制度化：欧陆生命历程研究的范式与方法》，《社会学研究》2018年第1期。

第四章

居住模式：离散或聚合

斑驳的墙壁，昏暗的灯光，潮湿的环境，破旧的家具……老旧小区的地下车库住着小夫妻一家，他们承包了车库的管理工作。车库没有自动识别系统，日常的安排车位、收钱，以及洗车这些杂七杂八的事情全靠人工，小夫妻只能白天黑夜轮班倒。车多车位少，所以每时每刻都得有人守在车库里，久而久之，一家人的吃喝拉撒睡都就地解决了，人防铁门内外成了他们家，里面是卧室和厨房，外面是客厅和餐桌。

　　小夫妻的孩子也跟着他们住在车库里。大儿子已经五六岁了，白天趴在沙发上，偶尔也能帮大人干点活了。不久前，小夫妻又有了第二个宝宝，还是男孩，白天妈妈抱着他在车库工作，晚上他也跟着睡在铁门后面。地下车库没有通风采光设备，环境有点昏暗，不过这一大家子可能也挺适应了。有几次碰到，笔者对他们说："车库空气不好，小朋友最好到小区花园玩吧。"他们笑笑回答："没办法呀，我们又走不开，车来车往的，他一个人玩不放心。"笔者又问："怎么不把孩子送回老家呢？这里环境不太适合小朋友。"他们又笑笑回答："孩子自己带更放心。而且一家人在一起，比什么都好。"

——笔者调研手记

一　引言：离散或聚合居住？

所谓安居乐业，居住问题是流动人口进入流入地后面临的首要问题，居住状况深刻影响着流动人口的工作生活质量、身心健康和社会融入。近年来，流动人口居住问题逐渐引起学界关注，学者对流动人口居住现状、特征、问题、满意度等内容进行了较为深入的研究。如有学者从流动人口居住的总体概况、流动人口居住的社会分层特征、流动人口居住的时空变迁等三个维度对我国流动人口居住状况及其特征进行分析后认为，流动人口依然主要以租房获得居所，常处于"居住隔离"状态，居住面积较小，居住质量较差，且随着时间的推移，流动人口居住亦呈现时间长期化、居住家庭化的发展趋势。[1] 以居住模式为例，早在1990年代，就有研究开始关注我国人口流动的家庭化趋势。[2] 有研究认为，流动人口居住时间的延长将促进其携带家眷；年龄在30—40岁的人口，以及拥有更高受教育程度的人口对家庭成员的带动能力更高。[3] 目前，学术界对流动人口的家庭化迁居有很多种称呼方式，如"家属随同""携眷""农民工的家庭迁移""家庭迁移"等多种方式。从家庭化迁居的程度来看，绝大多数家庭的迁居正处于"进行期"，即大多数的流动家庭处于离散、半离散化状态。对于已婚人口而言，其迁居的倾向是夫妻一人或夫妻双方首批迁居，包括夫妻一方、双方携带子女等情况，之后再将以子女为主的其他亲属迁居到城市中。

《中共中央关于制定国民经济和社会发展第十三个五年规划的建议》提出，深化户籍制度改革，促进有能力在城镇稳定就业和生活的农业转移人口举家进城落户，并与城镇居民享有同等权利和义务。进一步地，

---

[1] 梁土坤：《流动人口居住状况的三维分析：一个文献综述》，《西北人口》2015年第4期。
[2] 马侠：《中国人口迁移模式及其转变》，《中国社会科学》1990年第5期。
[3] 王志理、王如松：《中国流动人口带眷系数及其影响因素》，《人口与经济》2011年第6期。

第四章　居住模式：离散或聚合

党的十九大报告中也提出了要"加快农业转移人口市民化"，因此，流动人口举家迁移已经成为人口城镇化的重要内容。根据《中国流动人口发展报告2017》，新生代已婚流动人口基本已经实现夫妻双方的共同迁移，约六成流动人口与配偶及子女一同迁移，家庭化迁移特征较为明显。从最初的"单独迁移"到而今的"家庭化迁移"，这与我国由"土地城镇化"向"人口城镇化"的发展模式转变具有一致性。尤其值得一提的是，子女随迁作为家庭化迁移的重要部分，在新型城镇化建设中成为影响中国城镇化速度、结构甚至质量的重要因素，[①] 流动人口子女随迁的比例也成为衡量中国新型城镇化进程的一个重要指标。

当前我国流动人口家庭化迁移主要存在两种模式：一是完整式家庭迁移模式，即所有的家庭成员共同迁移至流入地；二是半家庭式迁移模式，即家庭成员实行渐进式迁移，首先由家庭决策者迁移，随后是家庭核心成员迁移，最后再扩展至其他家庭成员。因而，本研究将流动家庭在传统城镇化进程中形成的居住模式分为三大居住模式：离散型居住模式（即流动者个人外出打工）、半离散型居住模式（即流动者夫妇共同外出打工）和聚合型居住模式（即流动者夫妇带孩子共同外出打工）。[②] 在离散、半离散居住模式下，留守妇女、留守儿童、留守老人、临时夫妻等社会问题不断显现；在聚合型居住模式下，亦存在着孩子教育、福利保障等城乡二元问题，影响了流动家庭的生活质量和生活满意度。

对于流动人口的生活满意度而言，现有研究主要从经济收入、户籍身份、社会保障等角度分析，以居住模式为视角的研究则以质性研究和区域/地方研究为主，缺乏全国层面的定量分析。流动人口的家

---

① 宋锦、李实：《农民工子女随迁决策的影响因素分析》，《中国农村经济》2014年第10期。
② 离散型居住模式指家庭成员因散居异地而长期分离的居住模式。与传统家庭居住模式不同，现有流动家庭因为外出务工而出现家庭成员长期分散居住的现象，亦有学者称为"拆分型家庭模式"，参见谭深《中国农村留守儿童研究述评》，《中国社会科学》2011年第1期。

庭化迁移已经成为未来人口流动的主要趋势。那么，居住方式因素是否已成为影响流动人口生活满意度的更具解释力的变量？居住方式因素对于流动人群生活满意度的影响到底有多大？不同居住模式下流动人群的满意度差异又是如何？哪种模式占优？由此，本研究以流动人口在外居住模式为切入，进行生活方式对流动人口生活满意度的影响机制研究。

二　不同居住模式下的生活满意度

（一）数据来源

本研究使用 2010 年全国妇联和国家统计局共同完成的"第三期中国妇女社会地位调查"之受流动影响群体专卷。本次调查以 2010 年 12 月 1 日为时点，调查采用了按地区发展水平分层的三阶段不等概率（PPS）抽样方法，共回收受流动影响群体有效问卷 2154 份。为了更好地分析不同居住模式下流动家庭的生活满意度，本研究把研究对象确定为 18—65 周岁、已婚、有孩子且目前正在外的流动人口，共计 1113 人。其中男性 547 人，占 49.1%；女性 566 人，占 50.9%。

（二）相关文献回顾

生活满意度是个体基于自身设定的标准对其生活质量所做出的主观评价，[1] 生活满意度影响因素的分析对深入了解流动者生活满意度的内在特征具有重要意义。国内外对生活满意度的研究成果颇多，包括概念内涵、测量、决定因素等的研究，如 Simon Appleton 和 Lina Song[2] 研究了中国城市居民生活满意度的构成要素和决定因素，认为构成要素包括收入、

---

[1] D. C. Shin, D. M. Johnson, "Avowed Happiness as An Overall Assessment of the Quality of Life," *Social Indicators Research* 5 (1978): 475-492.

[2] S. Appleton, L. Song, "Life Satisfaction in Urban China: Components and Determinants," *World Development* 11 (2008): 2325-2340.

职业与社会地位、职业机遇与社会流动、福利待遇、政策评价、社会关系和家庭关系，决定因素包括收入与失业、人口特征、健康状况、社会保险、政治参与、职业性质和户口。对于流动与生活满意度的研究，国内研究主要从：（1）受流动影响的留守妇女、儿童、老年人的生活满意度；[1]（2）特定流动群体的生活满意度研究，如青年农民工、失地农民、流动儿童等；[2]（3）流动与非流动人口的生活满意度对比研究[3]等角度切入研究，较为一致的结论主要认为离散型居住模式（指家庭成员因散居异地而长期分离的居住模式）之下，家庭离散对流动者的身体健康、婚姻安全、亲子关系、代际关系以及自身发展产生均会产生显著性影响。据此，本研究提出以下假设。

H1：生活方式（居住模式）对流动者的生活满意度具有影响，离散型居住模式者的生活满意度最低，半离散型居住模式者次之，聚合型居住模式者的生活满意度最高。

H2：生活方式（居住模式）对流动者的夫妻感情具有影响，离散型居住模式者的夫妻感情最差，半离散型居住模式者次之，聚合型居住模式者的夫妻感情最好。

H3：生活方式（居住模式）对流动者的子女教育具有影响，离散型居住模式者的子女教育最差，半离散型居住模式者次之，聚合型居住模式者的子女教育最好。

H4：生活方式（居住模式）对流动者的亲子关系具有影响，离散型居住模式者与子女关系最差，半离散型居住模式者次之，聚合

---

[1] 魏军锋：《留守儿童的社会支持与生活满意度》，《心理卫生杂志》2015年第5期；连玉君等：《子女外出务工对父母健康和生活满意度影响研究》，《经济学》（季刊）2015年第1期。

[2] 陈占锋：《我国城镇化进程中失地农民生活满意度研究》，《国家行政学院学报》2013年第1期；李丹等：《新生代农民工市民化问题探析——基于生活满意度视角》，《中国人口资源环境》2012年第7期。

[3] 郭静等：《青年流动与非流动人口生活满意度水平及影响因素——基于北京、上海和深圳的调查》，《中国卫生政策研究》2013年第12期。

型居住模式者与子女关系最好。

H5：生活方式（居住模式）对流动者的健康状况具有影响，离散型居住模式者的健康状况最差，半离散型居住模式者次之，聚合型居住模式者的健康状况最好。

（三）变量界定

因变量。包括生活满意度、夫妻感情、子女教育、亲子关系、健康状况等。根据问卷中"总的来说，您对外出期间的工作生活满意吗"一问，将其界定为因变量。该问题的回答有五个选项：很满意、比较满意、一般、不太满意和很不满意。在模型分析中为二分因变量，将一般、不太满意和很不满意选项合并，将很满意、比较满意选项合并，"0"表示为不满意，"1"表示为满意。

自变量。生活方式（居住模式）。主要来自"在这次外出中，以下这些人当时是否与您同行"一问，将"没有人同行者"设为0，表示离散型居住模式；将"与配偶同行者"设为1，表示半离散型居住模式；将"与配偶、子女一起同行者"设为2，表示聚合型居住模式。

控制变量。生活满意度是一个复杂且主观的指标，还受到收入、户籍、性别、年龄、教育、社会阶层等因素的影响。因此，本研究将收入、户籍、性别、年龄、教育和社会阶层作为控制变量。

（1）收入水平。主要来自"去年您在以下方面的个人收入大约为多少元"一问，主要由劳动收入、租赁收入、其他财产性收入、相关补贴和供养/资助收入加总而成，单位为元。

（2）户籍制度。主要由户口性质（"0"表示城市、"1"表示农村），以及"您是否有社会养老保障、社会医疗保险、失业保险"等问题构成，其中，"0"表示没有，"1"表示有。

（3）其他控制变量。将性别、年龄、教育、职业、健康等作为控制变量。

表 4-1 研究变量基本特征与描述

变量名	选项	频次（人）	比例（%）
生活满意度	满意	713	64.1
夫妻关系	改善	339	30.5
子女教育状况	改善	489	46.5
亲子关系	改善	308	28.4
自评健康状况	健康良好	863	77.8
心理健康状况	无心理问题	421	37.8
居住模式	离散型	355	36.2
	半离散型	313	31.9
	聚合型	313	31.9
户籍制度			
户口	城市	37	3.4
	农村	1051	96.6
社会养老保险	有	455	40.9
社区医疗保险	有	743	66.8
失业保险	有	105	9.4
性别	男	547	49.1
	女	566	50.9
受教育程度	小学以下	254	22.8
	初中	555	49.9
	高中以上	304	27.3
		平均值	标准差
经济收入（元）		25168.58	31600.32
年龄（岁）		38.89	7.86

注：部分选项有缺失值，比例以该变量下有效样本数为准。

（四）模型分析

Ologit 和 Logistic 回归模型是针对被解释变量为二分类或者多分类数据的模型，其解释变量可以是定性数据也可以是定量数据。在预设计与假设阶段，笔者采用了两种方法进行模型建构，其中 Ologit 模型在因变量设计中采用了五分类变量，发现结论一致。鉴于 Logistic 回归便于分析各影响因素的作用大小和方向，本研究使用 Logistic 回归模型进行模型构造，其结果见表 4-2。

表 4-2 生活方式对生活满意度的 Logistic 回归分析

	(1)生活满意度	(2)夫妻关系	(3)子女教育	(4)亲子关系	(5)自评健康	(6)心理健康
半离散型	0.408* (0.189)	0.309 (0.193)	0.0560 (0.185)	-0.00412 (0.203)	0.238 (0.207)	-0.0857 (0.183)
聚合型	0.372* (0.194)	0.823*** (0.189)	1.129*** (0.186)	0.539** (0.193)	0.406 (0.220)	0.161 (0.188)
社经地位	已控制	已控制	已控制	已控制	已控制	已控制
年龄	0.0336** (0.0105)	0.00115 (0.0104)	0.0231* (0.0105)	0.00619 (0.0109)	-0.0165 (0.0114)	0.0205* (0.0102)
性别（女）	0.160 (0.162)	0.200 (0.161)	0.199 (0.158)	0.252 (0.169)	-0.200 (0.183)	0.491** (0.157)
户口	-0.556 (0.448)	0.537 (0.443)	0.200 (0.406)	0.621 (0.474)	-0.145 (0.472)	0.203 (0.383)
养老保险	-0.0693 (0.190)	0.252 (0.188)	0.258 (0.183)	0.479* (0.193)	0.0244 (0.207)	0.246 (0.183)
医疗保险	0.538** (0.185)	-0.182 (0.186)	-0.326 (0.181)	-0.147 (0.195)	-0.211 (0.210)	-0.0241 (0.179)
失业保险	0.530 (0.322)	0.0756 (0.290)	-0.382 (0.293)	-0.675* (0.333)	0.380 (0.355)	-0.115 (0.288)
自评健康	1.247*** (0.183)	0.143 (0.190)	0.284 (0.185)	0.366 (0.204)		-1.182*** (0.212)
_cons	-66.05** (20.48)	-4.661 (20.26)	-45.72* (20.38)	-14.72 (21.28)	33.46 (22.13)	-39.31* (19.89)
N	846	846	810	831	846	846
BIC	1095.8	1118.6	1135.3	1052.4	935.1	1151.3

说明：(1) *p<0.05, **p<.01, ***p<.001；(2) 括号里的数字为标准误。

由表 4-2 可见，总体而言，居住模式不同程度地影响了流动者的生活满意度。

生活方式（居住模式）是影响流动者生活满意度的重要因素（见图 4-1）。离散型居住模式者的生活满意度最低，半离散型居住模式者和聚合型居住模式者的生活满意度较高，但半离散型居住模式者和聚合型居住模式者两者之间的生活满意度则不存在显著性差异。

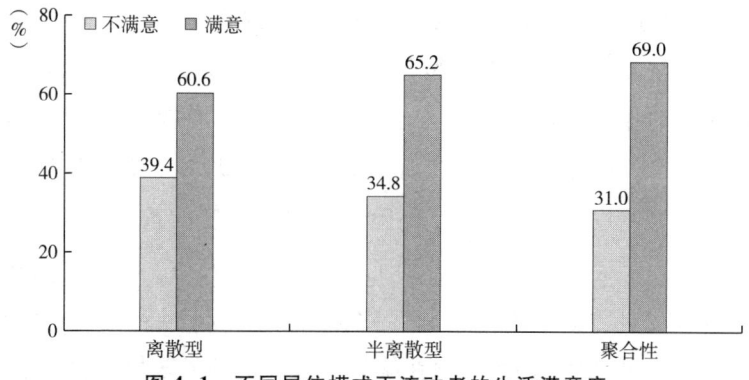

图 4-1 不同居住模式下流动者的生活满意度

具体而言,聚合型居住模式者的生活满意度的几率是离散型居住模式者的1.45倍,半离散型居住模式者的生活满意度的几率是离散型居住模式者的1.22倍,而进一步研究显示,半离散型和聚合型居住模式者之间的差异并不显著。

通过图4-2可以看出如下情况。

生活方式(居住模式)对夫妻关系具有影响,聚合型居住模式者的夫妻感情最好,是离散型居住模式者的1.73倍。

生活方式(居住模式)对子女教育和亲子关系具有影响,聚合型居住模式者的子女教育状况最好,是离散型居住模式者的1.71倍;聚合型居住模式者与子女关系最好,是离散型居住模式者的1.55倍。

生活方式(居住模式)对流动者的健康状况没有显著影响。

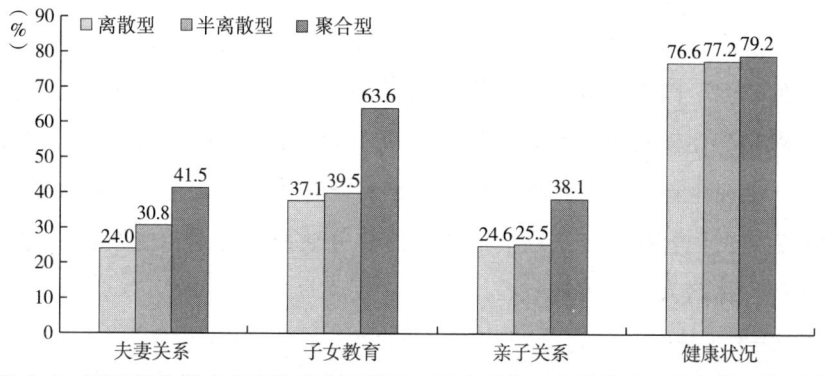

图 4-2 不同居住模式对流动者夫妻关系、子女教育、亲子关系、健康状况的影响

此外，在控制变量中，可以看到以下四点内容。

（1）经济收入是影响流动者满意度的首要因素。经济收入对生活满意度具有正向影响，即经济收入越高，生活满意度就越高，H1得到验证。具体而言，收入每增加1000元，感到满意率增加1.6个百点。

（2）户籍制度中的社会医疗保险是生活满意度的重要影响因素。户籍制度对生活满意度的影响只得到了部分验证，其中，拥有社会医疗保险者的满意度显著高于没有社会医疗保险者，H2c得到验证；而户口、社会养老保险和失业保险均不存在统计学意义上的显著性，假设不通过；H2得到部分验证。具体而言，拥有社会医疗保险者的生活满意率是没有医疗保险者的1.71倍。猜测如下：被调查农民工尚在流动中，还没开始养老，因而不显著；失业保险覆盖率普遍低，也只是一次性的补助，因而不显著；单纯改变户口但不改变背后的各类户籍制度，并不会有质的改变，因而户口这一变量也不显著。

（3）在控制变量中，年龄对生活满意度具有显著影响。年龄每增加一岁，感到满意的几率增加3.0个百分点。

（4）健康状况好的人的感到满意的几率是健康状况不好的人的3.48倍。

诚如费孝通先生所说，空间距离和社会距离虽说不完全相同，但对一个亲密团体而言，日常的合作、生活的配合，还是受到地域限制的，特别是夫妇之间，亲密合作和共同生活是分不开的。① 因而，聚合型居住模式者的夫妻感情好于离散型居住模式者。对于父母和子女来说，有诸多研究显示，与父母共同生活的孩子更容易得到情感需求的满足与天赋个性的培养，因而，聚合型居住模式者的子女教育和与子女的关系均好于离散型居住模式者。家庭作为一个成员间彼此依赖的社会组织，共同居住、共谋生计、互相照顾和扶持是维系家庭功能正常运行的重要前提，而家庭离散则容易造成家庭结构功能的部分缺损，也容易使妇女、老人、孩子等群体陷入一定困境。

---

① 费孝通：《乡土中国 生育制度》，北京大学出版社，1998年，第171页。

所幸，尽管离散家庭存在诸多困境和困难，但目前尚无充分数据证明分散就业、分散居住导致家庭普遍出现结构性破损。上述离散化过程中产生的角色紧张和由此引发的冲突还多属于功能性障碍，而多数离散家庭会通过一系列维持性的行为活动，顽强维持家庭完整、使其尽可能实现功能目标，因此在家庭离散化同时也呈现弥合效应。例如，有研究显示，已婚妇女外出务工更有可能带来家庭迁移，因为妇女外出后仍须承担抚育子女、赡养老人的责任，从而带动了非劳动人口的流动，诸多个案研究也证实了这点。[1] 也有研究基于数据调研认为，家庭化迁移的顺序基本遵循"先夫妻后子女"的序列轨迹；在家庭分批次迁移序列中，家庭流动顺序基本遵循"夫妻共同流动→子女随之流动"，或者"丈夫流动→妻子流动→子女流动"的迁移序列。可见，家庭化迁移促使流动人口家庭居住模式更具核心化、小型化与多元化，呈现先离散后聚合的演进过程。这也一定程度上能够反映流动人口家庭迁移过程是自我适应、自我维系与自我修复的过程，促使离散家庭得以弥合、团聚和聚合。

三　讨论：从寄居走向安居的可能

居住融合可能是目前最难突破的一个制度瓶颈，也是乡—城流动人口融入城市的最大障碍。当前，我国的家庭化迁居正呈现大规模、持续性扩张的特征，已经代替个体流动成为人口流动的基本趋势。对家庭化迁居的政策导向研究可以划分为两类，即"限制类"和"支持类"。早期"限制类"的研究认为，流动人口自身文化素质差异较大，人员成分复杂，管理难度较大，流动家庭规模的扩张会增加城市流动人口管理、计划生育管理的难度，加重城市的基础设施负担，即家庭化迁居对城市带来的消极影响更甚于积极影响，因此政策应以限制为基本导向。[2] "支持

---

[1] 金一虹：《离散中的弥合——农村流动家庭研究》，《江苏社会科学》2009年第2期。
[2] 陈贤寿、孙丽华：《武汉市流动人口家庭化分析及对策思考》，《中国人口科学》1996年第5期。

类"研究则将流动家庭称为"事实上的移民",将家庭化迁居视为流动人口在城市长期居住、定居化的一个特定阶段,认为要通过对城市的社会政策和制度进行改革,保障流动家庭的基本需求。[1]

不难发现的是,流动人口家庭规模化迁移是实现城镇化与工业化进程的重要推动力量,在劳动力人口日益消减的情势下,促进流动人口的安居对于流入地吸纳并留住人力资源格外重要,而居住模式是影响流动人口社会融入的重要因素,是推动流动人口市民化进程的主要内容。随着人口流动的加强,人口流动家庭化迁居的行为是人口流动的更高级阶段,事实上是农村家庭无法忍受家庭分离,进而进行家庭自身调节和内部消化的表现,是农村人口在长期制度约束下,开始争取身份改变,争取与市民获得同等待遇的努力方向。[2] 居住模式、经济收入和户籍制度都不同程度地影响流动者的生活满意度。其中,居住模式对流动者的生活满意度具有正向影响,离散型居住模式者的生活满意度最低,半离散型居住模式者和聚合型居住模式者的生活满意度较高。由此,单纯改变户口但不改变背后的各类户籍制度,并不会有质的改变,即单靠改变农民个体的身份和更换居住地绝不是真正意义上的"城镇化",而整个家庭的聚合、社会保障的配套和生活方式的转变才是真正的新型城镇化。

当前,家庭迁移虽已成为流动人口流动的主导模式,但子女未随迁的情况还占据相当部分,尚未形成完整意义上的举家迁移。尽管诸多离散、半离散家庭均以各自的方式努力适应、维系和修复,展现出韧性婚姻和韧性家庭的韧度和忍耐力,使家庭功能大体得以维系,但也只能起到暂时缓解矛盾的作用。而政策导向应顺应流动人口家庭化迁居的需求,加快机制体制转型,加快促进新型城镇化与工业化、农业现代化的共同推进,建立覆盖家庭生命周期、覆盖各家庭成员需求、覆盖各家庭类型流动家庭的社会服务体系,加快推进户籍制度及社会福利制度改革,完善就业、医疗、教育、住房、养老等基本生活领域的社会保障制度,健

---

[1] 盛亦男:《中国流动人口家庭化迁居》,《人口研究》2013年第4期。
[2] 盛亦男:《中国流动人口家庭化迁居》,《人口研究》2013年第4期。

第四章 居住模式：离散或聚合

全社会保障体系，从根本上实现流动家庭的社会融入和生活方式转型，使得流动人口居住模式由低质量寄居水平向中高质量安居水平的提升，更好地促进流动人口居住融合，进而提升流动人口家庭化迁移的质量与效率。

具体地，就住房政策而言，阻碍流动人口家庭化迁的首要原因是城镇较高的生活成本，其中住房成本是城镇生活成本中最重要的组成部分，流动人口在城市的居住环境呈现住房质量差、空间集聚封闭等特征。2016年，我国政府首次提出要准确把握住房的居住属性，以农民工为主体的流动人口的住房问题成为住房市场改革中的重大问题之一。党的十九大以来，我国进入了住房制度改革的新时期，让"新市民"享有均等化的住房保障服务是新时期住房制度改革中的重点问题。虽然近年来许多地方政府已将流动人口纳入保障性住房的供给范围，但在实际过程中流动人口依然难以分享这一公共服务，保障性住房对流动人口的保障效力明显不足。因而，构建廉租房、公租房、经济适用房、限价商品房等供给模式的住房保障体系就显得尤为重要。另外，应为随迁家庭子女提供平等的受教育机会，降低流动家庭子女的教育成本，不断提升流动人口家庭成员的知识资本、技能资本与社会资本存量，增强其社会融入的能力和水平。[1] 尤其需要注意的是，前文提到，已婚妇女外出务工更有可能带来家庭迁移，因为妇女外出后仍须承担抚育子女、赡养老人的责任，[2] 考虑到这一点，通过社区引导、民间组织和家庭参与，构建流动人口家庭友好型社区，也显得尤为重要。

---

[1] 张保仓、曾一军：《流动人口家庭化迁移模式的影响因素——基于河南省流动人口监测数据》，《调研世界》2020年第12期。

[2] 金一虹：《离散中的弥合——农村流动家庭研究》，《江苏社会科学》2009年第2期。

第五章

生产方式：变换与游离

今年由于疫情老公没回家，我自己回来了，以后就准备在家看孩子，不外出打工了。我有两个儿子，大的不爱学习，他爷爷奶奶也管不住他，才（小学）一年级就考不及格了，我也很焦急，怕以后再学坏了。小的也和我不亲，每次回家都不认识我，怯生生地躲在奶奶后面，过两天就开始黏着我一刻也不让我离开他。哎，陪孩子的时间实在太少了。打工虽然可以赚到钱，给大的和小的买玩具和衣服，也想过把大的带在身边，但像我们这样的情况孩子很难在城里上学。我老公在水果店干活，没有稳定工作的证明。我在一家五金厂工作，厂子就十几个人，根本不和我们签合同，也没有上社保，哎……没有这些证明公办学校都不收的。民办学校倒是可以上，但是太贵了也负担不起，两个孩子我又要工作又要照顾他们也忙不过来啊……

——一位返乡妈妈的心声

提到流动人口的生产方式，就无法回避流动和回流这两个事件。流动和回流都是个体生命史中的重大事件，对于个人以及家庭都有动态的、持续性的影响。现有研究往往更多在一个特定的时点，静态地考察流动和回流之间的工作转换，缺乏动态的视角，很少在动态变化中考察移民回流的特征和影响，[①] 并忽略性别和家庭因素在其中的作用机制。具体而言，其一，往往关注流动人口的"永久性回流"，忽视了人口流动过程中

---

① 李强、刘精明、郑路主编《城镇化与国内移民》，社会科学文献出版社，2015。

"暂时性回流"现象的普遍性,未将其视为整个流动过程的一环,以至于对流动人口暂时性回流的过程及其在此过程中的行为特征的认识始终是相对比较模糊的;① 其二,以往研究多是将流动人口作为一个均质的、无差异的整体,静态地考察流动人口在某个时间节点的回流行为,而忽略不同性别流动人口的流动和回流过程往往因其生育、照护等家庭劳动分工的不同而在行为上可能存在的差异性。如有研究基于 2015 年国家卫生计生委流动人口动态监测调查数据以及对福建省有代表性的流动人口流动经历和过程问卷调查数据进行分析后显示:女性流动人口的暂时性回流整体上受到婚姻、生育、抚养孩子、照护老人、随迁变动等生命历程中的重大事件的影响程度高于男性。因此,生命历程对女性的暂时性回流行为更具解释力,而男性流动人口显然很少会因为此类现象而中断其流动经历。可以说,女性流动人口的流动和回流过程比男性流动人口更具有复杂性和不确定性,因此她们的就业领域往往也更为边缘。

事实上,"母亲"作为妇女重要的身份认同,其母职实践却总是伴着照顾与工作间的两难抉择,妇女尤其流动妇女往往奔波于二者间而力不从心,在寻求工作—家庭的平衡中如陀螺般不停旋转,负重前行。正如《男工·女工:当代中国农民工的性别、家庭与迁移》所说,由于性别秩序在家庭之中表现为两性在家务劳动分工、家庭权力关系和夫妻情感依赖之间的等级关系,男性通过婚姻获得了家长的身份和地位,而妇女获得的更多是依赖和附属品的身份——跟男性相比,已婚妇女的城乡迁移往往是追随着丈夫的轨迹展开的"从属性迁移",体现着性别规范和秩序的复制与延续。② 家庭因素往往是导致回流的重要因素,家庭本位的传统伦理对于女性流动人口的返乡决策至关重要。诸多研究都显示,配偶、家庭子女数、家中有需要赡养的老人和家庭经济状况对回流具有显著影

---

① 彭璐:《社会性别视角下流动人口的暂时性回流及其影响因素》,福建师范大学硕士学位论文,2018。
② 杜平:《男工·女工:当代中国农民工的性别、家庭与迁移》,香港中文大学出版社,2017。

响，其中，孩子对于回流决策尤为重要，有无孩子、孩子的数量以及性别结构都会影响女性移民的回迁决策。① 一旦家里出现问题，她们就可能需要随时中断迁移，在打工和返乡的两难中重新做出选择。因此已婚女性流动人口作为妻子、母亲、儿媳、女儿的多重身份，成为她们迁移过程中必须背负的责任，她们需要通过协商和策略，在由家庭责任所要求的"连续在场"与城乡迁移所导致的"不连续缺位"之间努力建立起平衡的关系。② 因此，不难发现，妇女不但是社会建构下的生产与再生产者，同时她们的生产方式亦复制了性别化的家务分工任务，受家务与子女抚育任务的约束。换而言之，女性流动人口的生产和生活方式呈现动态的变换性和边缘的游离性——是一种"变动着的生产方式和生活方式"，在这种生产方式/生活方式下，妇女的非正规就业化趋势或非正规就业的女性化趋势已经成为不争的事实，她们在劳动力市场的参与更呈现"性别—母职双重赋税"③ 的性别特征。而这样一种"变动着的生产方式和生活方式"，对妇女来说意味着什么呢？下面本章将从收入差异和劳动权益保障受损这两大生产方式/生活方式的社会后果出发，探求家庭束缚对农村性别收入差距的影响，呈现女性流动人口的劳动权益受损状况。

第一节 家庭束缚对农村性别收入差距的影响

一 引言：家庭责任导致性别的收入差异吗？

作为性别不平等的一个重要方面，收入差距是劳动力市场中性别差异最直接的表现形式，并受到学界的持续关注。改革开放以来，随着市

---

① C. Dustmann, "Children and Return Migration," *Journal of Population Economics* 16 (2003)：815-830.
② 吴小英：《城乡迁移的性别化逻辑及其机制：一个交叉性分析的范例——评杜平的新著〈男工·女工〉》，《妇女研究论丛》2017年第5期。
③ 杨菊华：《"性别—母职双重赋税"与劳动力市场参与的性别差异》，《人口研究》2019年第1期。

场经济的深入发展，中国女性的劳动参与程度和工资收入水平都受到巨大冲击，中国城镇和乡村的性别收入差距呈现逐渐扩大趋势。① 这一趋势既不利于整体收入分配的平等，也无益于国民收入的合理分配。因此，探讨性别收入差距及其影响因素具有重要的理论和现实意义。

有关中国性别收入差距的研究多在转型理论的框架下，围绕着"市场转型与性别收入差距"这一命题展开，并且研究集中在城镇地区，认为影响中国城镇地区性别收入差距的因素主要包括结构性特征（国家和劳动力市场）和个体特征（人力资本）。近年来，社会资本和性别角色观念也成为解释中国性别收入差距问题的理论新视角。然而，家庭因素尤其是家庭分工因素的相关讨论还不多，农村地区的相关研究更少见。西方研究表明，家庭责任（如生育和家务劳动时间）的性别差异会导致性别收入差距，② 并且是性别收入差距的主要原因，③ 近期有关中国城镇的研究也得出类似的结论。本章基于2010年中国综合社会调查数据，探讨家庭因素对中国农村性别收入差距产生的影响。

二 文献述评和研究假设

（一）中国的性别收入差距

一直以来，有关中国性别收入差距影响因素的研究集中在对国家、市场和个人特征的讨论上，对家庭特征鲜有涉及。在涉及家庭因素对性别收入差距影响的有限文献中，Hughes 等④对中国城镇居民的研究表明，

---

① J. W. Lee, D. Wie, "Wage Structure and Gender Earnings Differentials in China and India," *World Development* 97 (2019): 313-329.

② N. Angelov, P. Johansson, E. Lindahl, "Parenthood and the Gender Gap in Pay," *Journal of Labor Economics* 3 (2016): 545-579.

③ J. R. Walker, "Earnings, Effort and Work Flexibility of Self-employed Women and Men: the Case of St. Croix County, Wisconsin," *Journal of Labor Research* 3 (2009): 269-288.

④ J. Hughes, M. Maurer-Fazio, "Effects of Marriage, Education and Occupation on the Female/male Wage Gap in China," *Pacific Economic Review* 1 (2002): 137-156.

已婚女性与未婚女性绝对收入差距较大,性别收入差距中未能被生产性特征差异解释的部分较多。之后有研究发现,中国城镇性别收入差距同已婚女性以及母亲处于相对劣势的家庭地位密切相关。[1] 然而,上述研究并未涉及农村地区,也未专门关注家庭分工因素。在涉及农村地区的个别研究中,Qi 等[2]通过检验无薪照料工作对中国两性收入差异的影响时发现,女性所受的消极影响比男性更严重。该研究虽然涉及家庭因素对农村性别收入差距的影响,却未直接关注家庭内部的分工因素,也没有将城乡分开探讨。最近的研究更细致地探讨了家务分工因素对已婚在业群体性别收入差距的影响,发现家务劳动的性别差异是从事非农职业的劳动力性别收入差距的主因。[3] 然而,该研究也未将城乡分开探讨。虽然这样做有其合理之处,可以将所有观察者置于相同的市场环境中,但不符合城乡发展不均的社会事实,也未考虑到农村地区经济结构有别于城市的特殊性(如大量存在的非正规经济)。[4]

(二) 中国农村的性别收入差距

由于农村个体收入的统计较为困难,有关农村性别收入差距的研究集中在工资收入的性别差距上,但这并不能准确描述农村居民的性别收入差距。在农村地区,家庭仍然发挥着组织生产的功能,是经济核算的单位,农村居民只有进入劳动力市场后才会将自身视作独立的经济核算单位,甚至在独立进入劳动力市场后仍然保留着以家庭为核心的效益

---

[1] Y. P. Zhang, E. Hannume, M. Y. Wang, "Gender-based Employment and Income Differences in Urban China: Considering the Contributions of Marriage and Parenthood", *Social Forces* 4 (2008): 1529-1560.

[2] S. H. Qi, X. Y. Dong, "Unpaid Care Work's Interference with Paid Work and the Gender Earnings Gap in China," *Feminist Economics* 2 (2015): 1-25.

[3] 肖洁:《家务劳动对性别收入差距的影响——基于第三期中国妇女社会地位调查数据的分析》,《妇女研究论丛》2017 年第 6 期。

[4] 黄宗智:《中国被忽视的非正规经济——现实与理论》,《开放时代》2009 年第 2 期。

观。[1] 所以，农村居民与市场可能存在两种主要的关系，一种是农村居民作为独立个体从事非农工作，其主要收入是工资；另一种则是农村居民以家庭为单位从事农业经营或者非农经营，其收入包含在家庭收入当中。因此，如果要从总体上衡量农村地区的性别收入差距，需要考虑农业生产和家庭经营。

一些文献在探讨农村性别收入差距时也涉及了上述问题，认为男性和女性在非农就业中的收入差异是性别收入差距的主要来源。Zhang 等[2]发现，改革开放之后，农村女性在家庭的农业生产中扮演着重要角色，影响了她们获得报酬较高的非农工作的机会，因此与男性相比，她们仍然处于劣势地位。李实[3]研究 1996 年山西农村妇女就业与收入的调查数据，认为男性与女性在家庭内部的劳动分工存在明显的性别差异，农村女性劳动力的非农就业机会相对较少，因而被大量配置于农业劳动和家务劳动，农村男女的收入差异主要在于获取非农收入方面。畅红琴[4]分析中国健康与营养调查（CHNS）1993、1997、2006 年的数据后认为，非农就业的工资差距是性别收入差距最主要的影响因素。然而，上述研究一方面仅关注了家庭劳动分工，没有关注家庭中其他因素对性别收入差距的影响；另一方面，统计的收入并非被访者直接填答的收入，而是将家庭经营的收入除以家庭劳动力人数，作为个人收入部分。而如果家庭成员在家庭经营当中的分工和投入不同，那么这种做法值得商榷。本研究试图弥补上述不足，将家庭因素纳入农村居民收入性别差异的讨论范围，并且依据本研究的数据，农村居民收入的统计不再是计算家庭经营收入

---

[1] 刘林平、张春泥、陈小娟：《农民的效益观和农民工的行动逻辑》，《中国农村经济》2010 年第 9 期。

[2] L. X. Zhang, A. D. Brauw, S. Rozelles, "China's Rural Labor Market Development and Its Gender Implications," *China Economic Review* 5 (2004): 230-247.

[3] 李实：《农村妇女的就业与收入——基于山西若干样本村的实证分析》，《中国社会科学》2001 年第 3 期。

[4] 畅红琴：《中国农村性别收入差距变化趋势：1993、1997 和 2006》，《人口与发展》2009 年第 5 期。

第五章　生产方式：变换与游离

份额后的结果，而是一个直接的统计值。

（三）中国的家庭因素与农村性别收入差距

农村居民的收入问题要比城市居民更复杂。研究农村居民的收入，要将居民个体当作独立的经济核算单位。但是在中国农村，家庭一直是主要的经济核算单位，一般很难区分个人的收入。而且，农业生产实行的是家庭承包经营制度，土地的承包以家庭为基本单位。所以，可以推论，家庭内部的劳动分工会影响到农村居民个体的收入。

要讨论农村地区家庭对个人收入的影响，还要注意到中国农村地区的家庭制度。外婚制和从夫居制度确立了中国农村男性在家庭中的主导地位。这有多方面的意义。首先，在农村地区无论是自雇还是外出务工，获得非农工作需要利用社会网络和社会资本。而在从夫居的制度下，这对男性更有利。因为女性在步入婚姻之后往往会脱离婚前的社会网络，至少不如男性的社会网络那样稳定，另外，农村地区超出家庭内部的社会互动是以男性为主导的。其次，从夫居意味着女性一般在夫妻关系中处于从属地位，"男主外—女主内"的家庭分工模式是农村居民的固有观念，只有当男性无法获取足够收入的时候，女性才会放下家庭的无薪照料工作，获取有薪收入。因此可以推断，夫妻关系是否平等会影响家庭经营收入贡献的自我评价，男性如果居于主导地位则会认为自己在家庭经营收入中贡献更大，反之亦然。但实际上，很难判定在家庭经营的合作中夫妻哪一方的贡献更大。所以，如果用配偶的工作状态来检验其是否与农村居民的收入有关系的推论合理，那么配偶的工作状态的差异也会影响被访者的收入，进而造成性别收入差距。

此外，一个家庭越传统，就越可能是联合家庭或者越可能会生更多的孩子。受"男主外—女主内""男主女从"家庭分工模式的影响，女性（特别是已婚女性）在家庭中往往比男性承担更多的照顾老人和抚育孩子的责任。对中国城市的研究表明，生育对女性尤其是非国有部门女性的收入有显著的消极影响。① 对农村外出务工家庭的研究也显示，妻子更容易因照顾年幼的子女留守在家，子女则对丈夫的外出起到激励作用。② 所以家中年幼孩子数量和老人数量也可能会更影响女性的收入，同样可以视为家庭因素的影响。

基于以上分析，提出下列假设。

假设1. 配偶的工作状态会影响农村居民的性别收入差距。

假设2. 家庭规模越大，对女性收入的影响越大，而对男性影响较小或没有影响。

假设3. 家庭中学龄前孩子数量越多，对女性收入的影响越大，而对男性影响很小或没有影响；家庭中老人数量越多，对女性收入的影响越大，而对男性影响很小或没有影响。

三 数据来源、变量选择和模型构建

（一）数据来源

本研究的数据主要来源于2010年"中国综合社会调查"（CGSS 2010）。该调查是由中国人民大学主持，采用多阶段分层随机抽样的方法在我国32个省、自治区、市的农村地区抽取了4519个样本（年龄介于17—90岁）。分析样本界定为具有劳动能力且能从劳动中获取收入的农村居民，所以样本的年龄限定在18—60岁，且不包括正在接受教育的样本。值得注意的是，CGSS 2010数据中的农村地区是一个空间意义上的区域，农村居民指的是生活在农村地区的居民，所以有个别样本的户口为非农户口。考虑到农村地区中某些被访者因为职业而改变户籍类型（如小学公办教

---

① N. Jia, X. Y. Dong, "Economic Transition and the Motherhood Wage Penalty in Urban China: Investigation Using Panel Data," *Cambridge Journal of Economics* 4 (2013): 819-843.

② 李代、张春泥：《外出还是留守？——农村夫妻外出安排的经验研究》，《社会学研究》2016年第5期。

第五章　生产方式：变换与游离

师)和城镇化带来的户籍改革,这些样本予以保留。同时,样本控制变量中的地区人均GDP(地级市或地区)的数据来自各省的统计年鉴。①最终进入模型分析的样本是3187个,其中已婚样本2870个。

(二) 变量选择

1. 因变量

本研究的因变量是收入。农村居民的收入来源多样,在总体上可以分为非农收入、农业收入和其他来源的收入。本研究使用的操作变量是CGSS2010提供的个人去年的全年总收入,按照通常的做法将收入变量取对数,使其接近正态分布。

2. 自变量

包括性别和家庭因素变量。(1)性别是一个虚拟变量(男性=1)。(2)家庭因素变量根据研究假设和CGSS2010数据,使用了四个变量:第一,婚姻状况与配偶的工作状态的合并变量。配偶的工作状态与被访者的工作状态做了相同处理,分别是"非农工作、务农和没有工作",但在测量配偶的工作状态时,未在婚姻状态的被访者(未婚、离异和丧偶)被记录成"不适用",如果将这些"不适用"的样本设置成缺失值,测量的就不是总体样本的情况。所以将这些"不适用"的样本处理成这个变量中的一个类别。不过,在单独估计已婚样本的性别收入差距时,该变量仍然分为"非农工作、务农和没有工作"三种状态。第二,家庭的人口数,人口越多则表明家庭规模越大,也就越可能是联合家庭。第三,7岁以下孩子数量,抚养孩子可能会影响到女性的就业和收入。第四,65岁及以上老人数量,赡养老人是家庭义务,家中老人数量可能会对家庭

---

① 截至本研究完成,CGSS2010是CGSS历年数据中最后一年公开了调查地区的数据,如果使用2010年之后的CGSS数据,在估计模型时无法得到地区人均GDP这一变量,将影响模型结果的稳健性。因此,本研究未使用CGSS的最新数据,而是使用CGSS2010来进行模型估计。

成员的就业和收入造成影响。

3. 控制变量

包括5个变量。(1) 人力资本。首先，年龄的平方项，这是一个连续变量，为便于计算将年龄的平方项除以100；其次，受教育年限，也是一个连续变量，将"正在就读"的样本删除。(2) 政治资本。这是指被调查者的中共党员身份，是一个虚拟变量（党员=1）。(3) 民族。这是一个虚拟变量（汉族=1）。(4) 工作变量，包括被访者的工作状态和每周工作时间。CGSS2010提供了被访者目前的工作状态，这是一个分类变量，包括"非农工作、务农和没有工作"三种状态，在模型中"没有工作"作为参照类。CGSS2010也提供了被访者每周的工作时间，是一个连续变量。(5) 地区人均GDP。地区间经济发展水平不同是农村地区收入差距的原因之一，[①] 可能会导致性别收入差距，需要作为控制变量。CGSS2010调查的是"去年的全年总收入"，被访者所在地区的人均GDP采用的是被访者所在地级市2009年的人均GDP，可以反映不同地区相对的经济发展水平，为了便于计算，将这个值除以10000。

(三) 模型构建

考虑到因变量是连续变量，本研究首先使用多元线性回归（OLS）模型估计总体样本和已婚样本的各个变量对收入分配的决定作用，并且检验各个变量特别是家庭因素变量对性别效应的影响，以及男性样本和女性样本的收入决定因素的差异。使用的回归模型来自Mincer[②] 所使用的收入模型。

$$\ln W = \alpha + \beta_1 \text{edu} + \beta_2 \text{age} + \beta_3 \text{age}^2 + \varepsilon \tag{1}$$

在公式（1）中，$\ln W$ 是收入的自然对数，edu为教育年限，age为年

[①] 张平：《中国农村居民区域间收入不平等与非农就业》，《经济研究》1998年第8期。

[②] J. Mincer, *Schooling, Experience and Earnings* (New York: Columbia University Press for NBER, 1974).

龄，age^2 为年龄的平方，ε 为随机误差项，β_1、β_2、β_3 为各变量的回归系数。

公式（1）为明瑟方程的基本表达式，但由于未考虑可能影响收入的其他因素，此公式过于简单。本研究加入可能影响收入的个人政治资本和家庭状况等一系列因素，以得到更有效的估计。计算公式为：

$$\ln W = \alpha + \beta_1 \mathrm{edu} + \beta_2 \mathrm{age} + \beta_3 \mathrm{age}^2 + \Sigma \lambda_j X + \varepsilon \qquad (2)$$

在公式（2）中，X 为一组可能影响收入的变量，在本研究中包括性别、民族、政治资本、工作状态、周工作时间、婚姻与配偶工作状态、家庭人口数、7 岁以下孩子数量、65 岁及以上老人数量和地区人均 GDP，λ_j 是和这些变量相对应的系数。

在检验过各个变量对收入分配的决定因素之后，运用由 Oaxaca 和 Blinder[1] 发展出来的 Oaxaca-Blinder 分解方法计算总体样本和已婚样本的各要素对性别收入差距的贡献率，进一步检验家庭因素对性别收入差距的影响程度。Oaxaca-Blinder 方法最为广泛应用在研究性别收入差距的问题方面。该方法将性别收入差距分解为两部分：被各因素解释的性别收入差距和性别歧视（没有被解释的性别收入差距部分），其计算公式如下：

$$\ln W_m - \ln W_f = \beta(\bar{X}_m - \bar{X}_f) + u \qquad (3)$$

在公式（3）中，$\ln W$ 是收入的自然对数，X 是回归模型中所有变量的均值，β 是无收入歧视群体的回归模型中各自变量的回归系数；下标 m 代表男性，f 代表女性，所以 $(\bar{X}_m - \bar{X}_f)$ 表示的是变量 X 在男性样本均值与女性样本均值的差。$\beta(\bar{X}_m - \bar{X}_f)$ 是性别收入差距被解释的一部分，u 是性别歧视。

Oaxaca 等[2] 提出用混合数据回归（Pooled Regression）模型的方法来

---

[1] R. L. Oaxaca, "Male-female Wage Differentials in Urban Labor Marke," *International Economic Review* 3 (1973): 693-709. A. S. Blinder, "Wagediscrimination: Reduced Form and Structural Estimates," *The Journal of Human Resources* 4 (1973): 436-455.

[2] R. Oaxaca, M. Ransom, "On Discrimination and the Decomposition of Wage Differentials," *Journal of Econometrics* 61 (1994): 5-21.

确定β，其主要思路是将所有样本的回归系数进行适当变形，也可以表述为男性样本和女性样本回归系数向量的矩阵加权。Jann[①] 在将 Oaxaca 命令引入 Stata 时就参考了这种处理方法，认为这种方法分解性别收入差距最为实用，可以有效避免重复分解的问题。本研究采用该方法对总体样本和已婚样本分别进行分解。

四 家庭束缚对农村性别收入差距的影响

（一）收入和家庭状况性别差异的描述统计

表 5-1 为总体样本各个变量的均值及其性别差异，由其可知，男性与女性在性别收入和家庭因素方面存在明显差异。

1. 在性别收入差距方面，总体样本中，女性的人均年收入比男性低约 6540 元，只有男性收入的 1/2 左右。经计算，在总体样本中，女性收入的中位数大约处于男性收入分布的第 22 个百分位。这说明在农村地区存在着巨大的性别收入差距。

2. 在家庭状况的性别差异方面，首先是婚姻状况和配偶的工作状态。在总体样本中，配偶的非农工作比例方面，男性样本远远低于女性；配偶务农的比例方面，男性样本则显著高于女性样本；男性样本的配偶没有工作的比例也显著高于女性样本配偶没有工作的比例。这和李实[②]的研究结论相似。如果说男性与女性在工作状态上的差异是参与经济活动的总体上的性别差异，那么配偶工作状态的差异则说明了家庭内部的性别劳动分工。其次，在总体样本中，家庭人口数、7 岁以下孩子数量、65 岁及以上老人数量呈现显著差异，这可能是因为男性非婚状态的比例要高于女性。在已婚样本中，家庭人口数、7 岁以下孩子数量和 65 岁及以

[①] B. Jann, "The Blinder-Oaxaca Decomposition for Linear Regression Model," *The Stata Journal* 4 (2009): 453-479.

[②] 李实：《农村妇女的就业与收入——基于山西若干样本村的实证分析》，《中国社会科学》2001 年第 3 期。

第五章 生产方式：变换与游离

上老人数量并未呈现显著的性别差异。

表 5-1 总体样本中所有变量的均值及其性别差异

变量	男性	女性	差异
年平均总收入（元）	13157.370	6617.690	6539.680***
年平均总收入自然对数	8.870	7.190	1.670***
年龄（岁）	43.310	42.400	0.910*
年龄平方	1992.300	1910.600	81.700**
民族（汉族=1）	0.860	0.860	0
受教育年限（年）	8.010	6.140	1.870***
政治资本（党员=1）	0.084	0.015	0.067***
每周工作时间（小时）	43.390	29.420	13.960***
工作状态（比值）			
非农工作	0.350	0.150	0.200***
务农	0.550	0.610	-0.060***
没有工作	0.100	0.240	-0.140***
婚姻状况与配偶工作状态（比值）			
配偶非农工作	0.180	0.430	-0.240***
配偶务农	0.450	0.400	0.050**
配偶没有工作	0.230	0.090	-0.140***
非婚状态	0.140	0.080	0.060***
家庭人口数（人）	4.040	4.170	-0.120*
7岁以下孩子数量（人）	0.346	0.405	-0.059**
65岁及以上老人数量（人）	0.193	0.157	0.036*
地区人均GDP/10000（元）	2.400	2.310	0.090
样本量	1585	1602	—

说明：1. 差异为表内男性数值和女性相应数值的差（双边T检验）；2. ***、**、*分别表示在0.1%、1%、5%的水平上显著；3. 表中并未报告已婚样本的各变量的均值和性别差异的描述统计，各变量的均值及差异与总体样本相似，但性别收入差距和工作时间的差异要比总体样本更大。

（二）收入的决定因素及各要素对性别效应的直接影响

为了估计性别对收入的效应以及这种效应如何受家庭因素的影响，采用3个嵌套的多元线性回归（OLS）模型。模型1是基准模型，单独估计性别效应。剩下2个模型累积加入控制变量和家庭因素，以观察性别效应（性别系数）的变化。模型的因变量是收入的自然对数。对总体样本和已婚样本分别建构模型，模型的运算结果见表5-2。

看总体样本的情况，模型1（基准模型）显示，总体样本的性别系数为1.672，并且在0.1%的水平上显著。模型2加入一系列控制变量之后，性别系数下降到1.021，下降了38.9个百分点，说明这些控制变量是性别收入差距的重要原因。模型3加入了家庭因素，包括家庭人口数和配偶的婚姻与工作状态等，性别系数比模型2下降了10.5个百分点，这说明家庭是农村性别收入差距的重要影响因素。

而在已婚样本中，各因素对收入性别差距的影响与总体样本相比，差别并不大。模型1（基准模型）显示，性别系数为1.785，并且在0.1%的水平上显著。与总体样本相比，已婚样本的性别系数更大，这说明已婚样本的性别收入不平等程度更高。模型2加入控制变量之后，性别系数下降了39.3个百分点，稍高于总体样本的情况。模型3加入家庭因素的变量之后，性别系数比模型2下降了11.3个百分点，这说明已婚样本的家庭同样是影响农村性别收入差距的重要因素。

表5-2　各要素对性别效应的直接影响

模型	总体样本 性别系数	总体样本 T值	总体样本 决定系数 R^2	已婚样本 性别系数	已婚样本 T值	已婚样本 决定系数 R^2
性别（男性=1）	1.672	18.860***	0.100	1.785	19.540***	0.117
性别+控制变量（年龄、年龄平方、民族、教育、政治资本、工作时间、工作状态、地区人均GDP/10000）	1.021	12.040***	0.314	1.084	12.170***	0.315
性别+控制变量+家庭因素（婚姻状况和配偶工作状态、家庭人口数、7岁以下孩子数量、65岁及以上老人数量）	0.914	10.230***	0.321	0.962	10.240***	0.322

说明：***、**、*分别表示在0.1%、1%、5%的水平上显著。

上述分析表明，无论是总体样本还是已婚样本，当家庭因素加入模型之后，性别系数都出现了一定幅度的下降，说明家庭是影响农村性别

第五章 生产方式：变换与游离

收入差距的重要因素。

为了估计家庭因素对总体收入的影响，同时比较家庭因素对男性和女性收入影响作用的差别，表5-3报告了农村居民个人年收入（自然对数）的多元线性回归模型。在总体样本和已婚样本中，分别含3个模型：所有样本、男性样本和女性样本模型。

表5-3显示，在总体样本中，首先，婚姻与配偶工作状态对收入的影响是显著的，配偶务农，以及非婚状态的男性，其收入比配偶没有工作的男性收入低。其原因可能是，如果男性的配偶没有工作，无法获取足够的经济收入，就会驱动男性去努力工作，挣钱养家。而女性的情况则不同，如果女性的配偶从事非农工作，她们的收入就比配偶没有工作的女性要低。这可能说明家庭内部存在"男主外—女主内"的劳动分工，男性出去工作而女性操持家务；如果丈夫没有稳定的收入，就可能会刺激妻子去更多参与经济活动获取收入。总之，夫妻双方的工作状态对收入的影响是相互关联的。其次，家庭人口数对所有样本的收入影响是负面的，但主要作用于女性样本，对男性样本的影响并不显著。这可能是因为家庭规模越大，女性就越容易花更多时间操持家务；并且其家庭就可能越传统，对女性的束缚也就越大。这个结果也初步支持了假设2，家庭规模对男性和女性的收入影响是不同的。最后，7岁以下孩子数量和65岁及以上老人数量对男女两性的收入都没有显著影响，假设3没有得到支持，原因有待进一步探讨。

值得注意的是，被访者的工作状态方面，相对于没有工作的被访者，男性样本和女性样本无论是从事非农工作还是务农，其收入都更高。其中非农工作的回归系数最高，务农的回归系数次之，表明非农工作是造成收入差距的主要因素。而女性样本的回归系数要远远高于男性样本，这也说明参与经济活动对于女性获取收入是非常重要的。另外，在获得非农工作的农村居民中，自雇者（老板、合伙人和个体户）的比例为23%。[①]

[①] CGSS2010在被访者的"工作状态"后提供的连带问题，仅统计"工作状态"的第一个类别"目前从事非农工作"所关联的情况。

133

机会与选择

这表明我国农村居民的收入结构是多元的，不能用单一的劳动力市场的模式来解释。

对于已婚样本而言，除了模型中的数值与总体样本有所不同，所有变量显示的对收入的影响结果都是和总体样本相似的。

表 5-3 中国农村居民年收入决定因素的 OLS 回归模型

变量	总体样本			已婚样本		
	所有样本	男性样本	女性样本	所有样本	男性样本	女性样本
性别 （男性=1）	0.914*** (0.090)			0.963*** (0.094)		
年龄	0.171*** (0.030)	0.113*** (0.028)	0.199*** (0.050)	0.133*** (0.033)	0.058 (0.030)	0.141* (0.055)
年龄平方	-0.199*** (0.035)	-0.146*** (0.033)	-0.218*** (0.060)	-0.157*** (0.039)	-0.087* (0.034)	-0.151* (0.065)
民族 （汉族=1）	-0.380*** (0.113)	-0.152 (0.110)	-0.566** (0.189)	-0.357** (0.119)	-0.085 (0.104)	-0.556** (0.198)
受教育年限	0.035** (0.012)	0.036** (0.013)	0.042* (0.019)	0.043** (0.013)	0.055*** (0.012)	0.045* (0.020)
政治资本 （党员=1）	0.484** (0.185)	0.294* (0.136)	0.958 (0.567)	0.413* (0.186)	0.245* (0.121)	0.745 (0.577)
工作状态 （没有工作=0）						
非农工作	3.283*** (0.146)	1.879*** (0.147)	4.075*** (0.258)	3.233*** (0.156)	1.263*** (0.144)	4.228*** (0.275)
务农	2.552*** (0.125)	1.323*** (0.140)	3.011*** (0.193)	2.547*** (0.132)	0.748*** (0.138)	3.135*** (0.201)
周工作时间	0.010*** (0.002)	0.001 (0.001)	0.017*** (0.003)	0.010*** (0.002)	0.001 (0.001)	0.017*** (0.003)
婚姻与配偶工作状态 （配偶没有工作=0）						
非农工作	-0.608*** (0.128)	-0.191 (0.119)	-0.591* (0.255)	-0.577*** (0.127)	-0.110 (0.105)	-0.615* (0.254)
务农	-0.464*** (0.122)	-0.405*** (0.100)	-0.301 (0.265)	-0.443*** (0.122)	-0.277** (0.090)	-0.331 (0.266)
非婚状态	-0.629*** (0.166)	-1.032*** (0.141)	-0.231 (0.342)			

续表

变量	总体样本			已婚样本		
	所有样本	男性样本	女性样本	所有样本	男性样本	女性样本
家庭人口数	-0.054 (0.032)	-0.0480 (0.031)	-0.096 (0.055)	-0.042 (0.035)	0.003 (0.030)	-0.087 (0.058)
7岁以下孩子数量	-0.080 (0.076)	0.003 (0.074)	-0.022 (0.127)	-0.115 (0.079)	-0.060 (0.069)	-0.058 (0.133)
65岁以上老人数量	-0.055 (0.095)	-0.010 (0.089)	-0.120 (0.167)	-0.045 (0.099)	0.017 (0.085)	-0.151 (0.170)
地区人均GDP/10000	0.022 (0.027)	0.066** (0.025)	-0.033 (0.047)	0.030 (0.028)	0.072** (0.023)	-0.015 (0.049)
常数项	2.111*** (0.639)	5.638*** (0.626)	0.953 (1.079)	2.774*** (0.711)	6.916*** (0.641)	1.986 (1.178)
样本量	3187	1585	1602	2870	1391	1479
R^2	0.321	0.213	0.307	0.322	0.171	0.308

说明：1. ***、**、* 分别表示在0.1%、1%、5%的水平上显著；2. 括号内数字为标准误；3. 经共线性检验，家庭人口数、7岁以下孩子数量和65岁及以上老人数量不存在共线性问题。

（三）家庭因素对性别收入差距贡献率的分解

为了更准确分析农村居民的家庭因素对性别收入差距的解释程度，采用经济学当中的工资差异分解方法。对总体样本和已婚样本分别进行分解，计算结果见表5-4。

在总体样本中，配偶的工作状态和家庭人口数的贡献率分别为5.61%和0.40%，7岁以下孩子数量的贡献率较少，为0.27%，而65岁及以上老人数量的贡献率甚至为-0.08%。另外，控制变量解释了39.26%的性别收入差距。已婚样本与总体样本计算结果稍有不同，但相差不大。无论是总体样本还是已婚样本，家庭因素的三个变量能解释一部分性别收入差距（6.5%左右）。其中，配偶的工作状态作为测量夫妻关系对收入影响的变量，其贡献率是家庭因素贡献率的主要部分，显著高于家庭规模的贡献率，并且已婚样本的贡献率（6.31%）更高。这也直接支持了假设1，即农村居民性别收入差距的一个重要因素是配偶的工作状态。

表 5-4 家庭因素对收入性别差距的贡献率（%）

变量	性别收入差距的各因素贡献率	
	总体样本	已婚样本
婚姻与配偶工作状态	5.61	6.31
家庭人口数	0.40	0.08
7 岁以下孩子数量	0.27	0.30
65 岁及以上老人数量	-0.08	-0.04
控制变量	39.26	39.4
被以上变量解释的性别差异	45.46	46.05
未被解释的性别差异	54.54	53.95
收入的性别差异（自然对数的差）	1.67	1.78

说明：控制变量包括年龄、年龄平方、民族、教育年限、政治资本、工作状态、周工作时间、地区人均 GDP/10000。

五 讨论：正确理解家庭性别分工模式下的农村性别收入差距问题

当前，有关社会性别收入分层的研究主要集中在城镇地区，仅有少数文献讨论了农村地区的性别收入差距问题。且相关研究很少注意到农村居民收入结构的特殊性，以及家庭因素对农村居民性别收入差距的影响，收入的统计方法也有待改进。基于此，本研究利用 CGSS2010 数据，着重分析了家庭因素对中国农村性别收入差距的影响，有如下三点研究发现。

一是在当前中国农村地区存在着巨大的性别收入差距，男性的年收入几乎是女性的 2 倍。男性在家庭的劳动分工方面占据优势地位。本研究的结果支持了一些既有的研究结论。畅红琴[1]使用中国营养与健康调查数据的研究显示，20 世纪 90 年代中期中国农村男性比女性年收入高

---

[1] 畅红琴：《中国农村性别收入差距变化趋势：1993、1997 和 2006》，《人口与发展》2009 年第 5 期。

21%，2006 年这个差距提高到 36%。以此为参照，本研究表明，农村性别收入差距在继续扩大。

二是家庭是影响农村性别收入差距的重要因素，能解释 6.5% 左右的性别收入差距。其中，配偶工作状态解释了大部分性别收入差距（在总人口中解释了 5.61%，在已婚人口中解释了 6.31%）。而家庭规模，包括家庭人口数、7 岁以下孩子数量和 65 岁及以上老人数量只解释了不到 1% 的性别收入差距，并且家中 7 岁以下孩子数量和 65 岁及以上老人数量对男女两性收入影响均不显著。这说明在家庭因素中，夫妻分工比家庭规模对性别收入差距的影响大得多。这或许表明当代中国农村家庭中夫妻关系的重要性在逐步提升。这也可能与核心家庭的普及以及亲属关系的扁平化有紧密关系。[①]

三是在家庭因素中，配偶的工作状态会显著影响被访者自身的收入，家庭人口数对女性收入有显著的消极影响，而对男性收入影响不显著。可见，农村性别收入差距主要在获取非农收入方面，因为女性更多从事农业工作和家务劳动。

Ji 等[②]在探讨市场化以来我国城市社会性别不平等的机制时指出，劳动力市场中的性别歧视、职业性别隔离和母职惩罚扩大了家庭中性别分工的差异，家庭中的这种不平等反过来又加剧了劳动力市场中的性别不平等。该理论对于理解本研究农村性别收入差距的研究结论具有一定启发意义。在当前农村地区，从夫居和"男主外—女主内"的家庭模式仍然会对女性获取收入造成负面影响。当然，也要看到，近年来中国社会出现了"主妇化"现象，这是许多女性和家庭抵御风险的理性选择，[③] 男外女内的家庭性别分工模式也有其重要的现实意义。

笔者还发现，在转型时期，农村居民与市场的关系是复杂多元的，

[①] 阎云翔：《中国社会的个体化》，陆洋等译，上海译文出版社，2012。

[②] Y. Ji, et al., "Unequal Care, Unequal Work: Toward a More Comprehensive Understanding of Gender Inequality in Post-reform Urban China," *Sex Roles*11 (2017): 765-778.

[③] 吴小英：《主妇化的兴衰——来自个体化视角的阐释》，《南京社会科学》2014 年第 2 期。

不能简单地将农村居民所面临的市场视为一个单一的劳动力市场。在农村地区存在大量"自雇者",这种劳动分工的动力可能不仅来自市场。因此,不能简单地运用西方经济学解释性别收入歧视的理论来解释中国的性别收入差距。本研究还着重探讨了家庭因素,在夫妻之间存在着明显的性别分工现象。这说明建立在西方个体主义基础上的性别收入差距的研究方法,在中国可能不完全适用。

家庭领域性别分工的平等是缩小农村性别收入差距的重要条件。事实上,家庭性别分工模式和制度环境密切相关。近年来,国家在倡导加强制度建设,促进女性发展和两性平等。未来,应在具体政策和操作层面打破结构上的诸多不平等,使妇女能面对一个更加友好的劳动力市场。同时,通过完善保险制度、制定家庭赡养财政补贴制度等措施,使家庭有更加长远可靠的制度性支撑。如此,农村妇女才能够自主选择,而非被动接受家庭领域的性别分工模式,讨论农村性别收入差距的问题也才更有意义。

第二节　女性流动人口劳动权益受损状况研究

女性流动人口作为劳动力蓄水池的重要来源,其劳动权益状况直接影响着我国劳动力供给的规模和质量。本节以女性流动人口的供给态势为研究起点,阐述其劳动权益受损状况,认为女性流动人口作为城镇化进程中的劳动主体,由于生产方式的变换性、暂时性和游离性,相比男性农民工,更具"常客"和"游离"的双重特点,其一般劳动权益保障的脆弱性、特殊劳动保护的不稳定性以及集体劳动权益的游离性非常明显。基于女性流动人口在次级劳动力市场上的复杂处境和在制度保障中的从属性、人力资本积累的有限性,需要在构建性别向度的和谐劳动关系、实施性别策略的政策保障、提高女性流动人口整体素质等方面加以考虑,以确实增进女性流动人口的劳动获得感。

第五章　生产方式：变换与游离

一　引言：女性流动人口劳动权益受损影响劳动力供给吗？

随着人口老龄化、劳动年龄人口负增长等问题日益凸显，劳动力供给逐渐成为影响国内经济发展的重要因素。"每一种特殊的历史的生产方式都有其特殊的、历史地发生作用的人口规律"。[①] 女性流动人口作为劳动力蓄水池的重要来源，亦有其劳动供求规律的界限。劳动权益是女性流动人口劳动力成本的重要组成部分，势必影响其劳动力供给。然而，目前关于女性流动人口劳动力供给的减少，多是基于"人口红利"式微的考虑，较少立足劳动权益。近年来，"民工荒"与"权益荒"现象并存，说明劳动权益受损充斥劳动力市场。女性流动人口劳动力供给的减少更需来自劳动权益受损下劳动力成本上升视角的重新审视。

与此同时，国内学者普遍从西方话语的"他者"立场，将女性流动人口的劳动权益置于社会学、制度经济学、古典经济学等领域来讨论，认为农民工劳动权益存在性别差异。女性流动人口受制于性别分工、就业层次、职业流动、人力资本、社会资本、父权文化等多种因素，其劳动权益受损甚于男性。[②] 女性流动人口劳动条件较差、工资待遇较低、权益无保障现象严重，生殖健康与"四期"保护不受重视，妇科普查和体检难以落实等负面事件的累积，[③] 极易导致其劳动损伤和精神损害。为

[①] 马克思：《资本论（第1卷）》，人民出版社，2004，第728页。
[②] 朱秀杰：《农村女性人口流动的约束机制—社会性别视角分析》，《南方人口》2005年第1期；吴宏洛：《影响农村女性劳动力流动的因素分析——以福建省为例》，《福建师大福清分校学报》2006年第1期；刘林平、万向东等：《制度短缺与劳工短缺》，社会科学文献出版社，2007，第214页；沈原：《社会转型与新生代农民工》，社会科学文献出版社，2013，第2-41页；吴炜、陈丽：《农民工劳动权益的性别差异研究》，《青年研究》2014年第1期。
[③] 陈桂蓉：《福建省非公有制企业女职工特殊权益保护调查与对策》，《福建论坛》（人文社会科学版）2006年第2期；胡仕勇等：《女性农民工参与生育保险的现状、问题与对策——基于武汉市女性农民工的个案分析》，《社会福利》2012年12期；林洁：《谁为她撑起保护伞 关注女工劳动保护》，《湖南安全与防灾》2014年第3期。

此,不仅需要法律、制度、政策的保障,还需要突出用人单位和工会、妇联及民间组织的责任和作用,并注意消解特殊权益保护的负面效应。[①]

这些研究在反映女性流动人口真实劳动处境的同时,缺乏政治经济学的研究视角,甚少系统考察女性流动人口的基本劳动权益、特殊劳动保护和集体劳动权益,难以凸显其劳动权益受损对劳动力供给的深远影响。当前,面对人口老龄化和劳动力成本的上升,强化劳动权益保障,对于降低劳动力市场对女性流动人口人力资本的损耗、充实其劳动力供给更具重要意义。

二 城镇化境遇中女性流动人口的供给态势

众所周知,农业剩余劳动力的产生,为市场发展提供了一个劳动力蓄水池的来源。女性流动人口在从农村向城镇转移的过程中,适逢资本全球化生产时代之际。改革开放之后,随着中国经济改革试验田的"开耕",开启了境外资本进入国内参与城镇化进程之旅,也催生了新中国成立以来的首批女性流动人口。1985年,受益于廉价劳动力和土地等因素,200多家外资企业在深圳迅速发展,吸引20多万女性流动人口走出农村和家庭,融入珠江三角洲地区,成为改革开放以来城镇化进程中的第一代"女性流动人口"。[②] 至此,女性流动人口数量持续增加,规模不断扩大。2014年,全国有9040.35万女性流动人口,其中,外出女性流动人口为5214.51万,[③] 成为城镇化发展的一个显著特点。

[①] 郭慧敏等:《女性特殊劳动权益保护的负效应分析及消解》,《河北大学学报》(哲学社会科学版)2009年第4期;刘林平等:《劳动权益与精神健康——基于对长江三角洲和珠江三角洲外来工的问卷调查》,《社会学研究》2011年第4期;孙中伟、贺霞旭:《工会建设与外来工劳动权益保护——兼论一种"稻草人"机制》,《管理世界》2012年第12期;王丽萍等:《女性农民工的权益保障:职业安全权》,《重庆社会科学》2015第4期。

[②] 中央电视台《半边天》栏目组:《繁华中国打工妹实录》,中国经济出版社,2010年,第3页。

[③] 国家统计局:《2014年农民工监测调查报告》,http://www.stats.gov.cn/tjsj/zxfb/201504/t20150429_797821.html。

然而，尽管农业和农村是劳动力的蓄水池，但农村户籍劳动力的就业状况与经济增长呈负相关，而且，"农村人口不断流向城市是以农村本身有经常的潜在的过剩人口为前提的，这种过剩人口的数量只有在排水渠开放得特别大的时候才能看得到"。① 近年来，农业劳动力增长数量的明显减少。根据人力资源和社会保障部的信息，曾经接近2.8亿的农民工总量的增速自2010年起连续四年下滑，2014年仅同比增长1.9个百分点，不到2010年增速的36%。2015年2月末，外出农民工人数甚至出现了负增长，较2013同期人数减少了3.6个百分点。2015年6月末，外出农民工同比仅增长0.1个百分点。农民工的劳动供给从无限向有限转变。② 受此影响，女性流动人口总体增长数在下降，外出人数减少。2010年，外出女性流动人口人数为5229.235万，2014年同比减少了14.725万人，性别比下降了3.1个百分点。③ 同时，随着务工年龄的增加，性别比逐渐降低，女性流动人口内部群体的代际更替将更加明显。

女性流动人口作为我国产业工人的劳动主体，是推动城镇化建设的重要力量，为经济社会发展做出了巨大贡献。同时，随着人口红利不足和劳动年龄人口负增长、劳动力成本上升，其劳动力供给呈总体下降趋势也是显而易见的。从这个角度考虑，更需进一步加强女性流动人口的劳动权益保障，以增强女性流动人口劳动力的有效供给。

三 女性流动人口劳动权益受损情况

农民工是农业劳动向城镇转移过程中的特殊劳动形态。工业化和城镇化起步的低水平和发展的非均衡性，导致了长期以来农民工作为劳动

---

① 马克思：《资本论（第1卷）》，人民出版社，2004，第740页。
② 石睿、罗瑞垚：《劳动力蓄水池在枯竭 经济不振，但农民工缺口严重，"世界工厂"何去何从？》，《财新周刊》2015年第30期，第33页。
③ 数据源于国家统计局的《2009年农民工监测数据报告》和《2014年农民工监测数据报告》。

力在"劳动的变换、职能的更动、工人的全面流动性、就业不规则性"①之下的劳动处境。女性流动人口由于生产方式的变换性、暂时性和游离性,在劳动过程中对体力和年龄的依赖较大,在城镇劳动力市场上面临比男性农民工更为复杂的就业处境,由此而生的性别差异,客观呈现着国内城镇化资本积累过程中弱势群体的劳动权益状况。

(一) 一般劳动权益保障的脆弱性

首先,劳动关系的稳定性受到户籍和性别的双重影响。劳动关系的稳定性是劳动力市场需求和供给状况相互作用的结果。就市场需求而言,用工组织是否愿意发展稳定的劳动关系,主要考虑自身发展需要和劳动者的人力资本水平;从劳动力供给考虑,除了人力资本因素外,个体的性别和户籍因素也会影响其能否获得稳定的劳动关系。从性别来看,类比城镇职工,农民工内部就业稳定性的性别歧视程度更大,且甚于户籍歧视。② 在性别与户籍的交互效应下,女性流动人口劳动关系的非稳定性更为明显。全国妇联调查数据显示,"50.2%的女性流动人口是没有单位的自雇性质人员,属于非正规就业"。③ 这类女性流动人口的劳动合同签订率往往低于男性农民工,且以服务业、制造加工业和住宿餐饮业、批发零售业为重点发生区。同时,不少女性流动人口所签订的劳动合同,其试用期期限和限制均甚于男性农民工。"不签""口签""不平等签"或"短签"在一定程度上也弱化了劳动合同对女性流动人口在劳动关系上的性别保护意义。

---

① 马克思:《资本论(第1卷)》,人民出版社,2004,第560页。
② 魏先华、刘峰:《性别、户籍歧视与就业市场决定因素研究——基于CHNS2009微观数据的实证分析》,《现代管理科学》2015年第3期;邹铁钉:《中国城乡户籍与性别的重叠效应——身份公平的养老改革》,《经济管理》2014年第6期;周闯:《农民工与城镇职工的就业稳定性差异分析-兼论女性农民工就业稳定性的双重负效应》,《人口与经济》2014年第6期。
③ 全国妇联维护妇女儿童权益协调组:《全国农村妇女权益状况和维权需求调查报告》,《中国妇运》2007年第3期。

其次，劳动强度与劳动报酬问题甚于男性。从总体上来，农民工外出务工时间存在明显的性别差异，男性农民工城镇务工时间比女性流动人口较长，但女性流动人口进入城镇劳动力市场后的劳动时间较长，劳动强度偏大。[①] 不仅如此，在劳动力市场上，劳动者的劳动强度和劳动要求受到用工组织的规制和监督。特别是在女性流动人口集中就业的批发零售业、住宿餐饮业和制造业，其劳动生产过程较为特殊，劳动时间较长、动作精准、规制极强，需要劳动者形成更多的外在投入和内在付出。[②] 女性流动人口的劳动强度被分化和情感化也因此远甚于男性农民工，一旦超出其所承受的可能极限，就极易引发心理问题。然而，这些并不必然为女性流动人口带来有保障的劳动工资。女性流动人口劳动工资在总体上低于农民工平均工资，工资被拖欠、难追回的现象时有发生。

最后，社会保障权益受损程度的城乡差距甚于性别差距。社会保障是女性流动人口最基本的劳动权益，可以从社会养老保障和社会医疗保障、生育保险等方面来加以考察。从社会养老保险和社会医疗保障来看，2010年全国妇联妇女社会地位调查数据分析显示，受访女性流动人口的社会养老保障和社会医疗保障享有率分别为30.6%和60.4%，同比分别低于男性农民工6.5和6.6个百分点，且远远低于城镇居民。[③] 就生育保险而言，尽管2014年全国参加生育保险人数达17039万人，但女性流动人口生育保险参与率仅为7.8%，[④] 且外出女性流动人口生育保险的参保率低于本地女性流动人口。可见，社会保障并未在女性流动人口获得公平的延续。

[①] 张学春、张俊：《安徽省农民工务工特征的性别差异研究——基于756位农民工的调查》，《赤峰学院学报》（汉文哲学社会科学版）2013年第5期。

[②] 何明洁：《劳动与姐妹分化——中国女性农民工个案研究》，四川大学出版社，2009，第70-79页；沈波、陈艳等：《1414名制鞋业女性农民工抑郁症状调查分析》，《工业卫生与职业病》2015年第2期。

[③] 郑真真、牛建林：《乡城流动与农村妇女地位》，载于宋秀岩等《新时期中国妇女社会地位调查研究》（下卷），中国妇女出版社，2013，第640页。

[④] 参见人力资源和社会保障部：《2014年度人力资源和社会保障事业发展统计公报》，2015年5月28日；国家统计局：《2014年农民工监测数据调查报告》，2015年4月29日。

(二) 特殊劳动保护的不稳定性

保护妇女劳动,"意味着在那些对妇女身体特别有害或者对女性来说违反道德的劳动部门中禁止劳动",并为妇女提供生育保险和四期保护、妇科检查。这是我国法律框架下妇女特殊劳动保护的要义。目前,女性流动人口特殊劳动权益保护存在一定的隐蔽性和不稳定性。

首先,劳动安全存在较大隐患。受现实生产力发展水平的制约,制造业和劳动密集型产业在城镇经济中占较大的比例,生产环境和劳动安全条件都受限。不少女性流动人口往往受害于这类行业的劳动场所。20世纪90年代以来,以女性流动人口为主要受害者的火灾事故出现在公众视野。同时,个别女性流动人口在劳动过程中受到用工方的任意辱骂、搜身、肢体骚扰及性骚扰,也在一定程度上复制并强化女性流动人口在劳动力市场上的性别安全问题。

其次,因劳动中毒的职业病防不胜防。我国中、小企业劳动者的职业健康比较突出,且聚集着70%—80%的流动女性工人,有30%以上接触职业危害因素,[1] 女性流动人口首当其冲。虽然国家早有法律规制女性劳动工种和劳动环境,禁止女性流动人口从事有毒、有害(噪音、粉尘、辐射、毒气)的工种,但并不能阻止女性流动人口职业中毒悲剧的发生。一旦劳动过程中的有毒、有害气体不能有效排出劳动场所,劳动安全设备形同虚设,专业劳动保护用品无效提供或违规使用,职业病就"一触即发"。特别在女性流动人口从业度较高的食品加工、纺织制衣、化工制品、橡胶塑料以及电子产品等劳动密集型行业里,劳动者因劳动引发的瘫痪、血液病、生殖健康风险问题依然存在。[2] 在此过程中,用工企业逃避职业病事件的责任,拒付赔偿或为女工治病的行为更是酿成伤残女性流动人口职业生涯中"不能承受之重"。

---

[1] 林洁:《透视女工劳动保护现状》,《湖南安全与防灾》2014年第3期。
[2] 参见吴晶晶、李亚杰,《人大代表呼吁保障女农民工权益》,http://news.sina.com.cn/c/2007-03-07/175012455784.shtml。

最后，妇科检查和"四期"保护难以落实。妇科检查和"四期"保护最具性别特质和社会性别意义。尽管相关调研情况表明，女职工健康检查和"四期保护"总体落实情况较好，[1] 但女性流动人口群体的健康检查和"四期保护"的落实还是存在很大的盲区。在三十多年来的快速城镇化状态下，少有女性流动人口享受用工组织付费的妇科检查（工伤或者中毒事件送医院除外）和享受特殊劳动保护，她们也不知道自己应该享有的特殊权益保护。[2] 而一线女工"孕期"被解雇，哺乳母亲无法返工或继续从事高危工作、高强度工作现象则是常态，生育费用、生育津贴、产假工资更无从保障，女性流动人口从事有毒、有害岗位，在孕期、哺乳期未按照法律规定调岗或进行劳动保护，导致胎儿或幼儿中毒的事件也见诸报端。[3]

（三）集体劳动权益保障的游离性

首先，工会组织参与主体的虚化。工会作为劳工利益的组织，是维护和推动女性流动人口劳动权益实现的重要力量。近年来，女性流动人口占我国女工总数的比例在持续上升，但 2014 年，在我国 2.74 亿的农民工总数中，仅 1.1 亿农民工成为工会会员，[4] 与全国女性工会会员总数持平，同全国女性流动人口总数接近。在民间维权组织化程度较低的情况下，女性流动人口的集体劳动权益难以保障。

---

[1] 蒋月：《企业女职工特殊劳动保护实施效果研究——以东南某省为例》，《法治研究》2013 年第 12 期；何金苗、刘一：《女职工特殊劳动保护存在的问题及对策研究》，《中国劳动关系学院学报》2013 年第 6 期。

[2] 璩梅宵：《〈女职工劳动保护特别规定〉实施状况不容乐观》，《中国职工教育》2013 年第 16 期；朱磊：《68.2% 的女民工无特殊劳动保护侵权后多私了》，参见 http://www.legaldaily.com.cn/shyf/content/2008-11/07/content_976710.htm。

[3] 张帆：《破解女职工生命中不能承受之重》，《湖南安全与防灾》2014 年第 3 期；罗晓林、王海松、张春林：《一例铅中毒女工死胎组织铅含量测定》，《中国城乡企业卫生》2001 年第 6 期。

[4] 张锐、郑莉：《为亿万农民工建起温暖的"家"——全国工会实现农民工入会数量和服务质量"双提升"纪实》，《工人日报》2016 年 1 月 14 日，第 01 版。

其次,集体协商与专项权益集体合同的缺失。集体协商和女性职工权益专项集体合同是女性流动人口集体劳动权益的重要内容。理论上,随着女性流动人口人数的持续增加,女工工会会员数也随之增加,全国女性职工权益专项集体合同签订分数不断增多,覆盖企业数和女工数也相应增加。现实情况是,截至2014年9月,全国女职工权益专项集体合同129.3万份,覆盖企业数327.8万家,覆盖女职工9260.6万人。[1] 相比2010年,集体合同签约数、覆盖企业数、覆盖女职工人数分别增加70.1万份、230万家和4317万人,实际覆盖女职工人数仅超过全国女性流动人口总数220.3万人。[2] 女性流动人口总数不断接近全国女工工会会员数和女性职工专项集体合同签订覆盖人数,凸显了女性流动人口集体协商与专项集体合同的缺失。城镇化的深入和工会组织的发展,并不比必然在客观上促进女性流动人口集体劳动权益的实现。

四 讨论:对女性流动人口劳动权益问题的反思和建议

劳动者的"权利决不能超出社会的经济结构以及经济结构所制约的社会的文化发展"。[3] 进一步分析,女性流动人口劳动权益受损与劳动市场、制度、个人人力资本密切相关。

首先,我国女性流动人口在次级劳动力市场中的复杂处境。长期以来,我国城乡劳动力市场存在分割和歧视效应,并因此形成了一个相对独立于主要劳动力市场之外的次级劳动力市场。[4] 在二元分割的劳动力

---

[1] 范继英:《以改革创新精神推动工会女职工工作实现新发展 在全总女职工委员会六届二次会议上的工作报告》,参见 http://nzw.acftu.org/template/20/file.jsp?cid=30&aid=8646。

[2] 全总研究室:《2010年全国总工会组织和工会工作发展状况统计公报》,《中国工运》2011年第3期。

[3] 马克思:《哥达纲领批判》,载于《马克思恩格斯选集(第4卷)》,人民出版社,2012,第364页。

[4] 国内学者就基于劳动力市场分割理论提出了二元劳动力市场,认为在现代工业社会中存在着主要劳动力市场和次级劳动力市场之分,前者在劳动条件的各个方面都优于后者。

市场状态下，次级劳动力市场的用工需求主要源于非公有制经济中的中、小企业或个体工商零售服务批发业、公有制经济中的国企或政府公共部门的非正式就业岗位。特别是非公有制经济领域的中小企业，其就业的市场化程度较高，市场资本实力较弱，而其自身市场竞争力不强，劳动力成本预算有限。基于用工成本的考虑，这类非公经济领域的用工组织更倾向于以非理性的方式规避劳动权益责任。换言之，女性流动人口在次级劳动力市场上面临的用工需求具有就业层次不高、待遇偏低、劳动条件偏差、岗位不稳定等特性，由此形成的劳动关系更具复杂性和非稳定性。同时，就业压力、市场信息不对称和就业低质量、户籍、性别等因素，又进一步强化了女性流动人口被迫面临劳动时间较长、劳动强度较大、劳动条件较差、社会保险权益缺失、职业发展断裂的就业选择。这种复杂处境的循环反复，在无形中弱化了女性流动人口劳动权益的有效保障。

其次，女性流动人口在制度保障中的从属性。"劳动条件作为劳动力需求方而存在，同劳动处于社会中对立，并且转化为同劳动相对立，支配着劳动的权益"，[①] 需要制度保障来避免用工组织对劳动力的不合理使用。然而，目前针对女性流动人口劳动权益的制度保障明显不足。一是我国女性流动人口在让渡自己劳动力所有权的同时，不仅没有包括劳动力长期成本的贴现和风险的保障，也缺乏有效的制度性规范，政府在次级劳动力市场上的干预也比较有限。二是女性流动人口劳动权益保障依附于综合性的法律法规，并不具备单独的性别元素和群体特征，缺乏对两性农民工不同的劳动体验和资源需求的经验考虑，制约女性流动人口与男性农民工以及城镇劳动力、国家之间的各生产要素资源的合理分配，延误其被纳入女性特殊劳动保护的政策视野，这也就提升了女性流动人口的特殊劳动保护成本。三是我国劳动立法过程中对于女性流动人口集体劳动权益缺乏足够的重视，相关内容缺乏可操作性，女性流动人口集体劳动权益面临制度支持和组织保障的双重不足。

---

① 马克思：《资本论（第3卷）》，人民出版社，2004，第429页。

最后，女性流动人口的人力资本积累不足。通过教育和培训所积累的人力资本水平是影响女性流动人口劳动权益的内生变量。目前，女性流动人口的受教育水平和职业技能培训都比较有限。从受教育水平来看，女性流动人口的基础教育水平处于城镇劳动力市场上的较低层次，整体受教育年限较短，受教育质量不高，人力资本存量在其进入劳动力市场之前就已经处于短板状态。就职业培训而言，2010年全国妇联妇女社会地位调查数据分析表明，受访女性流动人口参加过培训进修的比例为16.1%，同比略低于男性农民工5.5个百分点，[1] 劳动技能发展十分有限。正是由于农民工就业促进与培训政策缺乏社会性别意识，其很难满足女性流动人口的特殊需求。过度的市场劳动和性别需求的偏差，降低女性流动人口获得职业培训的可能性，职业能力提升极为有限。在这种情况下，女性流动人口的劳动供给很难超越次级劳动力市场的用工顽疾，极易陷入"低报酬进入—黄金期就业—衰退期退出"的职业困境，劳动权益受损难以避免。

综上所述，女性流动人口的劳动权益状况反映了经济转轨和社会转型阶段的特殊劳动生态，其在劳动力市场中劳动关系的不稳定性、制度保障的从属性、人力资本的低存量是构成政治经济学意义上当代女性流动人口问题的主要因素，影响其在劳动力市场上的持续供给。因此，构建性别向度的和谐劳动关系，实施性别策略的保障政策，促进女性流动人口的人力资本积累尤为重要。

（一）构建性别向度的和谐劳动关系

构建性别向度的和谐劳动关系对于保障女性流动人口劳动权益具有重要意义。对此，可从以下三个方面加以考虑。

一是规制性别要义的劳动力市场准入。强化女性流动人口市场准入时的权益保障，敏感地消除或弱化与劳动生产无关的性别、户籍因素在

---

[1] 郑真真、牛建林：《乡城流动与农村妇女地位》，载于宋秀岩等《新时期中国妇女社会地位调查研究》（下卷），中国妇女出版社，2013，第638页。

劳动力市场上的负面影响,最大限度地避免具有相同劳动生产率的男性和女性流动人口、女性流动人口与城镇户籍劳动力在就业准入过程中受到区别对待,弱化用工组织在人力资源策略中的性别、户籍偏好,杜绝其在劳动事实关系中对女性流动人口婚育的限制,保障女性流动人口公平就业。二是强化事实劳动关系下的权益享有。要保障女性流动人口在劳动过程中享有的劳动合同签订、劳动报酬支付、劳动时间合法、社会保险缴纳、劳动环境达标等权益,明确女性流动人口与男性农民工、城镇劳动力就相同工种在劳动报酬、技能培训、职业发展等方面的同等待遇,消除女性流动人口就业的性别分割以及职业发展的"低端化"倾向,保障女性流动人口在劳动过程中的生理安全和劳动尊严,并有效落实女性流动人口在劳动过程中的"四期"保护。三是注重劳动关系解体的权益保障。经济新常态下,经济转型与产业结构同步进行,势必对劳动力市场需求的性别偏好产生影响,需要采取针对性的措施来避免女性流动人口因性别而被解除劳动关系,降低其在劳动力市场上面临的解雇风险,促进其劳动力价值的有效实现。

(二) 实施性别策略的劳动权益保障政策

"不存在特殊的女性问题,存在的是对妇女问题的特殊关照"。[①] 性别策略的政策保障是对女性流动人口劳动问题的特殊回应,虽然女性流动人口逐渐回归劳动与人口政策保护中心,但仍需注意性别对考察其劳动权益的基本向度及其对社会劳动生产的重要意义。

一是要突出性别公平视角的权利配置与资源重组的价值取向,弥合女性流动人口劳动与劳动力再生产过程中的分裂状态,实施性别倾向的农民工劳动政策,消解户籍和性别及交互作用对其劳动权益的负面影响。

[①] 1921年6月共产国际第三次会议决议案宣称,没有特殊的女性问题,并不意味着对妇女问题没有特殊的关注,由此意识到围绕所有以妇女为中心问题斗争的重要性,即从权利到平等酬劳等。这是第三国际在早期阶段对于妇女的压迫和解放道路的革命性认识。参见李晓光,《马克思主义与社会主义性别研究》,知识产权出版社,2007,第81-82页。

二是建立女性流动人口平等劳动权失衡的矫正机制,推行性别意识的劳动用工策略,动态跟踪、管理女性流动人口的就业状态,加强对女性流动人口劳动权益保障的问责与监督,促进其就业的正规化。三是形成特殊劳动权益的利益平衡机制,减少雇员中女性流动人口较多的用工组织承担较多的性别亏损的情况,[①] 以社会统筹的方式或财政补贴形式合理转移女性特殊劳动保护的用工成本(包括婚育休假产生劳动力替代成本、特殊劳动保护产生的外部成本),弱化劳动力市场对女性流动人口的性别歧视。四是要发挥工会在实现女性流动人口集体劳动权益的作用,增强女性流动人口运用工会的力量维护权益的集体能力,并强化妇联组织或其他民间团体组织对于女性流动人口劳动权益保护的有效介入,发展女性流动人口集体谈判力量,促进女性流动人口跨阶层的团结,[②] 为女性流动人口集体劳动权益实现创造良好的社会条件。

(三)促进女性流动人口的人力资本积累

人力资本对促进技术进步,提高劳动力生产率,促进劳动者权益保障有着持续的影响。一方面,要重视农村女性教育,促进农村地区基础教育发展的性别均衡,保障农民工子女义务教育权利的有效落实,尝试建立农民工随迁子女的专项教育补偿经费,避免农民工子女教育出现性别问题,使之能够以较好的受教育水平应对未来的就业风险,实现其在劳动力市场上的起点公平,增强其获得劳动权益的能力。另一方面,要加强对农村女性劳动力,特别是女性流动人口的职业培训,促进农民工职业技能培训的性别均衡,推动政府部门、工会与妇联等群团组织依据女性流动人口的劳动状况及劳动供求信息开展有针对性的培训,统筹企业、职业技术学校等社会资源并发展专门的劳动技能培训机构,对其给

---

① 潘锦棠:《向公共家庭政策要公平妇女就业权利》,《湖南师范大学学报》(社会科学版) 2015 年第 1 期。
② 沈原、汪建华:《新生代农民工的组织化趋势》,参见 http://www.21ccom.net/articles/china/gqmq/20141218117722.html。

予必要的资金支持或专项培训经费，形成培训和再培训及评估的良好思路，鼓励有条件的女性流动人口参加有关国家职业资格认证考试，增进持证上岗在规范女性流动人口就业及权益保障中的作用，提升女性流动人口的整体素质。

第六章
社会建构和技术变迁中的妇女主体意识与实践

流体轻易地流动着。它们或"流动"、或"溢出"、或"泼洒"或"溅落"、或"倾泻"、或"渗漏"、或"涌流"、或"喷射"、或"滴落"、或"渗出"、或"渗流",千姿百态,不一而足;不像固体,它们的运动不易停止——对前面的障碍物,它们或绕过、或溶解,对静止的物体,它们打开一个缺口,渗透着前进。在遭遇固体时,它们不受损害,而固体在遭遇流体时,如果固体还保持着固体的形态,它们却会发生改变,被浸透并潮湿不堪。流体非凡的流动性,使人把它们和"轻松"的思想联系在一起。有许多液体,按密度算,要重于固体,尽管如此,但我们往往倾向于将它们直观化,认为它们比任何固体都更轻。我们把"轻"或"不重"与流动性和多变性联系在一起:根据实践经验,我们知道,更轻的物体,我们更能够将它移动,并且移动得更快。

——摘自齐格蒙特·鲍曼《流动的现代性》

本章以 22 位妇女为研究个案,研究妇女如何通过经济参与、政治参与和文化参与来提升自我价值、助推乡村振兴,从而找寻、构建、彰显其主体性和存在感,从"局内的局外人"的"她者生存"状态,向"作为主体的局内人"的"主体存在"的生活方式转变,最终实现一定程度上的乡村性别秩序重构;同时,研究妇女在工作—家庭平衡、个人理想与生活策略、生计模式、社会交往等生活方式方面的流变,借此透视在乡村振兴战略和流动的主体性情境下,作为个体的妇女面临机遇和困境的双重可能性。

一 主体的觉醒：新时代妇女发展的可能性

乡村振兴是工业化、城镇化、市场化发展到较高阶段的必然产物，是解决中国"三农"问题的有效路径。快速城镇化、技术变迁和乡村振兴进程给农村妇女的生活方式带来深刻影响，这些既有力地推动了农村妇女生活方式和乡村性别秩序的转型与发展，同时又以一种非常深刻的方式重构农村妇女的生活方式和乡村的性别秩序。有学者指出，中国妇女发展与性别平等面临的一大重要挑战是"三农"问题与性别问题交织、互嵌，构成了"三农"问题的性别化和性别问题的"三农化"[1]，亦即，一是农业已更多地表现为"农业的女性化"和"女性的农业化"；二是"三农"问题的出现为性别差距的继续存在乃至扩大提供了助力，农村妇女落到了性别和农村的"双重弱势"的境地；三是也有观点[2]认为妇女是推动农业农村现代化的重要力量，是乡村振兴的享有者、受益者，更是推动者、建设者，乡村振兴将为妇女发展带来更多发展契机，实现"她力量"的崛起。在此背景下，农村妇女的职业角色与家庭角色、社会身份与性别身份之间，是否会发生比以往更为复杂和更加强烈的矛盾和冲突；乡村的传统性别秩序和父权制是否会发生改变；农村妇女的生活方式是否发生转变，其主体性是否得以建构，是本研究需要探讨的问题。

习近平总书记关于"三农"工作的重要论述的理论源头和创新实践始于浙江，浙江省是乡村振兴战略的先行者和探索者。因此，以浙江省为例开展调研，具有一定的典型意义。本研究使用的访谈资料，是笔者于2010—2018年，在浙江省杭州、丽水、宁波、台州、湖州等地区的乡村调研时挑选出来的22例个案，案例遍布19个乡村，访谈对象包括女乡镇干部、女村支书/村主任、妇女主任、女经理、女老板、"老板娘"、女

---

[1] 王金玲、姜佳将：《中国妇女发展与性别平等面临的五大挑战——以福建妇女社会地位调查数据为例》，《云南民族大学学报》（哲学社会科学版）2013年第5期。
[2] 中华全国妇女联合会：《关于开展"乡村振兴巾帼行动"的实施意见》，2018年2月。

教师和非遗传承人等。

表 6-1　访谈对象基本信息

案例编号	年龄（岁）	教育程度	职业类型	从事本岗位年限（年）
案例 1	40	本科	镇委书记	9（5个镇）
案例 2	45	高中	镇长	3
案例 3	33	本科	副乡长	3
案例 4	55	高中	村支部书记	2
案例 5	50	初中	村委会主任	7
案例 6	43	初中	妇女主任	13
案例 7	32	本科	民宿主	2
案例 8	38	本科	民宿主	1
案例 9	29	硕士	民宿主	2
案例 10	43	本科	拓展基地老板	3
案例 11	55	小学	农家乐老板娘	12
案例 12	38	初中	农家乐老板娘	8
案例 13	26	大专	农家乐老板娘	3
案例 14	27	本科	农产品淘宝店店长	6
案例 15	24	本科	农产品淘宝店店长	5
案例 16	26	本科	互联网+农业	2
案例 17	37	小学	爽面店店主	6
案例 18	41	高中	农场主	3
案例 19	26	本科	大糕店店长	6
案例 20	52	初中	乡村书画培训教师	30+
案例 21	54	小学	非遗传承人（编织传承人）	30+
案例 22	50	小学	非遗传承人（彩带传承人）	30+

二　主体的崛起：妇女的意识、能力与实践

农村妇女力量的崛起，在经济发展、文化传承以及社会矛盾纠纷化解方面做出了诸多贡献，因此在维护乡村秩序、经济发展、技艺传承和文化振兴上，扮演着重要的角色。农村妇女开始由"局内的局外人"的

机会与选择

"他者"和"边缘"生存状态，向作为"主体的局内人"的"主体性"存在转变。

(一) 经济能人：创客经济进程中的致富力量

乡村振兴的发展战略、市场驱动的经济发展、新型城镇化的进程给妇女工作机会和家庭性别不平等带来了巨大影响，妇女从事非农产业的比例提升，男性和女性非农业工人家庭收入的相对比例差距也随着市场化程度的增加而逐渐缩小。[①] 乡村振兴战略下，通过推进农业与旅游、教育、文化、健康养老等产业深度融合，实现农村妇女转移就业和创业就业，催生了一批农村女能人、致富女能手、巾帼"双创"示范基地等。案例7至案例19均是经济能人的典型代表。

案例17是A村村民，从事过养蚕、制衣等行业。2000年以来，她在实践中不断摸索完善爽面的制作加工技艺。在政府推动和她的带动影响下，A村500多位妇女从事爽面制作，纯收入200—300元/天，极大地提高了妇女们的经济收入。2016年底，她被评为"丽水农师"，并被聘为爽面师傅培训基地的培训师。这份工作给她带来巨大的存在感和成就感，经济收入和家庭地位均得到了一定程度的提升。

> 没想到制作爽面还让自己出了名儿。现在我的那些小姐妹们也开始做起了爽面加工，足不出户也能贴补家用，个个都很自豪。2006年，我们村成立了土面专业合作社，注册成立了玉屏山牌土面商标，我与其他150多户爽面加工户参与其中成为合作社的一员。我觉得爽面产业大有作为，今后我要为推广爽面加工做出自己应有的贡献。(案例17)

案例19是让梁弄大糕首次"触网"的创客。在发现大糕的商机之后，她用新时代发展思维和成功的案例说服了父亲将已停产十几年的传

[①] M. V. Nee, "Gender Inequality and Economic Growth in Rural China," *Social Science Research* 29 (2018): 606-632.

第六章　社会建构和技术变迁中的妇女主体意识与实践

统糕点的制作工艺传授给了她和老公,他们传承了父辈的手艺,提升了经济收入和家庭地位。同时,她为大糕注册了品牌,还根据现代市场需求、市场竞争趋势,不断开拓创新,先后研制了紫薯、松花、抹茶等新口味的大糕,经过近三年的发展,客户遍布全国。他们创新了传统技艺的同时,也让老一辈感受到互联网思维的巨大力量。

案例19自豪地向我展示了在各种媒体上有关她的新闻,滔滔不绝地讲述着她创业的经历和故事,一脸的成就感。

> 后来,年长一辈也纷纷加入,梁弄镇上的大糕店从2014年前的几家,迅速增长至如今的92家,2017年总销售额上千万元。如今,舅舅舅妈都为我"打工",这在以前是根本不敢想象的事情。老公也跟着我一起创业,非常支持我的事业。(案例19)

案例7自称女汉子,她本科是学设计的,生儿子之后,辞职在家的她闲不住开办了一家民宿,从设计到选材到监工,她独自一人承包了所有工作。她的民宿主打亲子主题,民宿的选材和设计全部是按照亲子标准来打造的。民宿稳定运营之后,她又生下一个女儿,成为朋友口中那个工作家庭平衡自如的"人生赢家"。

> 儿子出生时我就希望我可以一直陪着他,所以我辞职了。但日子久了,我开始思考该为自己做点什么,或者有时候会觉得如果有一天,儿子长大了,我该怎么告诉他,妈妈是谁?我可以做一个每天陪伴着他的那个温暖的妈妈,但更希望成为一个可以让他骄傲的妈妈,所以我开办了这个民宿……(案例7)

案例10原先是旅行社老总,返乡创业后,利用原有的市场基础,开办了集旅游观光、户外运动、拓展培训、科普教育等于一体的大型素质拓展基地,正是这个基地的落成,带动了整个村的农家乐发展。

> 我们基地一方面聘请当地村民作为员工,另一方面他们可以为我们的学员提供吃饭、住宿、娱乐等的地方,带动了整个村的农家乐发

展呢!(案例10)

从她的表述中能感受到她因能为乡村振兴做出贡献而深感自豪。

可见,经济地位的提升在一定程度上有助于农村妇女增能增权,有助于构建妇女的主体性,拥有创业经历的妇女的劳动付出更能获得家庭认可,其家庭话语权也会发生从"无声"到"有声"的变化,在情感上、经济上、思想上也更加独立。

(二) 政治能人:情感治理、纠纷调解的骨干力量

随着新型城镇化、市场化和乡村振兴战略的推进,以市场经济为导向的农村经济体制改革使妇女的自主意识增强,民主政治则为农村妇女的政治参与提供了保障,农村妇女的政治参与行为模式日益多元,开始由政治保护下的被动等待转向竞争体制下的主动参与。[①] 妇女在村委会成员中的比例日渐提高,在财务、调解、妇联等部门扮演着重要的角色,成为村民纠纷调解的骨干力量,改变了以往将女性主体性地位"虚置化"[②]的状况,其政治参与形式也由以往的"去性别化"表演发生转变。案例1至案例6均是政治能人的典型代表。

案例1在担任N镇镇委书记之前,还当过其他4个镇的镇政府书记、镇长等职务,做事非常干练、有经验。她是"奋战六小时,紧急在一线堵缺口"的"女战士",也是颇具文化创意意识和市场头脑的当地乡村振兴的指导者和引领者。

> 打造以灯文化为主题的沿溪景观休闲不夜村是我指导新一届村两委上任后放的"第一把火"。我们N镇自古就有灯会的传统,镇上还有从事节日灯生产经营的企业36家。我就让他们恢复灯文化,希望周边乡镇"日游"与N镇的"夜游"相结合,发展夜景及灯光文

[①] 田小泓:《农村妇女政治参与:从被动等待到主动竞争的制度安排——梨树县与迁西县农村妇女村委会选举参与》,《政治学研究》2002年第4期。

[②] 潘萍:《村民自治制度中的农村妇女参与》,《妇女研究论丛》2008年第1期。

第六章　社会建构和技术变迁中的妇女主体意识与实践

化，来推动整个旅游开发。（案例1）

案例5在担任L村村委会主任之前，一直是村里的妇女主任，50岁的她担任村干部已有18个年头，其间担任妇女主妇11年，担任村委会主任7年。村间田头帮扶解困都有她的身影，她熟悉各家各户的情况。"我们就相信她（指案例5），她让我们吃了'定心丸'"，村民对这位L村村委会主任一直都是赞不绝口。

> 刚刚开始搞乡村旅游的那一年，应该说困难是非常非常大的，老百姓不信任我们。但我脑子里、心里就是坚持着这个信念，一定要让我们村发展起来。我就带头干，跟大家一起干，亲自把村里的垃圾都捡起来，那老百姓也不好意思乱扔了。还有土地流转的时候，我做了一位老人很久的工作，带病去了他们家很多趟，他被我感动了，也认识到了流转带来的收益和好处，也就同意流转了……后来，村庄渐渐发展了，游客越来越多，老乡们都主动支持和信任我们了，工作也容易开展了。（案例5）

案例3原为H区人大常委会办公室综合科科长，后调任M乡副乡长。她在调研过程中一直强调妇女在乡村治理（如拆迁、危房改造、土地流转等）中有着有别于男性的柔性力量。

> 我们在乡村振兴和村庄治理过程中要全力提供"妈妈式服务"，无条件、全身心付出，全过程奉献，全方位主动式的关怀、亲情式的服务。（案例3）

可见，农村妇女政治参与的实现与扩大不仅有赖于传统性别文化的破除，更有赖于妇女主体参与意识的崛起。此外，宽广的体制外空间为更多的妇女发挥主体性、参与村庄治理提供了可能。村庄治理权力结构由村委会的单一选择转变为村委会、专业协会（如民宿协会、乡贤协会等）、专业合作社等多元格局。对于妇女而言，多元组织的存在，意味着她们拥有获得政治参与的多元途径和渠道，助推了妇女主体性的提升。

（三）文化能人：新乡贤文化中的创新力量

乡村振兴推进过程中对文化传承和文化振兴的重视，带动了一批活跃在科教文领域包括书画、歌舞、手工、非遗技艺等的女性文化精英的崛起，她们将文化传承同个人及当地妇女生计联系在一起，为当地文化的保护、继承、创新和市场化不懈努力，且为提升年轻一代文化教育、改善妇女就业、传承地方文化做出了贡献，具有一定的影响力。案例 20 至案例 22 均是文化能人的典型代表。

案例 20 是 S 村文化礼堂理事会的成员之一，只有初中文化的她自幼喜欢书画，自学书法和油画，成为村庄里远近知晓的"艺术老师"。退休之后，她把开在家里的书画培训课堂开进了文化礼堂，周末课余时间为村里的小朋友免费开展书画培训和诗词朗诵课。平时晚上，她还会跟老伴一起教村民打太极拳。

> 我们小时候，没有人教，都得自学，条件非常艰苦，所以我现在想回报社会，给村里的小朋友提供免费学习的机会……对啊，全免费，不收钱，但是村民们都知道回报的，你看我们家这么多吃的，都是村民们自家种的、做的，拿来给我的，他们都非常感谢我，我也很有成就感……（案例 20）

案例 22 出身彩带编织世家，畲族人，六岁便开始学习编织工艺，是有名的"彩带王"。她技艺超群，作品多次作为民族工艺品赠送给中外贵宾。她时刻牢记传承人的责任和义务，积极主动地营造良好的传习环境，让编织彩带与学校教育体系对接，完成了民族文化的沉淀和积累，创新与传承。

> 作为浙江省非遗传承人，将彩带工艺发扬光大是我的责任与义务。现在有很多技艺，年轻一代都不愿意学了，所以我得想办法激发和培养孩子们学习编织彩带知识技能的兴趣和特长，激发他们学习的热情，让他们传承非物质文化遗产传统技艺。现在乡村振兴战

略下，旅游发展了，游客更多了，我们的彩带市场也越做越大，甚至走出村庄，走向了世界，作为传承人我感到非常自豪。（案例22）

案例1对女性文化乡贤的力量也非常重视。

> 以前，乡贤都特指男人，现在女乡贤越来越多，有女医生、女教师、女非遗传承人、女设计师等。我们非常重视女性乡贤的力量，也将定期举办女性乡贤聚智座谈会，邀请在外优秀女性乡贤回乡进行交流，征求有关重大决策、重要工作的意见建议，为镇村发展和乡村振兴提供顾问咨询。（案例1）

可见，妇女个人的爱好、技能在推进乡村振兴和社区参与式旅游市场化进程的机遇中产生交集，获得一定的个人成就感和地方影响力，成为文化型的能人。

三 主体的挣扎：主体的找寻、构建与迷思

主体性是指人在实践过程中表现出来的能力、作用、地位以及主体在与客体相互作用中得到发展的自主、自觉、选择和创造的特性。其中，"自主性"是指主体在不受外部力量的左右下，能通过独立的理性接受、判断和选择决定自己的思想行为取向；"自觉性"又称"自为性"，它既是主体对客体规律性的自觉，又是对自身内在目的性的自觉；"选择性"则是可以根据自身最迫切的目的来选择客体多种必然性中最合目的性的活动；"创造性"是指主体能够最终创造出一个全新的对象。[1] 农村妇女的自主、自觉、选择和创造性表现如何？

（一）自主性：依附者、支配者还是性别平等？

随着妇女经济地位的提升，有别于传统中妇女依附男子的互动模式，

---

[1] 张文静：《农村社区建设进程中农民主体性缺失与建构研究》，华中师范大学博士学位论文，2013。

家庭内部的夫妻权力和互动逐渐向夫妻平权的互动模式转变，妇女逐渐开始重视并彰显其主体性。但不可否认的是，"依附性支配"还是主流。父权制依然是妇女在个人选择和生活策略之间的枷锁，父权制无形上存在的强制性、约束性力量依然如戒律一般左右着妇女的"理性决策"，既无法摆脱父权文化的强大历史惯性力，又使女性参与的自主性与多样化受到了抑制。①

> 我老公为淘宝店和这个家付出了许多，虽然我是店主，店里的生意很多时候我说了算，但在家里，那还是他说了算的。毕竟他是一家之主。（案例 14）

> 我创业时很多时候就顾不上家里了啊。但我有空了，就帮助家里干各种家务，带孩子辅导作业啊。休闲时间？那就更少了嘛（笑）。（案例 15）

（二）自觉性：工作—家庭如何平衡？

生活方式并不只是个人行动理性选择的结果，更受到社会结构和性别结构的形塑。妇女经常受到"工作—家庭平衡"这一议题的困扰，妇女的经济行为有别于男性的个人价值型创业，更多的偏向于生活方式型创业，可见，农村妇女的主体性往往会囿于家庭和性别的双重束缚，在自我价值与家庭价值之间徘徊，工作模式（弹性与否）、家庭结构和家庭支持系统成为妇女平衡"工作—家庭"的重要因素。

> 我在创业前，内心是冲突的，因为创业意味着我会很忙很忙，顾不上照顾儿女。后来我想，每个人都应该为自己的人生负责，不该为了谁放弃自己的人生，把自己的人生加载在另一个人的身上，对别人也是一种压力。我希望儿子长大后，他不会怪我在他成长的道路上那些没有陪伴他的时刻，而是为妈妈能勇敢做自己而感到骄

---

① 潘萍：《村民自治制度中的农村妇女参与》，《妇女研究论丛》2008 年第 1 期。

傲。(案例9)

在外东奔西跑，不如在家淘宝，老公、孩子、老人都可以照顾得到。(案例14)

(三) 选择性：去性别化还是性别化？

有研究认为，女性管理者/创业者存在"去女性化"的现象，产生这一现象的原因是观念、制度和现实的"共谋"，对"男性化"和"女性化"进行"优势叠加"的"中性化"是必然趋势。[①] 在性别角色的选择上，女性管理者/创业者展现"女性特质"，有助于形成亲和感召、情感治理与指导关怀的角色形象；塑造"男性特质"或"中性特质"，则有助于形成变革心智、培育创新、掌控风险、整合关系等角色形象——表现出"多重角色认同"。

我很多时候就是"女汉子"，种菜什么的常要日晒雨淋，打包发货其实也很多事情的，我从来不把自己当女人看，创业嘛，就要女人当男人用，男人当牲畜用啊。(案例15)

抢险为什么得亲自上？那我必须忘了自己是女人啊，这时候我是抢险的主心骨，只有跟男人一样尽责尽职才可以啊，不然怎么当一把手？……我一直都不把自己当弱者看啊，男人女人一样的。(案例1)

现在倡导妈妈式服务啊，比如在面对老大妈的时候，你就得温柔地跟她说话！但是遇到男人说粗话脏话的时候，你也一样不能示弱的！(案例2)

在纠纷调整的时候，有时候你就得示弱，不能强干、蛮干的，不然村民不会服。温柔地解决问题，不出事，才是我们希望看到的。(案例4)

---

① 高焕清、李琴：《村级女干部的"去女性化"：性别、社会性别和领导力》，《妇女研究论丛》2011年第1期。

（四）创造性：主动参与或被动卷入？

尽管存在性别配额制度，妇女参与村庄治理的空间依然有限。很多时候，妇代会主任很难坚持"娘家人"的立场，而更倾向于扮演"公家人"的角色，所以有时未能代表妇女的特殊利益，而成为乡村权力的附属，在选举中便有可能被来自上面的力量和来自下层的力量共同抛弃。① 很多时候，妇女参政是一种依托于制度安排、家族力量、"专职专选"、性别期待等的被动卷入，而不是作为创造性主体的主动参与。而且，在妇女政治参与的上升空间上，存在着一条在其上见不到任何桥梁的裂谷/鸿沟，或学术意义上的"玻璃天花板"。这与她们在农村经济社会发展中的作用极不相称，也使得如妇女健康、家庭教育、家庭暴力、出嫁女土地权益等相关问题很难进入村民议事的主流。

> 我们镇书记已经做了 5 个镇的镇长和书记啦，为什么上不去？哎，要是她是男人，那早就上去啦！谁让她是一个女人呢！（案例 2）

> 我们这文教卫、计划生育和妇代会什么的干部，基本上由女人担任。一个是特长和能力比较适合，还有一个应该是受制度影响吧！需要有一个女人在村委会任职嘛！

> 妇女主任在垃圾分类和环境卫生工作上非常有优势。一个是在家庭里女人就是主要的家庭垃圾"制造者"，厨房垃圾什么的，那妇女主任去动员就很容易；再一个，家里搞卫生的也主要是妇女啊，女人天生爱干净嘛！妇女主任带头把自己家的院子搞干净了，其他邻居也会学样啊！（案例 6）

---

① 刘筱红：《农村村级妇代会组织与妇女在村委会选举中的地位》，《华中师范大学学报》2002 年第 6 期。

四 主体的特质：流动的主体性与主体性的流动

女性主义和后现代主义所强调的主体性概念都是流动的而非牢固的，是一系列发展变化的过程，而不是固定不变的、处于均质的、无限时空中的实体。这一流动性、多样性暗示了主体性的分裂和模棱两可。[①] 从上文分析也不难发现，农村妇女的主体性是体制约束、市场主导和父权自身延续的三重力量交互作用的结果，[②] 此外，还受到社会阶层、家族庇护、文化观念、个体能力与选择等一系列因素互相作用、相互重叠、互相交叉的影响，表现出"流动的主体性"和"主体性的流动"这一特质，具体包含如下三重意涵。

一是流动的力量性——消解父权，重构主体性。鲍曼首先从物理学意义上对"流体"（liquid）的"流动性"（fluidity）特征进行了详细的探讨，流体具有惊人的流动能力，它能绕过或溶解障碍，也可渗透静止的物体。[③] 由此可以看出，流动具有很强的力量性。妇女通过成为经济、政治和文化精英，在一定程度上消解了父权，重构其自身的主体性。但不可否认的是，流动的巨大力量体现在"破"而非"立"上，像液体一般流动、变形和易于变化，它无法完全解构传统的性别秩序体系，而只是迷失在以"自我超越和个人理想"为名义的不停变化当中。

二是流动的不可控性/被动性——强迫流动的主体。妇女的生活方式"在流动/改变"，但它很多时候还是一种不可控的"强迫性流动"。[④] 父权制并未从根本上动摇和消解，父权制意识形态在不断累积性地生产与再生产着社会大众"虚假"的性别意识。同时，也在不断累积性地生产与再生产着女性"虚弱"的主体性，由此也就带来了女性屈从地位的

[①] 王海平：《后现代的主体性概念》，《国外社会科学》1994年第1期。
[②] 金一虹：《流动的父权：流动农民家庭的变迁》，《中国社会科学》2010年第4期。
[③] 齐格蒙特·鲍曼：《流动的现代性》，欧阳景根译，上海三联出版社，2002。
[④] 郇建立：《现代性的两种形态——解读齐格蒙特·鲍曼〈流动的现代性〉》，《社会学研究》2006年第1期。

复制与延续。① 吉利根在"关怀典范"（caring paradigm）中指出，两性自我发展是建立在迥然不同的路径上，女性的自我概念是依附在社会关系中，以连结、关怀及响应他人需求为主，可是男性的自我概念则是以自我为中心，在强调个体的自主性及社会关系的客观与公正性中逐渐发展而成。② 妇女在自我价值和家庭价值之间的摇摆和犹豫中、在社会治理的被动卷入中、在性别角色和性别特质的认同之中，均表现出流动的不可控和被动性，呈现强迫流动的主体性特征。

三是流动的变动性/不固定——机遇和困境并存。妇女的主体崛起，撕开了凝固的父权制的一道裂缝，但仍囿于父权制的观念、规制和结构，传统的父系色彩依然深深影响着妇女的主体性的实现。在流动的主体性情境下，个体在村庄政治、家族政治、性别政治的夹缝中生存和发展，面临着新机遇和旧困境的双重可能性。而这些挑战和问题的出现在某种程度上与农村妇女力量长期处于离散化、流动性状态，未能形成可有效抗衡传统性别文化影响下的村庄政治传统有关。

五 讨论：赋权主体是主体性建构的必然选择

在乡村振兴战略背景下，一是要从妇女的"主体性"出发，赋权妇女，把妇女的发展从福利中心主义扩展到妇女主体能动作用的发挥上。即，改善妇女福利的任何实际努力都不能不依赖于妇女自己在实现这种变化上的主体作用。③ 例如，在政治参与上，必须赋予农村妇女以主体性，建构一个"横向"的妇女力量整合机制，建立起国家与农村妇女的纵向联系。同时农村妇联组织在代表女性整体利益的政治沟通过程中也

---

① 潘萍：《父权制意识形态的超越与女性生活方式的革命》，《浙江社会科学》2015年第5期。

② C. Gilligan, *In a Different Voice: Psychological Theory and Women's Development* (Cambridge, MA: Harvard University Press, 1993).

③ 阿马蒂亚·森：《以自由看待发展》，任赜，于真译，中国人民大学出版社，2002，第189页。

必须注重整合分散的妇女权利资源，如在经济参与上，建立专业协会、专业合作社等，在专业化分工的基础上提供规模化服务，如统一管理、统一营销、统一品牌等，为妇女提供组织化保障；在福利保障上，提供创业就业、教育培训、医疗健康、公共服务等福利性制度，让农民在脱离家庭、乡村等传统共同体之后拥有基本的安全感，可以成功面对社会风险和家庭风险，建构重新整合与再度嵌入的机制。

二是挖掘个体行动能力，构建积极向上、"赋权主体"的生活方式。充分考虑女性在乡村振兴进程中的利益诉求、主体性地位，追求工具理性与价值理性的统一，使其生活方式实现从家庭本位向"个人—家庭"本位的转变，实现从外力推动向内力驱动的转变。例如，将社会性别意识纳入城镇化公共决策，重新确立和选择城镇化的政策目标、利益主体、发展模式和推进方式，进而从制度和文化层面更加有效地保护女性的性别权益，提供同等的发展机会，分享城镇化带来的发展成果；倡导符合妇女主体意识和主观意愿的生活方式，在农村社会结构加速转型和城乡发展加快融合的新阶段，使妇女在逐步完成自身社会身份转变的同时，也逐渐实现自身性别角色的时代转变。

第七章
亲子分离:半脱嵌的成长

爸爸，您在他乡还好吗？好长时间没见面了！女儿十分想您，总是想起您对我的百般宠爱，而这些幸福的回忆，总是让我在黑暗中默默流泪。爸爸，我的成绩很不理想，尤其是外语。我多想学好了，以后去找你们呀！可是上课的时候，脑子里总是想着别人一家幸福的样子，而我们家却是十分冷清。爸爸，您在家的时候常说我爱哭爱撒娇，可是，现在你们不在，我是哭了没人疼，撒娇也没地儿撒了呢。我老不接你们电话，其实我很想你们。

——一封留守儿童的亲情家书

我很少想爸爸和妈妈，从小到大习惯了。每年春节能和他们见上一次面，他们会给我带来几件新衣服，不过还没开学，他们又匆匆走了。我也很少与他们通电话，学校给我们开设了亲情热线电话，我也很少打。因为打给妈妈，妈妈总是那么几句话："听话、乖、好好读书、等爸妈攒到钱把你接出来读书。好了，别浪费话费了。"

——一位留守儿童的心声

一　城镇化的代价：亲子分离的离散家庭生活方式

笔者曾在 2017 年访谈过一名在杭州务工的农村女性小江。她时年 28 岁，在杭州的一家美容院做美容师，穿着得体，面容姣好，妆容精致，

机会与选择

完全看不出已是两个孩子的妈妈，只有在她熟练的手法下才能感知美容其实也是一项体力活，是靠手艺和体力吃饭的。在她22岁时，她与邻村的小伙子成婚，结婚之后两人便一起外出打工。她在22岁便生了女儿，25岁又生了儿子，孩子都交给爷爷奶奶抚养。一年回去两趟看孩子，平时用手机交流。笔者问有没有想过把孩子接过来，或者接一个过来。她回答说："没办法，不打工连饭都吃不上。我们做美容这一行，平时基本晚上9点以后才能下班，忙的时候10点以后才能回家。我们工作很辛苦，要与时俱进、不断学习新的知识和手法，还有业绩压力……把孩子带在身边就没法工作了，只能把孩子留给老人照顾，自己出去打工。"她叹了口气，继续说："每一次离开两个孩子，心都无比的痛，但是又有什么办法，不出去打工怎么赚钱呢？有时候也担心孩子跟自己不亲，也担心孩子学坏了，但是有舍才有得，舍得了孩子才能挣到钱。把孩子放在家里、自己出去打工，这是家庭需要，别人不会指责的。好在我有两个孩子，好在第一个是姐姐，现在姐姐完全可以照顾弟弟的。"

城镇化进程中，我国有上亿小江这样的农村外出务工人员城乡两栖、往返流动，在家庭利益最大化的考虑与非家庭式迁移的事实下产生了庞大的农村留守儿童群体，他们经历着长期的亲子分离。根据《2015年中国儿童人口状况——事实与数据》，[①] 2015年全国流动儿童3426万人，留守儿童6877万人，受人口流动影响的儿童总数合计1.03亿人，占中国儿童总人口的38%。其中，我国农村留守儿童规模为4051万人。

不同的家庭生活方式对儿童发展可能会造成不同影响。对于低龄儿童，母亲陪伴的缺失是造成幼儿认知滞后的关键因素之一，母亲和幼儿分离也不利于促进母乳喂养和保证儿童营养。《2015年中国儿童人口状况——事实与数据》根据2015年全国1%人口抽样调查微观数据进行分析后表明，在农村留守儿童中，幼儿阶段母亲陪伴缺失是一个比较严重的问题，有60%以上的孩子不满3岁就与母亲分离。城市的生活压力与

---

① 国家统计局、联合国儿童基金会、联合国人口基金：《2015年中国儿童人口状况——事实与数据》，2017，www.unicef.cn/reports/population-status-children-china-2015。

各种不确定性让父母更易做出将子女留在乡村的决定,这也意味着留守儿童的低龄化与留守周期的延长。作为应对,农村家庭只能通过更长期的祖辈监护来实现留守儿童的养育。农村留守儿童中(见表7-1),20.4%与父亲一起居住,30.6%与母亲一起居住,26.3%与祖父母一起居住,12.5%与其他成年人一起居住。祖父母是留守儿童特别是低龄留守儿童的比较主要的照料者。大部分祖父母在照料孙子女的同时还参与劳动,肩负生活重担。[1] 在此过程中,留守儿童的生物性抚育受到关注而社会性抚育被弱化。[2]

表 7-1 儿童居住和抚养方式

	全部儿童	男孩	女孩	农村留守儿童	城镇留守儿童	流动儿童	少数民族儿童	贫困地区儿童
规模(百万人)	271	147	124	40.51	28.26	34.26	30.88	65.00
居住方式构成(%)								
和父母双方居住	64.7	65.1	64.4	—	—	45.0	68.2	63.9
不和父母双方居住	35.3	34.9	35.6	100	100	55.0	31.8	36.1
和父亲居住	9.1	9.1	9.1	20.4	25.1	9.1	9.4	8.6
#父亲离异或丧偶	2.1	2.2	2.1	—	—	1.5	2.2	2.9
和母亲居住	10.5	10.3	10.7	30.6	31.1	8.8	8.8	11.4
#母亲离异或丧偶	1.4	1.4	1.5	—	—	2.8	1.2	1.5
和祖父母一起居住	5.5	5.7	5.3	26.3	12.5	2.1	4.5	8.2
单独居住	0.7	0.8	0.7	3.3	1.6	0.7	0.8	1.1
和其他儿童一起居住	3.3	3.0	3.6	7.0	6.9	10.9	2.1	2.8
和其他成年人一起居住	6.1	6.0	6.3	12.5	22.8	23.4	6.2	4.0

数据来源:参见国家统计局、联合国儿童基金会、联合国人口基金,《2015年中国儿童人口状况——事实与数据》。

父母一方或双方外出后必然会对农村留守儿童的居住安排、亲子互

---

[1] 国家统计局、联合国儿童基金会、联合国人口基金:《2015年中国儿童人口状况——事实与数据》,2017, www.unicef.cn/reports/population-status-children-china-2015。

[2] 潘璐、叶敬忠:《"大发展的孩子们":农村留守儿童的教育与成长困境》,《北京大学教育评论》2014年第12期。

动、学习教育等生活方式和教养方式带来影响。首先，流出地环境极大地制约着留守儿童的生存发展，以城镇化、工业化、现代化为表征的发展模式引发的城乡教育政策调整、家庭离散等多重变迁后果，使得留守儿童的教育生态更加恶劣；其次，父母外出造成的亲子分离型的家庭生活方式对留守青少年的学习、生活等成长过程也造成诸多不利影响，生活上缺人照应、行为上缺人管教、学习上缺人辅导。虽然，留守家庭成员也会通过一定的自觉抑或是不自觉的行动来回应他们的需求，但留守儿童父母中一方或双方外出打工，使得留守儿童难以从家庭获得足够的情感支持和学习上的帮助，这不利于其身心健康发展。此外，若跟随父母迁移，离乡也会使得流动儿童失去了他们传统的支持体系以及社区网络，并在就读城市上学、就医和社会保障等方面面临各种困难。家庭结构的离散化，会不会导致男孩更弱势，抑或使女孩更弱势？下文将针对这一问题展开定量研究，分析不同家庭生活方式下儿童在考试成绩、认知能力、行为表现、自评健康和心理健康等方面的发展。

青少年时期是身体、行为、认知和心理发展的一个过渡阶段。家庭作为最基本的社会组织或社会制度安排，家庭生活经历和生活方式对青少年成长的社会化过程、身份认知、生活际遇以及成年后的地位获得具有至关重要的作用。[1] 长期以来，学者们对社会分层和社会不平等的研究主要关注家庭的社会经济地位、文化资本以及社会资本对个体的教育获得或职业获得的重要作用，而忽视了对家庭成员构成和教养方式在社会不平等形成及其再生产过程中重要作用的考察。近些年来，大量国内外的研究显示，家庭结构对青少年发展具有重要的影响，亲子分离型的家庭生活方式对青少年在身心健康、教育、社会化、日常生活等方面的发展及其成年后的社会经济地位获得存在持续性的消极效应。从生命历程看，在生命早期经历了与父母分离的孩子，不仅在学业成绩、认知水平、

---

[1] T. Parsons, "The Social Structure of the Family," in R. Anshen, eds., *The Family: It's Function & Destiny* (New York: Harper & Broth, 1949), p. 173-201.

第七章 亲子分离：半脱嵌的成长

身心健康和社交行为等方面处于劣势，而且在成年后也更可能处于社会地位的劣势状态。[1] 因此，一些学者指出家庭结构不仅是地位获得和代际社会流动的影响因素之一，[2] 而且还是阶层、贫困以及性别不平等的再生产的重要机制。[3]

家庭结构或居住安排的变迁主要受到三种生活方式的影响：一是婚姻状态变化，二是迁移流动行为，三是代际关系和居住习惯。在大多数西方社会，家庭结构变化的主要趋势是因离婚或未婚生育导致的单亲家庭（主要是单亲母亲家庭）的急剧增加。在中国，在过去几十年中，尤其是改革开放以来，中国经历着快速的工业化、城市化和全球化的进程，中国的婚姻和家庭也随之发生了深刻的变迁，家庭结构与居住安排的多元化趋势日益显现。首先，家户分离的居住安排成为我国城乡人口流动的主要特征之一，也是其社会后果之一。[4] 在传统城镇化进程中，由于户籍制度和经济条件的双重限制，拆分式生产和再生产模式成为当下农民应对生存困境的重要策略，[5] 并且以一种非常深刻的裂变方式重构着中国的家庭结构、家庭关系和家庭功能，在提高流动家庭经济收入和生活水平的同时，亦产生了家庭的离散化、亲属网络的

---

[1] Biblarz et al., "Family Structure, Educational Attainment, and Socioeconomic Success: Rethinking the 'Pathology of Matriarchy'," *American Journal of Sociology* 105 (1999): 321-365.

[2] M. Hout, "A Summary of What We Know about Social Mobility," *Annals of the American Academy of Political & Social Science* 657 (2015): 27-36; S. McLanahan and C. Percheski, "Family Structure and the Reproduction of Inequalities," *Annual Review of Sociology* 34 (2008): 257-276.

[3] D. Massey, *Categorically Unequal: The American Stratification System* (New York: Russell Sage Found, 2007); B. Western, *Punishment and Inequality in America* (New York: Russell Sage Found, 2006).

[4] C. C. Fan, "Settlement Intention and Split Households: Findings from a Survey of Migrants in Beijing's Urban Villages," *China Review* 11 (2011): 11-41.

[5] 即农民工个体将本应完整的劳动力再生产过程拆解为两部分：部分在城镇（劳动者个人的再生产），部分在乡土村社（抚养子嗣老弱）。

碎片化和人的拆分式再生产等社会后果。① 其次，离婚率呈现快速上升的趋势，生活在单亲家庭中的孩子数量不断增长。民政部统计数据显示，中国的粗离婚率从2002年的0.9‰攀升到2017年的3.2‰；2017年依法办理离婚手续的共有437.4万对，比上年增长5.2个百分点。② 最后，在人口城乡流动增长背景下，由于代际关系模式、居住习惯和家庭经济需要等原因，隔代抚育孩子的现象在中国是非常普遍的现象。祖辈和孙辈共同生活的"隔代家庭"的比例逐年提高，并且那些不与老人同住的家庭中，有相当一部分夫妇也是将孩子长时间由其祖父（母）或外祖父（母）来照顾。夫妇一方或双方在子女培育过程中的缺位所产生的青少年发展困境日益成为国家和公众所关注的焦点问题。

然而，虽然一些学者对家庭结构与青少年发展的关系进行了探讨，但现有相关研究主要是考察不同的家庭结构的影响，分析诸如单亲母亲家庭、单亲父亲家庭以及"母亲—继父""父亲—继母"等家庭等对于青少年的教育获得、身心健康发展等方面的差异化影响，③ 而较少关注到家庭结构对于不同性别孩子生活际遇的差异，即忽视了对家庭结构在性别不平等形成及其再生产过程中所发挥的重要作用的考察。

具体而言，针对这一议题，国外现有研究认为，家庭离散尤其是父亲缺失对于青少年成长较为不利，美国甚至有研究提出"母权制病理学"（pathology of matriarchy）假设，即认为传统上美国黑人的家庭模式是母权制的，且陷入一种病态：母亲靠救济过活，对子女的权威瓦解，并认为

---

① 金一虹：《流动的父权：流动农民家庭的变迁》，《中国社会科学》2010年第4期；刘筱红、施远涛：《"四化同步"发展下留守妇女家庭离散问题治理研究》，《人口与发展》2014年第1期。
② 《2017年社会服务发展统计公报》，2018年8月2日，民政部网站：http://www.mca.gov.cn/article//sj/tjgb/201808/20180800010446.shtml。
③ E. Thomson, T. L. Hanson, S. McLanahan, "Family Structure and Child Well-being: Economic Resources vs. Parental Behaviors," *Social Forces* 73 (1994): 221-242; Park, "Single Parenthood and Children's Reading Performance in Asia," *Journal of Marriage & Family* 69 (2007): 863-877.

第七章　亲子分离：半脱嵌的成长

父亲缺失对男孩的成长更为负面。① 与这一"病理—瓦解"观点（pathology-disorganization perspective）不同的是，有研究提出"坚强—坚韧"观点（strength-resilience perspective），认为没有足够的证据可以证明离散家庭结构对孩子有害，大家庭（主干家庭、联合家庭等）结构和社会经济地位可以弥补这一缺陷，甚至孩子会由于生活磨砺而变得更为成熟和坚韧。② 学者们对"母权制病理学"假设进行了大量的经验验证，但至今尚未形成一致的认识。③

相比国外学者在该领域较为丰富的成果，国内针对家庭结构的系统性研究尚处在起步发展阶段，在中国这样一个经历着快速城市化的国家，家庭结构的多元化变迁是否再生产了性别不平等？"母权制病理学"假设在中国是否存在？国内现有研究主要结合我国留守现象指出家庭离散对青少年成长尤其是女孩的成长更为负面，留守女童面临照顾缺失、日常侵害频发、课业辅导情况不足以及心理健康状况明显弱化等方面的问题。④ 家庭结构的离散化，是否对青少年成长不利？其导致男孩更弱势，抑或使女孩更弱势？由此，在中国城乡人口流动大背景下，家庭结构如何影响家庭成员尤其是不同性别子女的发展及其成年后的生活机会无疑是一个值得引起足够重视的社会问题。

然而，就这一社会后果的影响因素而言，西方社会学者主要关注因婚姻解体、家庭重组或丧偶而引起的父母缺失与青少年教育获得、健康发展、社会适应等问题之间的关系，较少探讨人口流动产生的家庭结构变化对青少年的影响；国内学者基于城乡人口流动背景对家庭结构与青少年社会发展的关系进行了初步探讨，但较少关注家庭结构对于不同性

---

① Daniel Patrick Moynihan, *The Negro Family: The Case for National Action* (Washington D. C.: U. S. Department of Labor, 1965).
② Carol Stack, *All Our Kin: Strategies for Survival in a Black Community* (New York: Harper & Row, 1974), p. 175.
③ 陈璇：《走向后现代的美国家庭：理论分歧与经验研究》，《社会》2008年第4期。
④ 张明芳：《留守女童面临十大风险 亟须社会体系支持》，《中国妇女报》2015年12月4日。

别孩子生活际遇的影响差异。基于上述讨论，本研究将聚焦于家庭结构对青少年社会发展的影响及其性别差异。由于初中阶段是留守因素影响作用显著的特殊时期，本研究通过对具有全国代表性的初中生调查数据的分析，试图回答以下两个问题：

第一，家庭结构是否对学生的考试成绩、认知能力、教育期望、身心健康以及行为表现等方面存在影响？存在什么样的影响？

第二，家庭结构对学生上述几个方面的影响是否存在性别差异？存在哪些差异？

二 家庭结构、教养方式与性别不平等的研究回顾

（一）家庭结构与青少年发展

为便于研究，本研究将家庭结构类型化为聚合家庭和离散家庭（包括父亲缺位家庭、母亲缺位家庭和双亲缺位家庭），与以往研究发现离散家庭的青少年属于"脱嵌式"成长[1]的观点不同的是，本研究认为，在中国，离散家庭中的青少年是一种"半脱嵌"的成长，因为父母外出务工并不意味着整个家庭关系的断裂和孩子成长的脱嵌，分居两地的子女和父母之间仍会在情感上、经济上保持千丝万缕的联系。有研究发现，父母外出务工会将大量的打工收入寄回老家，这些汇款除了用于支付家庭的日常开支之外，还会在很大程度上用于儿童的教育投资，从而对儿童的学习成绩和教育获得带来显著的积极影响，[2] 即亲子关系在经济上、家长期望上是紧密的，但在日常生活照护、情感陪伴以及精神层面上存在

---

[1] 汪传艳、徐绍红：《进城务工人员随迁子女的教育再生产——基于"双重脱嵌"的视角》，《青年研究》2020年第1期。

[2] F. Hu, "Migration, Remittances, and Children's High School Attendance: The Case of Rural China," *International Journal of Educational Development* 32 (2012): 3; Y. Lu, D. J. Treiman, "Migration, Remittances and Educational Stratification among Blacks in Apartheid and Post-apartheid South Africa," *Social Force* 89 (2011): 4; 许琪：《父母外出对农村留守儿童学习成绩的影响》，《青年研究》2018年第6期。

一定的离散性。为什么家庭结构会影响青少年的成长？不同领域的学者提出了多种理论解释。其中三种最有代表性的理论分别为家庭经济学的家庭资源理论与社会学家秉持的社会化理论和社会资本理论。① 西方国家的研究普遍发现，青少年成长包括学业成绩的发展，更包括心理、自评健康、社会适应、行为等方面的全面发展。就家庭结构和居住安排而言，其主要通过以下几种机制（见表7-2）② 作用于子女的教育获得、认知能力、身心健康、日常行为等：（1）经济投入；（2）时间投入（亲子陪伴/亲子互动）；（3）教育期望、学习卷入/教育监管及文化资本传递；（4）为子女提供角色榜样和行为指导（角色示范/行动管束）；③（5）健康监管（健康照料/疾病看护）、心理支持和依恋关系；（6）亲子关系和社会网络构建（社会资本）。

表7-2　家庭结构/教养方式影响青少年发展的主要机制

类型	聚合家庭	离散家庭
经济投入	多	多
教育期望	高	高
亲子陪伴/亲子互动	多	少
学习卷入/教育监管	卷入多，监管多	卷入少，监管少
角色示范/行为管束	多	少
健康照料/疾病看护	多	少
心理支持和依恋关系	支持多，关系紧密	支持少，关系疏离
社会资本	多	少
文化资本	多	少
亲子关系	强嵌入	半脱嵌

由此不难发现，离散的家庭结构影响着家庭功能如日常生活照料、疾病看护、情感慰藉、行为规范、经济支持、文化资本等的正常发挥，

---

① 吴愈晓、王鹏、杜思佳：《变迁中的中国家庭结构与青少年发展》，《中国社会科学》2018年第2期。
② S. Mclanahan, G. Sandefur, *Growing up with a Single Parent: What Hurts, What Helps* (Cambridge, MA: Harvard University Press, 1994), p.204.
③ 杨菊华：《父母流动、家庭资源与高中教育机会》，《学海》2011年第2期。

父母均在场的聚合家庭比父母均不在场或仅有一方父母在场的离散家庭的青少年具有更大的优势，离散家庭的亲子关系由于家庭中某些"重要他人"的缺位，容易出现残缺或断裂，父母的期望和监督、陪伴和交流、文化资本投入等方面将处于明显劣势。[1] 父母没有充足的时间来陪伴孩子成长、监督孩子学习、管束孩子行为，不能照护孩子身体健康、提供心理支持和情感依恋，不能在关键时刻或事件中发挥榜样示范作用，不能通过社会网络传递社会资本助推成长，从而引起家庭情感功能弱化、家庭教育功能的受损和家庭社会网络的残缺，对留守儿童造成显著负面影响。由此，低水平的父母支持和监督可能导致孩子不能很好地内化家长的要求，并会在孩子后续的学业表现、身心健康、行为表现等过程中沿着劣势累积模式不断强化，所产生的不平等效应将具有一定的持续性。由此可见，家庭结构显著影响青少年的学业成就、教育期望、认知能力、身心健康以及社会行为。[2] 基于以上分析，本研究将青少年发展分为教育发展（学业成绩、教育期望、认知能力）、身心健康（自评健康和心理健康）和行为表现三个维度，并提出以下假设。

> 假设1a：离散家庭的青少年的教育发展水平显著低于聚合家庭的孩子。
>
> 假设1b：离散家庭的青少年的身心健康水平显著低于聚合家庭的孩子。
>
> 假设1c：离散家庭的青少年的行为表现显著差于聚合家庭的孩子。

---

[1] 吴愈晓、王鹏、杜思佳：《变迁中的中国家庭结构与青少年发展》，《中国社会科学》2018年第2期。

[2] G. N. Marks, "Family Size, Family Type and Student Achievement: Cross-National Differences and the Role of Socioeconomic and School Factors," *Journal of Comparative Family Studies* 37 (2006): 1-24; X. Chen et al., "Early Childhood Behavioral Inhibition and Social and School Adjustment in Chinese Children: A 5-year Longitudinal Study," *Child Development* 80 (2010): 1692-1704；周皓：《家庭社会经济地位、教育期望、亲子交流与儿童发展》，《青年研究》2013年第3期。

（二）男孩弱势，抑或女孩弱势？

教育获得的性别不平等模式来源于不同的社会群体对父权制观念或传统性别角色观念的认知，性别歧视和传统性别观念的存在，使得社会文化中的习俗、观念、意识等体现出对女童的偏见和不公平对待行为。父权制观念和文化影响教育获得性别差异的作用机制可以体现为三个方面：首先是直接的性别歧视，外出务工的父母通常让男孩随迁，产生"留女不留男"的人为选择，而女童的自我歧视也会影响她们的社会化过程、身心健康和相关行为；其次是在家庭可以投入的教育资源较为贫乏或相对固定的情况下，受性别观念影响，家长往往认为对于女孩教育投资的边际收益低于男孩，因而家庭往往在女孩身上的教育资本投资低于男孩，[①] 即家长通常愿意将资源投到儿子身上；最后是父权制文化会影响孩子的社会化过程，在此过程中女孩的教育期望会受到影响，父母对她们的低期望导致许多留守女童对自己人生的低期望和低成就感，从而降低其自身的受教育意愿，自愿放弃求学机会。[②] 大量国内外的相关经验研究也显示，社会和家庭对男女青少年不同的性别角色期待，以及家庭不同的教育理念和教养方式导致以下的问题：由于不同的性别角色期待，女孩往往被要求"听话"和顺应，在不良行为上更多地被规训和监管，而男童却认为是"调皮"的，这就使得留守男童存在更多的品德问题、言行偏差以及行为不良现象；而由于父母和监护人受传统性别观念影响，没有对女童给予足够的重视和认知刺激，部分留守女童会出现学习动力不足，缺乏对知识渴望与追求，这使得留守女童在学业成绩、认知能力上明显低于男童；[③] 此外，留守女孩也往往被要求承担部分家务，因而健康状况可能也不如男孩；留守女童的心理健康问题更严重，更多表现出

[①] 孙妍、林树明、邢春冰：《迁移、男孩偏好与教育机会》，《经济学》（季刊）2020年第1期。

[②] 吴愈晓：《中国城乡居民教育获得的性别差异研究》，《社会》2012年第4期。

[③] 蒋蒽：《农村留守女童的生存与发展困境研究》，《宁德师范学院学报》2018年第1期。

学习焦虑、情感饥渴和厌学倾向。① 基于以上分析，本研究提出以下假设。

假设2a：女孩的教育发展水平显著低于男孩。
假设2b：女孩的身心健康水平显著低于男孩。
假设2c：女孩的行为表现显著优于男孩。

(三) 母权制病理学的争论：家庭结构与性别不平等的再生产

20世纪60年代，莫尼汉（Moynihan）研究了黑人单亲家庭后，在报告中提出了"母权制病理学"假设，认为父亲缺失对于孩子，尤其是男孩的成长是灾难性的，它意味着孩子将缺乏父亲所提供的经济资源、角色示范、管束与指导，② 有学者回应莫尼汉的观点，甚至提出"如果父亲继续缺失，我们将面临社会灾难"，③ 父亲缺失的孩子可能会比双亲家庭的孩子在学校的行为表现较差，成绩较差，教育期望更低，更早辍学、离家和/或生孩子，且会对以后的生活造成不利影响。相关研究表明，与其他孩子相比，同性父母的存在教导了年幼的孩子适当的性别行为，因此父亲的缺席，对男孩来说是特别有问题的，④ 父亲缺失的男孩更容易出现行为和心理问题，且父亲缺失对男孩心理健康和不良表现的负面影响大于女孩，比如会害羞和有攻击性。基于上述观点，本研究提出以下假设。

假设3a：离散家庭对男孩教育发展水平造成的消极效应要显著

---

① 郭少榕：《农村留守女童：一个被忽视的弱势群体——福建农村留守女童问题调查分析》，《福州大学学报》2006年第3期。

② Daniel Patrick Moynihan, *The Negro Family: The Case for National Action* (Washington D. C.: U. S. Department of Labor, 1965).

③ D. Popenoe, "Life without Father: Compelling New Evidence that Fatherhood and Marriage are Indispensable for the Good of Children and Society," *Population & Development Review* 23 (1996): 189.

④ A. C. Acock, D. H. Demo, *Family Diversity and Well-being* (Calif.: Sage Publication, 1994).

高于女孩。其中，父亲缺位家庭的消极影响最大。

假设 3b：离散家庭对男孩身心健康水平造成的消极效应要显著高于女孩。其中，父亲缺位家庭的消极影响最大。

假设 3c：离散家庭对男孩的行为表现造成的消极效应要显著高于女孩。其中，父亲缺位家庭的消极影响最大。

此外，Carter 等人对初中学生研究发现，父母对女孩具有更高的教育期望，与女孩互动沟通以及参与到她们学习中的程度高于男孩。[①] Muller 基于中学生的研究也指出，父母在与女孩谈论学习计划、参与学校事务、对孩子的限制性活动等方面显著多于男孩。[②] 可见，学生对教育价值和期望的内化通过父母的教育卷入和互动来实现。随着生育率降低和性别平等的推进，青少年成长的性别差异日渐缩小，特别是在双亲均"在场"的情况下，女孩获得的资源和关注不比男孩少，甚至更多。然而，当家长缺席的情况下，女孩受到的家长教育卷入和行为管束更少，因而并不比男孩更听话，学业成绩并不会更好，不良行为也会更多，身心健康不良状况也会更多。此外，在中国，根据"男主外—女主内"的传统性别分工，父亲往往承担经济投入的工具性功能，母亲更多承担陪伴、沟通、照护等情感性功能，母亲往往是"照料孩子生活"和"辅导孩子功课"的主要承担者，[③] 因而母亲缺位对女孩的影响更大。

基于上述观点，家庭结构带来的负面作用是否存在性别差异，尤其是对女性负面影响更大？其交互影响是否显著？基于以上分析，本研究提出另一组竞争性假设。

假设 4a：离散家庭对女孩教育发展水平造成的消极效应要显著

[①] Carter et al, "Parental Involvement with Adolescents' Education: Do Daughters or Sons Get More Help," *Adolescence* 35（2000）：29.

[②] C. Muller. "Gender Differences in Parental Involvement and Adolescents' Mathematics Achievement," *Sociology of Education* 71（1998）：336-356.

[③] 佟新、刘爱玉：《城镇双职工家庭夫妻合作型家务劳动模式——基于 2010 年中国第三期妇女地位调查》，《中国社会科学》2015 年第 6 期。

高于男孩。其中，母亲缺位家庭的消极影响最大。

假设 4b：离散家庭对女孩身心健康水平造成的消极效应要显著高于男孩。其中，母亲缺位家庭的消极影响最大。

假设 4c：离散家庭对女孩的行为表现造成的消极效应要显著高于男孩。其中，母亲缺位家庭的消极影响最大。

三 半脱嵌的成长：家庭结构对青少年发展影响的性别差异

（一）研究方法和数据来源

本研究使用中国人民大学中国调查与数据中心收集的"中国教育追踪调查"（China Education Panel Study，简称 CEPS[①]）基线调查数据（2013—2014 学年）。CEPS 基线调查从全国随机抽取了 28 个县级单位下的 112 所学校 438 个班级，共收集了 19487 个学生样本。在剔除少量无效样本和部分缺失值后，最终纳入分析的样本量总数为 18760 个。

1. 青少年发展变量

根据已有研究并结合 CEPS 问卷设计，本研究选取教育发展（考试成绩、教育期望、认知能力）、身心健康（自评健康和心理健康）和行为表现等六个变量指标来测量青少年发展状况。其中，考试成绩是学生语文、数学和外语三门课程期中考试的平均得分；教育期望[②]指标通过学生回答的"希望自己读到什么程度"构建，并通过赋值将其转换为取值范围为 7—22 的连续变量；认知能力是 CEPS 通过一套测量学生逻辑思维和问题

[①] 关于该项目的更多信息可参考官方网站（http://ceps.ruc.edu.cn）。

[②] 教育期望的具体赋值方法为："现在不要念了" = 7 年；"初中毕业" = 9 年；"中专和技校" = 11 年；"职业高中" = 11 年；"高中" = 12 年；"大学专科" = 15 年；"大学本科" = 16 年；"研究生" = 19 年；"博士" = 22 年。

解决能力的测试得分所构建，测试题共分语言、图形、计算与逻辑等三个维度，用三参数的 IRT 模型估计出的学生认知能力测试标准化总分；自评健康是对自身健康状况的主观评估，若自评健康为"比较好"或"很好"则认为是健康，并赋值为 1，其他状况为不健康，并赋值为 0；心理健康指标通过问卷中的抑郁程度量表①获得；行为表现通过"是否经常迟到"、"逃课"、"经常被班主任老师批评"和"父母经常收到老师的批评"等学校生活表现程度来测量。为了便于解释，我们对原有测量进行了反向赋值，并将各项表现得分相加以合成学生行为表现变量，数值越大表示学生的行为表现越好。

2. 家庭结构变量

家庭结构变量根据题目"在你目前的家里，和你一起住的人有谁"来构建。在本研究中，我们将家庭结构分为四类：双亲聚合家庭、父亲缺位家庭、母亲缺位家庭和双亲缺位家庭。若父母双方均与学生同住则为双亲聚合家庭。只有母亲与学生同住则为父亲缺位家庭，只有父亲同住为母亲缺位家庭。父母双方均未与学生同住为双亲缺位家庭。

3. 控制变量

为了确保模型估计的准确，本研究还控制了户口、移民流动经历、兄弟姐妹数量、年龄、最亲密朋友圈质量、父母教育期望和就读年级以及学生的家庭社会经济地位变量。其中，最亲密朋友圈质量是学生朋友中积极同辈数量与消极同辈数量的比值（取值范围在 0.14—1.29），数值越大表示最亲密朋友圈质量越高；父母教育期望②根据"家长希望孩子读

---

① 问卷中询问了学生在过去的 7 天内，有"沮丧""抑郁""不快乐""生活没意思""悲伤"等感觉的发生程度。1＝"总是"、2＝"经常"、3＝"有时"、4＝"很少"、5＝"从不"，心理健康为量表中五个题项的得分之和，数值越大表示心理健康程度越好。

② 父母教育期望的具体赋值方法为："现在不要念了"＝7 年；"初中毕业"＝9 年；"中专和技校"＝11 年；"职业高中"＝11 年；"高中"＝12 年；"大学专科"＝15 年；"大学本科"＝16 年；"研究生"＝19 年；"博士"＝22 年

到什么程度"构建;家庭社会经济地位变量由父母的职业地位得分、受教育年限、自评经济状况等三个变量构建,并使用主成分因子分析方法,并通过0—1标准化将上述变量合成为取值范围在0—100的家庭社会经济地位变量。

本研究使用的所有变量描述如表7-3所示。

表7-3 变量描述性统计(N=18760,数据已加权)

变量	全样本(N=18760) 平均值	标准误差	女生(N=9170) 平均值	标准误差	男生(N=9590) 平均值	标准误差
家庭结构						
双亲聚合家庭	0.635	0.482	0.646	0.478	0.624	0.484
父亲缺位家庭	0.145	0.352	0.144	0.351	0.146	0.353
母亲缺位家庭	0.041	0.200	0.032	0.177	0.050	0.218
双亲缺位家庭	0.179	0.383	0.178	0.382	0.180	0.384
性别(女生=1)	0.475	0.499				
考试成绩	75.673	24.439	80.007	22.714	71.744	25.270
认知能力得分	-0.133	0.846	-0.125	0.834	-0.141	0.857
父母教育期望	16.056	3.739	16.428	3.454	15.718	3.949
行为表现得分	14.503	1.985	14.784	1.802	14.248	2.104
自评健康(健康=1)	0.711	0.453	0.701	0.458	0.720	0.449
心理健康得分	19.265	4.082	19.152	3.874	19.367	4.259
家庭社会经济地位指数	42.041	14.248	41.714	14.370	42.337	14.131
户口(农业=1)	0.641	0.480	0.635	0.481	0.645	0.478
父母教育期望	16.689	3.461	16.866	3.308	16.529	3.586
年龄	14.697	1.285	14.631	1.287	14.757	1.281
兄弟姐妹数	0.900	0.870	0.983	0.882	0.825	0.852
移民流动经历(是=1)	0.102	0.302	0.096	0.294	0.107	0.310
年级(9年级=1)	0.503	0.500	0.506	0.500	0.501	0.500
同辈群体质量	0.940	0.277	1.011	0.240	0.875	0.292

本研究探讨的主要问题是家庭结构对不同性别学生的社会和心理发展的影响。考虑到CEPS是整群抽样数据,同一学校的学生在某些方面往往具有相似的特征。为了排除未被观测到的学校特征对学业表现的影响,

我们使用学校固定效应模型（school fixed-effects model）进行估计。

模型中的自变量包括学生的家庭结构和性别，控制变量包括学生的家庭社会经济地位、迁移经历、兄弟姐妹数、户口、年龄、自评健康、同辈群体质量、父母教育期望等变量。具体的公式为：

$$Y_{is} = \alpha_s + \beta F_{is} + \gamma G_{is} + X_{is}\beta + \varepsilon_{is}$$

该公式预测了不同家庭结构对青少年发展的影响作用。其中，Y_{is}表示第s个学校第i个学生的发展各指标，F_{is}表示第s个学校第i个青少年的家庭结构（聚合家庭=0，离散家庭=1），G_{is}表示第s个学校第i个青少年的性别（女生=1，男生=0），X_{is}为模型中的其他变量，α_s是固定截距，容纳了所有未观测的学校特征；ε_{is}为个体层次的随机误差项。

（二）家庭结构分布的群体性差异

首先，分析家庭结构与家庭社会经济地位之间的关系。在将家庭社会经济地位指数按照从小到大排列，并按照人数等分为10组，并分别计算每组中双亲家庭和非双亲家庭的比例后，我们发现，随着家庭社会经济地位的上升，双亲家庭的比例逐渐提高（双亲家庭的比例由53%上升至83.1%），非双亲家庭的比例逐渐下降（非双亲家庭的比例由47%下降至16.9%）。这一结果与国外关于单亲家庭阶层分布的研究结论非常相似。换言之，尽管中国与西方国家亲子分离的主要原因有所差异，但家庭结构在不同阶层的分布具有相似的特点：阶层地位越低的群体，非双亲家庭的比例越高。图7-1的结果表明，家庭结构的分布存在明显的阶层差异，来自社会经济地位较低家庭的学生，与父母双方或一方分开居住的可能性越大。

（三）家庭结构、性别与青少年发展

接着，我们考察不同家庭结构、不同性别对青少年发展状况的影响。具体而言，在控制相关变量的情况下，数据显示以下结论（见表7-4）。

就考试成绩而言，离散家庭学生的考试成绩均显著比聚合家庭低，

机会与选择

图 7-1 不同家庭社会经济地位学生的家庭结构分布

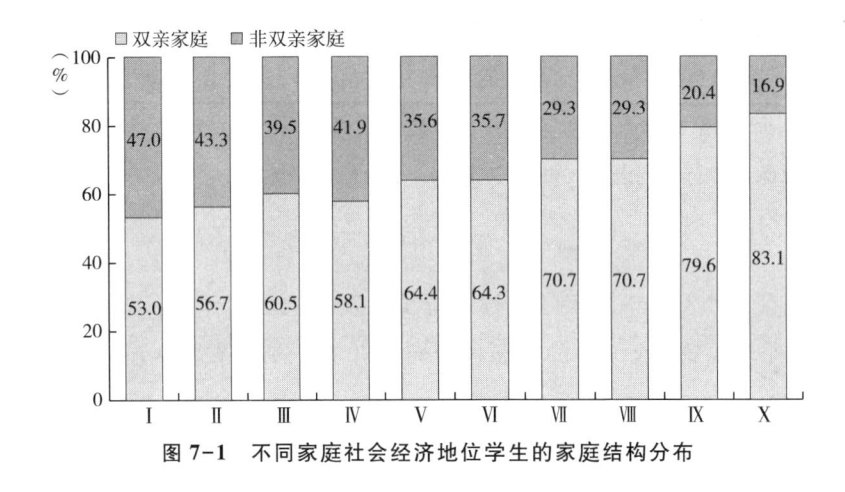

考试成绩排序为：聚合家庭>父亲缺位家庭>双亲缺位家庭>母亲缺位家庭，母亲缺位家庭孩子的考试成绩最差（比聚合家庭低 2.561 分）。女生的考试成绩要比男生高 5.598 分。这说明，女生的考试成绩优于男生，家庭结构的离散化尤其是母亲缺位家庭不利于学生学业表现的发展。

就认知能力而言，母亲缺位和双亲缺位离散家庭学生的认知能力均显著比聚合家庭低，父亲缺位家庭学生的认知能力与聚合家庭的差异并不显著，认知能力排序为：聚合家庭>父亲缺位家庭>双亲缺位家庭>母亲缺位家庭，母亲缺位家庭孩子的认知能力最差（比聚合家庭低 0.060 分）。女生的认知能力要比男生低 0.057 分，并且通过了显著性检验。这说明，女生的认知能力发展要比男生差，家庭结构的离散化尤其是母亲缺位家庭不利于学生认知能力的提升。

就教育期望而言，家庭结构变量的回归系数并不显著，这是因为家庭社会经济地位和父母教育期望等变量与家庭结构的形成及其影响机制紧密关联，青少年自我教育期望并没有显著差异。此外，女生的教育期望要显著高于男生，也在一定程度上显示女生对自我要求更高。

就行为表现而言，母亲缺位和双亲缺位离散家庭学生的行为表现均

第七章 亲子分离：半脱嵌的成长

显著比聚合家庭差，父亲缺位家庭学生的行为表现与聚合家庭的差异并不显著，行为表现排序为：聚合家庭>父亲缺位家庭>双亲缺位家庭>母亲缺位家庭，母亲缺位家庭孩子的行为表现最差（比聚合家庭低 0.140 分）。女生的行为表现得分要明显高于男生 0.378 分，而且通过了显著性检验。这说明，女生的行为表现要优于男生，而家庭结构的离散化尤其是母亲缺位家庭导致孩子更多的不良行为表现。

就自评健康而言，离散家庭学生的自评健康均显著比聚合家庭低，自评健康排序为：聚合家庭>父亲缺位家庭>双亲缺位家庭>母亲缺位家庭，母亲缺位家庭孩子的自评健康最差（比聚合家庭低 0.343 分）。女生的自评健康状况要比男生低约 0.161 分。这说明，女生的自评健康差于男生，家庭结构的离散化尤其是母亲缺位家庭不利于学生的自评健康。

就心理健康状况而言，离散家庭学生的心理健康均显著比聚合家庭低，心理健康排序为：聚合家庭>父亲缺位家庭>母亲缺位家庭>双亲缺位家庭，双亲缺位家庭孩子的自评健康最差（比聚合家庭低 0.573 分）。女生的心理健康状况要比男生低约 0.488 分。这说明，女生的心理健康差于男生，家庭结构的离散化尤其是双亲缺位家庭不利于学生的心理健康。

综上所述，家庭结构对青少年发展具有重要的影响。离散家庭的青少年在考试成绩、认知能力、行为表现、自评健康和心理健康状况等方面的发展均要显著低于聚合家庭，但教育期望上并不存在显著差异；同时，青少年的发展状况存在性别差异，女生在考试成绩、教育期望和行为表现等方面的发展要优于男生，但在认知能力、自评健康和心理健康等方面差于男生。由于传统性别分工的影响，母亲更多卷入孩子的学习和生活中，母亲缺位家庭孩子的考试成绩、认知能力、行为表现、自评健康等均最差，双亲缺位家庭孩子的心理健康状况最差，这一结果与我们的预期相符合。

表 7-4 家庭结构对青少年发展影响的学校固定效应模型

变量	模型1 考试成绩	模型2 认知能力	模型3 教育期望	模型4 行为表现	模型5 自评健康	模型6 心理健康
家庭结构						
父亲缺位家庭	-0.774+ (0.420)	-0.025 (0.017)	0.092 (0.070)	-0.060 (0.042)	-0.196*** (0.054)	-0.268** (0.097)
母亲缺位家庭	-2.561*** (0.691)	-0.060* (0.028)	-0.197 (0.115)	-0.140* (0.070)	-0.343*** (0.086)	-0.348* (0.159)
双亲缺位家庭	-1.630*** (0.424)	-0.052** (0.017)	-0.105 (0.071)	-0.132** (0.043)	-0.222*** (0.053)	-0.573*** (0.098)
女生	5.598*** (0.272)	-0.057*** (0.011)	0.257*** (0.045)	0.378*** (0.027)	-0.161*** (0.037)	-0.488*** (0.063)
家庭SES	0.103*** (0.012)	0.004*** (0.001)	0.015*** (0.002)	-0.000 (0.001)	0.017*** (0.002)	0.012*** (0.003)
年龄	0.218 (0.329)	-0.009 (0.014)	0.045 (0.055)	0.079* (0.033)	0.070+ (0.042)	0.252*** (0.076)
兄弟姐妹数	-1.591*** (0.195)	-0.097*** (0.008)	-0.264*** (0.033)	-0.053** (0.020)	-0.038 (0.025)	-0.077+ (0.045)
移民流动经历	-0.780*** (0.189)	-0.009 (0.008)	-0.044 (0.032)	-0.061** (0.019)	-0.025 (0.024)	-0.105* (0.044)
年级	0.306 (0.405)	-0.031+ (0.017)	0.042 (0.068)	0.095* (0.041)	0.107* (0.054)	-0.192* (0.093)
农业户口	6.292*** (0.464)	0.253*** (0.019)	0.249** (0.077)	0.050 (0.047)	-0.070 (0.060)	-0.408*** (0.107)
最亲密朋友圈质量	12.689*** (0.535)	0.302*** (0.022)	2.288*** (0.089)	1.320*** (0.054)	0.463*** (0.070)	2.923*** (0.123)
父母教育期望	1.747*** (0.042)	0.038*** (0.002)	0.468*** (0.007)	0.037*** (0.004)	0.044*** (0.006)	0.036*** (0.010)
常数项	52.468*** (2.946)	0.244* (0.121)	9.050*** (0.492)	13.312*** (0.297)	-0.074 (0.380)	17.040*** (0.678)
样本量	18760	18760	18760	18760	18760	18760
rho	0.320	0.175	0.029	0.022	0.032	0.034
Log-likelihood	-80567	-20736	-46975	-37537	-10043	-53014

注: +$p<0.10$, *$p<0.05$, **$p<0.01$, ***$p<0.001$;括号内数字为标准误。"家庭结构"的参照组为双亲聚合家庭。模型5为logit学校随机效应模型。

(四) 家庭结构对青少年发展影响的性别差异

接下来讨论家庭结构对青少年发展的影响是否存在性别差异。从表7-5中可以发现，除自评健康外，家庭结构的离散化对女生的考试成绩、认知能力、教育期望、行为表现及心理健康均具有一定显著的，甚至相对更为严重的负面效应。换言之，表7-4所报告的结果支持家庭结构的离散化对女生的社会发展会造成更加消极影响的假设。离散家庭中的女生的社会发展处于更为劣势的地位。但并非像我们在前文所预期的那样，母亲缺位会对女生所有方面的社会发展都具有消极影响。相反，父亲或母亲缺位对女生所产生的消极影响存在显著差异。

具体来讲，就考试成绩而言，模型1的结果显示，只有双亲缺位家庭与性别的交互项通过了显著性检验，其他两类父母缺位家庭和性别的交互项并不显著。其他因素不变，在双亲聚合的家庭中，女生的学业表现比男生平均高 5.888 分（$p<0.001$），而在双亲缺位的家庭中，女生比男生的成绩平均低 2.301 分（$p<0.01$）。这表明，双亲缺位对女生考试成绩造成的负面影响更大，但这种负面影响仅存在于双亲缺位的家庭之中。

就认知能力而言，模型2的结果显示，当女生处于父亲缺位和双亲缺位家庭时，其认知能力得分将会更低。在控制其他变量的情况下，双亲家庭中，女生的认知能力水平比男生低 0.033 个单位（$p<0.05$），而在父亲缺位或双亲缺位的家庭中，这个差距分别扩大 0.083（$p<0.05$）和 0.091（$p<0.01$）个单位。但母亲缺位并不会造成女生认知能力的进一步下降。既有研究指出，由于认知能力的缺乏，女生会缺乏创新的思想和行动，在行动中变得相对保守，而且经常怀疑自己的能力，进而影响她们的社会化、心理发育和创新思维的培养。[①] 考虑到认知能力对青少年发展的重要作用，可以预见离散家庭的女生，尤其是农村留守女生，会在

---

① 曲凯音：《制度与传统：从家庭结构上看留守女童社会歧视的表现》，《中外企业家》2010年第16期。

后续的学业、升学、就业等过程中沿着劣势累积模式不断深化，并在未来发展过程中处于更为劣势的地位。

类似的，就行为表现而言，尽管女生总体而言在行为表现方面要优于男生，但父亲缺位和双亲缺位家庭对女生的行为表现存在更为消极的效应，即家庭结构的离散化会提高女生的不良行为表现。具体而言，模型4的结果显示，在控制其他变量的情况下，双亲家庭中，女生的行为表现得分要比男生高0.429个单位（$p<0.001$），而在父亲缺位或双亲缺位的家庭中，却与男生相差0.154（$p<0.1$）和0.180（$p<0.05$）个单位。但母亲缺位家庭中女生和男生之间的差距与双亲家庭相比并不显著。这意味着，父母对女孩"听话"的要求高于男孩，但这是以家长在场，尤其是父亲在家庭中为前提的。当家长缺席的情况下，缺少对女孩的监督和管束，她们的不良行为增加的程度要明显高于男孩。

然而，家庭离散化对不同性别的教育期望和心理健康的影响却表现出与上述结果不同的模式。从模型3和模型6报告的结果可以发现，家庭中母亲缺位而非父亲缺位或双亲缺位会对女生的教育期望和心理健康存在更为消极的效应。具体而言，模型3的结果显示，在控制其他变量的情况下，尽管双亲家庭中，女生的教育期望要高于男生，但当家庭中母亲缺位时，女生与男生相差0.631年（$p<0.01$），父亲缺位或双亲缺位对不同性别的负向影响并不显著。模型6的结果则显示，其他因素不变量，双亲家庭中女孩的心理健康程度要显著低于男生，并且当家庭中母亲缺位时，女生在心理健康方面的劣势将扩大0.968个单位（$p<0.01$），父亲缺位和双亲缺位同样不会显著降低女生心理健康方面的劣势。

此外，就自评健康状况而言，模型5中所有类型的父母缺位家庭与性别的交互项均未通过显著性检验，这表明，在其他变量一致的情况下，尽管家庭结构的离散化对青少年的自评健康具有消极的影响，但并未表现出性别差异，家庭结构的离散化对女生的自评健康状况不具有显著的负面效应。

表 7-5　家庭结构对青少年发展影响性别差异的学校固定效应模型

变量	模型 1 考试成绩	模型 2 认知能力	模型 3 教育期望	模型 4 行为表现	模型 5 自评健康	模型 6 心理健康
家庭结构						
父亲缺位家庭	-0.893 (0.574)	0.015 (0.024)	0.187+ (0.096)	0.015 (0.058)	-0.153* (0.075)	-0.342** (0.132)
母亲缺位家庭	-2.445** (0.897)	-0.045 (0.037)	0.063 (0.150)	-0.053 (0.090)	-0.363** (0.112)	0.048 (0.206)
双亲缺位家庭	-0.529 (0.562)	-0.009 (0.023)	-0.075 (0.094)	-0.046 (0.057)	-0.168* (0.071)	-0.477*** (0.129)
女生	5.888*** (0.320)	-0.033* (0.013)	0.312*** (0.053)	0.429*** (0.032)	-0.133** (0.044)	-0.444*** (0.074)
父亲缺位家庭×女生	0.248 (0.807)	-0.083* (0.033)	-0.194 (0.135)	-0.154+ (0.081)	-0.086 (0.104)	0.155 (0.186)
母亲缺位家庭×女生	-0.228 (1.395)	-0.033 (0.057)	-0.631** (0.233)	-0.205 (0.141)	0.053 (0.173)	-0.968** (0.321)
双亲缺位家庭×女生	-2.301** (0.771)	-0.091** (0.032)	-0.062 (0.129)	-0.180* (0.078)	-0.109 (0.097)	-0.201 (0.178)
家庭 SES	0.103*** (0.012)	0.004*** (0.001)	0.015*** (0.002)	-0.000 (0.001)	0.017*** (0.002)	0.012*** (0.003)
年龄	0.217 (0.329)	-0.009 (0.014)	0.045 (0.055)	0.079* (0.033)	0.070+ (0.042)	0.252*** (0.076)
兄弟姐妹数	-1.585*** (0.195)	-0.097*** (0.008)	-0.264*** (0.033)	-0.054** (0.020)	-0.038 (0.025)	-0.076+ (0.045)
移民流动经历	-0.779*** (0.189)	-0.009 (0.008)	-0.044 (0.032)	-0.061** (0.019)	-0.025 (0.024)	-0.105* (0.044)
九年级	0.307 (0.405)	-0.031+ (0.017)	0.041 (0.068)	0.095* (0.041)	0.107* (0.054)	-0.195* (0.093)
农业户口	6.286*** (0.464)	0.254*** (0.019)	0.253** (0.077)	0.052 (0.047)	-0.070 (0.060)	-0.405*** (0.107)
最亲密朋友圈质量	12.707*** (0.535)	0.303*** (0.022)	2.287*** (0.089)	1.321*** (0.054)	0.463*** (0.070)	2.924*** (0.123)
父母教育期望	1.748*** (0.042)	0.038*** (0.002)	0.468*** (0.007)	0.037*** (0.004)	0.044*** (0.006)	0.036*** (0.010)
常数项	52.216*** (2.947)	0.234+ (0.121)	9.034*** (0.492)	13.290*** (0.297)	-0.087 (0.381)	17.001*** (0.678)
样本量	18760	18760	18760	18760	18760	18760

续表

变量	模型1 考试成绩	模型2 认知能力	模型3 教育期望	模型4 行为表现	模型5 自评健康	模型6 心理健康
rho	0.320	0.175	0.029	0.022	0.032	0.034
Log-likelihood	−80563	−20730	−46970	−37532	−10042	−53008

注：$^+p<0.10$，$^*p<0.05$，$^{**}p<0.01$，$^{***}p<0.001$；括号内数字为标准误。"家庭结构"的参照组为双亲聚合家庭。模型5为logit学校随机效应模型。

综上所述，不难发现家庭结构是影响不同性别青少年发展的重要因素。家庭结构的离散化对学生的社会行为发展各方面具有消极的影响，并且综合来讲，不同情况的离散状态对女生的考试成绩、认知能力、教育期望、行为表现及心理健康的消极影响要更明显于男生。但不同类型的父母缺位对女生各方面发展的影响存在差异（图7-2）。家庭中父亲缺位对女生造成的不利后果主要表现在认知能力和心理健康上；母亲缺位对女生造成的消极影响则主要表现在教育期望和心理健康上。家庭中双亲缺位时，家庭结构的离散化对女生造成的负面效应则主要表现在认知能力和心理健康上。这一结果表明，由于家庭中父亲和母亲所扮演角色的差异，不同类型的家庭结构离散对女生社会发展各方面所造成的消极影响存在差异。

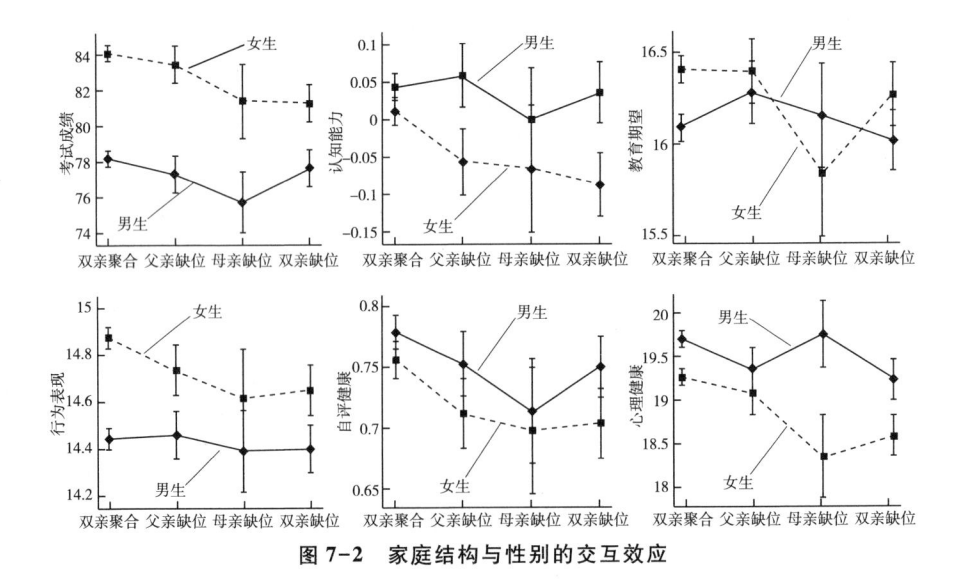

图7-2 家庭结构与性别的交互效应

第七章 亲子分离：半脱嵌的成长

（五）结论：家庭结构是性别不平等扩大的重要机制

本研究考察了家庭结构对不同性别青少年发展的影响。研究有以下几点发现：家庭结构是影响青少年身体、行为、认知和心理发展的重要因素，并可能加剧已经存在的性别、城乡和阶层差异从而导致社会不平等的再生产。离散家庭的青少年在考试成绩、认知能力、行为表现、自评健康和心理健康状况等方面的发展均要差于聚合家庭。与国外"母权制病理学"的假设不同，在中国，更多的是"父权制的病理学"现象，即父亲缺位反而对女孩成长更为不利，推进父亲更多地参与、嵌入和再嵌到孩子成长中，促进平等的家庭性别分工，就显得尤为重要；家庭结构的半脱嵌化所产生的负面效应对女生更为明显，导致离散家庭的女生处于多重劣势地位。鉴于这一消极效应的持续性和传递性，离散家庭的女生在未来发展过程中将处于更为劣势地位，可见家庭结构是性别不平等扩大的机制。

第一，家庭结构是塑造和维持社会不平等的重要机制。父母双方或一方的缺位，从而引起家庭监管功能的缺失、家庭教育功能的缺少、陪伴沟通的缺乏、行为榜样的缺位和家庭社会网络的缺漏等原因，离散家庭的青少年在考试成绩、认知能力、行为表现、自评健康和心理健康状况等方面的发展均要显著低于聚合家庭。换言之，这种"半脱嵌"的成长方式所带来的影响是全方位的，阻碍了青少年的全面发展，加剧了阶层固化和社会不平等的再生产，即家庭结构的半脱嵌化不利于青少年的全面发展，而稳定、完整、"双系抚育"的聚合家庭生活方式仍然是最有效的助力青少年成长的形式。

第二，由于传统性别分工的影响，父亲更多为经济卷入，而母亲则更多卷入孩子的学习教育、生活照护和行为监管中，母亲缺位家庭孩子的考试成绩、认知能力、行为表现、自评健康状况等均处于最劣水平。但是，与国外"母权制病理学"的假设不同，在中国，更多的是"父权制病理学"现象。与国外父亲的缺失对于男孩成长是灾难性的观点相反，在中国，父亲缺位反而对女孩成长更为不利，这也许是由于"半脱嵌"的成长所带来的影响，父亲缺位（更多外出打工）并不等于父亲缺失（离婚或死亡），留守男孩可能受父亲养家糊口的角色定位的正向榜样影响而更为早熟和自律。因而，推进父亲更多地参与、嵌入和再嵌到孩子成长中，促进平等的家庭性别分工，是当务之急。

第三，家庭结构也是性别不平等扩大的重要机制，家庭结构的半脱嵌化对青少年发展所造成的负面效应存在显著的性别差异。虽然女生的教育水平不断提高，但本研究的研究表明，不利的家庭结构仍然会阻碍女生的发展，性别偏好、性别歧视基础上的家庭居住安排依然不利于女生的发展。尽管女生在考试成绩、教育期望和行为表现等方面要优于男生，但在认知能力、生理健康和心理健康等方面劣于男生，更重要的是，家庭结构的半脱嵌化所产生的负面效应对女生来说要更为明显，家庭结构对女生的考试成绩、认知能力、教育期望、行为表现及心理健康的消极影响均要高于男生，留守女童处于性别弱势、阶层弱势、家庭结构弱势的多重弱势之中，成为"被忽视"甚至"被歧视"的典型群体，面临更为突出的成长困境。同时，家庭结构的半脱嵌化对青少年早期发展的负面效应会延续到其成年后社会经济地位获得，因此，对于离散家庭的女生来说，她们成年后将更加容易处于不利的地位。下一步，应对家庭结构在生产和维持性别不平等上的作用和影响机制进行更为深入的分析和讨论。

四 讨论：从脱嵌走向嵌入的可能性

亲子分离导致留守青少年家庭生活方式的"半脱嵌"，因而留守青少年问题应放在家庭结构、家庭生活方式和青少年发展这一更大的研究领域来讨论。不同的家庭结构和生活方式在社会资本、亲子互动、教养方式等方面存在差异，从而家庭结构和生活方式会影响青少年发展，[①] 而家

[①] 吴愈晓、王鹏、杜思佳：《变迁中的中国家庭结构与青少年发展》，《中国社会科学》2018年第2期。

第七章　亲子分离：半脱嵌的成长

庭结构对青少年社会心理发展的一个主要作用机制是父母对子女的教育参与剥夺机制，[1] 留守家庭也很可能因父母外出导致亲子互动减少，[2] 使得留守青少年面临着因家庭关系弱化所致的一系列问题。[3]

这不禁让笔者想起美国宾夕法尼亚大学社会学系的安妮特·拉鲁教授的《不平等的童年》[4] 一书，拉鲁教授运用民族志方法研究了12名不同阶级儿童的日常生活，从微观层面揭示了家庭教养怎样再生产了不平等的过程。书中提出了两个概念：协作培养（concerted cultivation）与成就自然成长（accomplishment of natural growth）。她指出，黑人和白人中产阶级父母都对孩子进行协作培养，家长对孩子的天赋、见地和技能进行积极培养和评估。他们给孩子安排各种活动、跟孩子讲道理、盘旋在孩子周围，并且在外面会毫不犹豫地为了孩子而干预各种事务；"成就自然成长"则指工人阶级和贫困家庭的家长认为孩子的发展应当是自然展开的，只要给他们提供抚慰、食物和其他基本抚养条件就可以了。这两种培养方式的差别主要通过三方面来得到体现：（1）孩子空闲时间的安排方式。协作培养策略强调安排孩子参与有组织的同龄人课外活动，包括体育或艺术类的活动；对于工人阶级和贫困家庭而言，父母由于经济压力往往要花大量的时间精力赚钱养家，不会管理和组织他们的课余时间。于是孩子们往往就近与邻里间年龄不一的孩子在一起自行安排游戏。（2）如何使用并训练语言方式。协作培养策略提倡使用语言，与孩子进行相对平等的交流，培养孩子用语言进行交流的能力；成就自然成长策略则对孩子的管理体现为"令行禁止"，即父母发出号令，孩子就必须执行；父母禁止孩子做某件事，孩子就应该立即停止。（3）家长与学校等权威机构之间的关系。中产阶级的家长会借助自己的人脉关系反复比较

---

[1] S. Mclanahan, G. Sandefur, *Growing up With a Single Parent: What Hurts, What Helps* (Cambridge, MA: Harvard University Press, 1994), p.204.
[2] 许琪：《父母外出对农村留守儿童学习成绩的影响》，《青年研究》2018年第6期。
[3] Q. Ren, D. J. Treiman, "The Consequences of Parental Labor Migration in China for Children's Emotional Wellbeing," *Social Science Research* 58 (2016): 46-67.
[4] 安妮特·拉鲁：《不平等的童年》，张旭译，北京大学出版社，2010。

不同的教育机构，为孩子挑选更合适的。但是对于工人阶级和贫困家庭的家长来说，他们从小受到的教育逻辑就是对权威人士表示尊重和被动服从。所以尽管他们会私下吐槽，但在面对教育机构时，还是以服从为主。

协作培养一定比成就自然成长更好吗？该书作者明确给出了答案：并不是。这两种培养逻辑各有优势和不足，没有绝对意义上的哪一种更好，只是在当下美国崇尚的价值观里，前者更适应个体在社会中的发展。但在本质上，这种不同只应是差异，而非不平等。同时该书作者为这种区分提供了历史性解释，即当代社会日常生活日益标准化，各种儿童休闲、课外课程以市场化、项目化的方式繁荣提供着；公共机构需要以谈判说理的方式介入沟通；进入公共机构则需要好成绩和活动参与度作为敲门砖，这些共同塑造着中产阶级的儿童教养标准，中产阶级也往往具有一定的经济资源、工作条件和教育背景支撑这样的教养方式，因此中产阶级家庭的儿童在与像学校这样的社会机构互动中所获得的"收益"远大于工人阶级和贫困家庭的儿童。如此，阶级地位通过影响家庭教养的文化逻辑导致了不平等的童年。[①]

就性别视角而言，在学龄前和义务教育阶段，家长往往将女孩留在家乡，选择带男孩进城接受更好的教育、享受更好的生活条件。而在大龄儿童中，情况却相反：家长会让完成义务教育的女孩尽早进城打工，以补贴家庭收入，而男孩则可以继续接受教育。留守女孩作为"今天的女童，明天的母亲"，她们的成长状况对中国农村下一代的素质乃至未来的社会发展有十分重要的影响，既关系到她们在城乡发展中的社会融合和社会适应，也关系到她们未来的家庭再生产。当前，这一批有着留守经历的新一代农民工正在面临或即将面临"如何为人父母"的考验，他们在童年时期形成的生活方式和教养方式将对其未来面对子女的教养行为产生潜移默化的影响，这从根本上决定着新一代农村儿童成长的生活

---

① 张建国：《家庭教养的逻辑与〈不平等的童年〉》，《鲁东大学学报》（哲学社会科学版）2018年第3期。

第七章 亲子分离：半脱嵌的成长

方式和教养方式，决定着他们在闲暇时间安排、教养方式、社会资本等方面是否依然会处于多重弱势状态。而这一负面效应的不断累积，并通过代际循环的方式对农村人口发展形成不可估量的深远影响。

根据上述结论和讨论，要助推离散家庭青少年尤其是离散家庭女孩从"半脱嵌"成长走向"嵌入式"成长，应实现三个"嵌入"：首先，从制度层面，突破户籍、城乡等限制，实现制度嵌入。具体而言，鉴于父母亲"双系抚育"的重要意义，在政策制定时应嵌入家庭视角，政府和社会各界相关部门尤其需要重视对女童群体的关爱和帮助，适当增加流入地的教育公共服务以提高子女随迁的可能性，构建城乡均衡的公共教育服务体系，同时考虑到儿童的流动和留守状态并不总是固定的，可能随着家庭状况、年龄和受教育阶段在流动与留守之间转换，在学籍动态管理、学制衔接、心理健康干预等方面都亟须精细化、动态化和人性化的政策设计；其次，从社会和家庭层面，实现社区嵌入和家庭嵌入，社区、学校、家庭应构建对留守儿童的社会支持体系，家长尤其是父亲应利用技术等手段加强沟通陪伴和心理关怀，此外，提升扩大家庭如祖辈的监护能力，使他们可以得到一定的代偿；最后，从个体认知层面，实现主体嵌入。学校、社区、家庭应不断发掘针对性的互动方式，加大积极的干预性研究的力度，以提升青少年尤其是离散家庭女孩的认知能力、心理韧性和抗逆力，加强女童主体性的认知和主观能动性的发挥，实现主体嵌入和认知提升。

第八章

沉默的诉求:"局外人"或"局内人"

城乡迁移强化了代际交换照护和支持的不平等。数据显示，代际支持主要是单方向的流动，即从父母流向他们的成年子女。由于他们的儿子和儿媳会离开农村老家去打工，这些留守父母需要担负起干农活和照顾留守孙辈的责任。我们也发现，我们所访谈的迁移夫妻会围绕他们儿子的家庭需要而安排自己的生活。虽然绝大多数男性农民工会在经济上帮助他们的父母，但是这常常是象征意义上而非实质上的帮助……有一种无须言明的共识，即在决定如何分配家庭中本就不足的经济资源的时候，儿童和年轻人的需求优先于老年人的需求，这仅仅是因为老年人离生命的尽头更近。当农村父母把他们的全部生命投入到孩子特别是儿子的未来中时，他们得到的回馈却是微不足道的。

——摘自《男性妥协：中国城乡迁移、家庭和性别》[1]

2019年数据显示，我国65岁及以上人口为17599万人，占全国总人口的12.57%，老年抚养比是17.9%；比2000年第五次人口普查时的8821万人增加了8778万人，比重从2000年的6.96%上升了5.61个百分点，老年抚养比从2000年的9.9%上升了8个百分点。[2] 我国的老龄化进程正在加速，人口已从成年型转向老年型，这仅仅只是老龄化的第一阶

---

[1] 蔡玉萍、彭铟旎：《男性妥协：中国的城乡迁移、家庭和性别》，罗鸣、彭铟旎译，生活·读书·新知三联书店，2019。

[2] 数据来源于国家统计局官方网站（http://data.stats.gov.cn/tablequery.htm？code＝AD03）。

段，据预测到2050年，人口老龄化将达到高峰，65岁及以上人口占全国总人口的比例将超过20%，65岁及以上女性人口数将为男性的2.1倍。

人口老龄化会带来老年人养老问题，就个人而言，随着年龄的增加，身体机能下降，心理功能衰退，常见的老年病随之即来，获得社会资源和生活成本的机会减少，老年人日常生活自理的能力逐渐降低，对他人的依赖程度逐渐上升，从而增加了老年人对生活照料的需求。和男性相比，老年妇女在居住、养老、经济，以及人际交往、日常照料、社会参与等方面相对处于弱势地位，往往丧偶率较高、身体素质较差、人际交往圈较窄、社会参与度较低等，即老年人口中女性相对于男性更处于弱势地位。但往往，老年妇女的照顾角色伴随一生，老年妇女往往在"爱的劳动"中无声地扮演着"主要照顾者"的角色，而这一角色也使其不断遭受病痛和面对健康风险。老年妇女在其生命历程中经历"照顾生病卧床的老伴""送终的哀伤"，甚至"独自面对死亡"已是普遍的问题。[1]下面将以"老漂族"为例，呈现老年妇女作为"照顾者角色"的生活方式，探求她们沉默的诉求。

一 "老漂族"：隔代照护的特殊群体与城市融入问题

随着城镇化的不断推进，人口迁移呈现家庭化趋势，老年人隔代抚育催生了区别于年轻人"北漂""横漂""沪漂"的老年群体——"老漂族"。尤其在"全面二胎"政策推行后，为了照顾第三代而远离家乡随子女迁移的"老漂族"规模不断扩大，也成为城市流动人口重要的组成部分。从农村到城市，从异乡到他乡，"老漂族"在城市融入中都面临着心理、经济、文化、社会等方面的困境。据调查，43%的"老漂族"是出于照料家庭幼代的原因而进入子女所在的城市，成为家庭内部子女照护

---

[1] 胡幼慧：《三代同堂》，巨流图书公司，1995。

和孙代抚养的主要提供者。"老漂族"不是个体处境,而是普遍的社会结构情境,他们在陌生的大城市脱离了原有的社会支持网络,必然会造成人际沟通障碍、消费习惯冲突、娱乐方式单一等问题,在生活上都一定程度存在着孤独、无助、茫然、失落的情况。

由此,本研究从社会融入视角出发,通过参与一个小组活动的观察和11名受访者的深入访谈,分析"老漂族"随子女迁徙的原因,存在的问题,帮助她们从城市的"局外人"变成"局内人",对促进"老漂族"城市融入具有一定的现实意义。

本研究案例地选择在江苏苏州。目前,苏州市1000多万常住人口中,外来人口为831.8万,其中,由外地来苏州的35岁以下年轻人占比超过55%。随着苏州市人才吸引政策力度和强度的不断加大,产业升级吸引人才涌进,新社会阶层将会不断扩大,其父母都是潜在的"老漂族",可以预见苏州"老漂族"数量还将进一步增加。这些随迁的老人从熟悉的地方来到陌生的城市,除了能够享受与子女团聚之外,在人际沟通、情感需求、消费场景、生活习惯、公共服务等方面就是城市的"局外人",很难适应和融入当地城市的生活,不可避免地会面临孤独无助的心理问题,给生活带来极大的困扰和不便。"老漂族"进城是寄居者、劳动生产的依附者、家庭空间的被动者、城市社交空间的闯入者,返乡则是主人、生产者、家庭关系的牵挂者、社交自由人,这种"局外人"和"局内人"特征构建了"老漂族"特殊的空间身份(见表8-1)。[①] 因此,引导政府和社会共同关注"老漂族",了解他们的关注点与需求所在,让他们老有所养、老有所依、老有所乐,促进他们积极融入城市生活成为"局内人",将有助于提高外来老年人口的生活质量,关系到社会稳定、经济发展和民生建设。

[①] 黄丽芬:《进城还是返乡?——社会空间与"老漂族"的自我实现》,《北京社会科学》,2019年第11期:4-14。

表 8-1　城乡空间实践与老年人的自我实现

空间形式	空间实践				自我实现情况
	居住空间	生产劳动空间	家庭生活空间	社会交往空间	
进城	寄居者	依附者	受气者、被动者	闯入者、孤岛	被围困的主体
返乡	主人	生产者	距离与牵挂	自由、舒展	走向自我实现

二 "老漂族"社会适应和城市融入的研究回顾

"老漂族"一词自提出以来并没形成统一的概念，不同的学者对"老漂族"有不同的说法，主要有随迁老人、流动老人、漂族老人等，是中国社会变迁背景下中国式家庭生命周期历程中出现的特殊群体，属于家庭结构中的父母一辈，有"同城漂""异地漂""阶段漂""长期漂""共同漂""单体漂"。[1] 通过研究和梳理相关文献，大致可以从"老漂族"的动机、城市融入问题、城市融入对策等三方面进行归纳总结。

其一，关于"老漂族"进行"漂"的原因研究。"老漂族"现象的发生和兴起是由一系列因素作用的：第一是城镇化和老龄化的双重作用。城镇化的进程加速了城乡之间人口频繁流动，引起了年轻人流向城市学习和工作，而老龄化问题又让家庭中的老年人面临养老问题，受传统养老观念的影响老年人纷纷随子女迁徙，开启了"漂"的旅途，他们或是为了帮助子辈打理生活、照顾孙辈，或是为了养老照顾和家庭团聚。第二是传统家庭养老模式和家庭照顾需求。受"孝文化"和传统的道德伦理影响，家庭养老模式普遍受到全社会，尤其是老一辈父母的偏爱，而且受过教育的子女也不排斥和老人一起生活，再者，年轻人由于工作无法照顾家庭和子女，随迁的老人能帮忙承担起这个职责。第三是独生子女政策效应。我国 20 世纪的计划生育政策和独特的养老模式是形成"老漂族"的重要因素。城市化的快速发展，大量的年轻人通过高校学习、

---

[1] 毕宏音：《"老漂族"：中国式家庭生命周期历程中的特殊群体》，《中国社会科学报》，2015 年 3 月 13 日（B02 版）。

招工就业、购房定居在大城市,完成从农村向城市的转移,成为新市民,同时农村地区无法满足父母养老及自己无暇照顾子女,由此便产生了随迁老人。第四是家文化和团聚倾向,家文化和家观念对"老漂族"有着重要的影响,老年人对团聚的强烈情感需求让他们愿意跟随子女迁徙,还有传统的家长对子女的照顾和对孙辈的爱。有退休金的"老漂族"照料孙辈无须成本,还能够补贴家用;传统隔代照料的观念,让"老漂族"认为照顾孙辈是义务,既满足含饴弄孙带来的天伦之乐,又能缓解子女生活压力。总的来说,随着城镇化的发展和老龄化的加速,大多数年轻人选择在大城市发展定居,生活在家乡的老年人为了满足养老需求和方便照顾子女孙辈,逐渐踏上了"漂"之旅。

其二,关于"老漂族"面临的城市融入问题研究。面对与原来生活系统不一样的城市生活系统,老年人往往手足无措,"老漂族"从熟悉的农村来到陌生的城市,主要存在生理适应、心理适应、文化适应和社会适应四个方面的问题。生理方面,"老漂族"容易表现为身体不适、水土不服、寝食难安;固有的生活习惯让"老漂族"很难适应新环境,比如饮食习惯,南北方的环境气候决定了不同的作物,北方地区的"老漂族"对南方地区的饮食体验相对较差。心理方面,老年人跟随子女流动到新的城市,身体老化却不能享受城市老人的医保福利,容易产生生理机能衰退和社会环境的双重压力;处于漂流状态中的老年人往往社会支持网络断裂,又不愿意建立新的社会关系,长此以往容易产生抑郁、失落、孤独的心理问题。文化方面,受地域影响,"老漂族"大多使用方言,普通话水平不高,语言交流比较困难;漂流状态的精神空虚,离开家乡来到陌生的城市,语言不通、生活习惯不同,让他们成为社区的"隐形人"。社会方面,"老漂族"随子女来到城市生活,家庭结构发生变化,尤其是与配偶异地分居的"老漂族",沟通不畅,原来的社会支持网络断裂,出现角色认同危机;大部分随迁的老人都来自农村,文化教育水平较低,以照顾孙辈为主,当家庭内部产生矛盾时,他们往往无法自我调节,容易与子女产生强烈的隔阂,尤其是婆媳之间的问题。总的来说,

"老漂族"在城市融入方面主要面临的是心理情感脆弱、社交方式单一、生活方式冲突、社会支持不足等方面的问题。

其三，关于促进"老漂族"城市融入的研究。"老漂族"的城市融入离不开多方合力，一是自身内在动力，"老漂族"应该尝试接纳新朋友，适应新环境，建立新的身份认同，积极参加社区活动丰富精神生活；面对新环境，调整自己的角色和心态，敞开心扉，有问题积极与子女沟通，搭建新的社会关系网。二是家庭的理解和支持，年轻人应该给予父母关爱和陪伴，让他们感受家庭的温暖，形成归属感；子女应该用老年人希望的方式去进行关爱，在享受父母照顾家庭、消除后顾之忧所带来的满足感、安全感的同时，年轻人也应该对父母远离故土的诸多心理问题予以重视。三是社区服务和支持，社区应该接纳每一位"老漂族"，完善他们的基本信息，链接资源拓宽"老漂族"的社会支持网络，促进他们参与社区活动；引进专业的社会组织，根据"老漂族"不同的需求采用个案工作、小组工作和社区工作，帮助他们融入城市生活。四是完善社会政策，打破户籍限制，消除户籍带来的身份差别，将"老漂族"纳入当地社保和医保范围，或实行全国统一医保联网，促进社会福利政策共享；不断完善这类特殊群体的支持政策，享受本地老人一样的公交优惠卡、景区游玩卡、医疗保健服务等福利，为他们融入城市提供切实的支持。总的来说，"老漂族"成为城市"局内人"，最重要的是自身调整心态，积极主动融入新环境，其次是家庭代际支持、社会关怀，以及政策福利保障。

综上所述，通过对相关的文献梳理和分析发现，学术界关于老年流动人口的研究成果较少，对"老漂族"的研究主要是针对随子女迁徙的老人，较少关注老年人自身因工作等原因的漂流，研究内容主要是"老漂族"的心理问题、生存状况、影响因素等方面；关注的学科领域较少，主要集中在社会工作、社会学、心理学等学科，研究方法单一，运用实务技巧偏多，缺乏系统、跨学科的研究；关于"老漂族"的研究数据，大多是对城市某个小区进行调查或者选取少数个案进行访谈，较少对

"老漂族"进行分类分析,有的是照顾子女孙辈,有的是单纯养老,不同的随迁原因有不同的需求。因此,基于对苏州市一个社区的"老漂族"小组活动的参与观察和对生活在苏州工业园区的11名女性"老漂族"的深度访谈,本章对苏州市外来老年人口的基本情况、城市融入现状进行讨论分析,以期更加客观和深入地了解"老漂族"群体。本研究将"老漂族"界定为:为了照顾子女或孙辈,户籍保留在原居住地,从农村或城镇流动到子女所在的城市并与其一起生活的老人。

三 城市融入的状况分析:"局内人"或"局外人"?

(一)案例介绍:守望"老漂族"项目和个案访谈

本研究基于社区融入的视角,笔者参与了昆山市南江社区"邻里荟·暖南江"之守望"老漂族"项目,活动旨在通过小组活动促进外来老人参与社区活动积极性,消除本地与外地之间的隔阂,试图探讨"老漂族"在参与活动的过程中,是如何完成从"局外人"到"局内人"的角色转变,从而丰富生活、融入城市。小组活动的招募对象是15名南江社区的"老漂族",活动时间是2020年6月至2020年12月。前期通过破冰活动让每位"老漂族"熟悉彼此,召开议事会商定活动规约;中期根据"老漂族"的兴趣爱好开展了丝网花、手工扇、陶瓷制作等DIY活动,鼓励成员互帮互助,开展祖辈学堂促进家庭对"老漂族"的支持和关爱;后期引导"老漂族"融入社区,结合节日开展了重阳品糕、中国饺子、百家宴等活动,促进外来老年人和本地老年人的交流;以党建引领开展庆祝建党99周年大型主题文艺活动,鼓励15名"老漂族"与社区工作人员、党员志愿者、居民志愿者等300人一起为党庆生,提高了"老漂族"对社区的认同感和归属感,促进了"老漂族"的城市融入,为成为"局内人"走出了一大步。

自2021年2月起,笔者又在苏州工业园区先后对11名女性"老漂族"进行了深入访谈。访谈对象的年龄在50—73岁（截至2021年度）；来苏州前主要是农民、企业员工、事业单位工作人员、党政机关人员、个体户等，还有家庭主妇；学历方面，除了4人为高中及以上，其他的都是初中及以下的学历。访谈对象都是从农村或城镇到大城市的，访谈的时间控制在1小时左右，并做好录音，以便做好全面客观的记录。访谈的提纲主要涉及：受访者的年龄、性别、户籍地、户口性质、受教育水平、收入来源、来苏州前的职业、来苏州的时长；受访者的儿女信息、孙辈信息、照顾对象；家庭中谁负责带孩子；是主动来苏州的还是子女要求；是一个人带孩子还是和配偶一起，配偶是否也在苏州；日常生活有哪些活动；带孩子过程中的困难和问题；身体状况、医药费支付方式、医保使用问题；对苏州的归属感、适应度、社交情况；能否听懂方言；主要的娱乐方式等，这些访谈为研究"老漂族"的现状和需求提供了丰富的案例。

访谈对象基本情况如下。

案例1：女性，来自南通市海安市曲塘镇，73周岁，农村户口，没有接受过教育，一直是农民，有一儿一女，两个孙子，主要收入来源是子女资助。来苏州2年，是为了照顾小孙子。去年媳妇生了二胎，儿子忙着上班只能接送大孙子上下学。她和老伴两个人一起照顾子女、孙子。以前在农村干活，腰不太好，现在不能太用力，之前去医院，虽然医保可以用，但要回家才能报销，比例也比较小，大部分花销由子女承担了。平时五点左右就起床了，买菜做饭，负责家里的卫生打扫，吃完晚饭会出去散步，由于腰不好，也不能跟着跳广场舞。听不懂苏州话，普通话还是能听懂的，在小区里结交了一个朋友。她表示喜欢苏州，以后应该不会回老家了，反正不种地了。

案例2：女性，来自安徽的城市，70周岁，大专毕业，是以前的"老三届"，退休前在医院做护士。她有一个儿子，不需要子女给生活费，自己有退休金。来苏州12年了，退休以后就把安徽的房子卖了，和老伴把户口迁到了苏州，儿子儿媳上班比较忙，主要帮他们带小孩。平时买菜做饭，目前身体还可以，由于苏州市政府出台了相关政策，独生子女家庭中的随迁老人符合条件就能落户，医保就用原来单位的医保卡，安徽和这里通用的。

案例3：女性，来自安徽蒙城，57周岁，没有接受过教育，之前在老家种地，有两个儿子和两个女儿，主要依靠子女给生活费。来苏州一年不到，约11个月，是子女要求她过来帮忙带孩子，两个孩子他们照顾不了。老伴在老家种地，一个人来苏州的。平时主要是带小孙子，大孙子已经在读幼儿园了，孩子爸妈负责接送。除了血糖高，身体还可以，医保不能在本地使用。生活和老家还是不一样的，语言不通，即使不习惯也没办法，以后还是要回老家。

案例4：女性，来自无锡，是城镇户口，62周岁，读的是中专，原来在纺织厂工作，有一个女儿，生活费主要是女儿给。来苏州3年了，子女请过来带外孙的，老伴在老家，偶尔过来看看。平时主要是做家务，送外孙上幼儿园，接送小孩上下学的时候，和大家聊聊天，没有兴趣去参加社区的活动。身体很好，在无锡有医保，来苏州后没有去过医院，不知道能否使用。能够听得懂苏州话，比较喜欢苏州，感觉比无锡好。

案例5：女性，来自江苏盐城市区，57周岁，高中肄业，有两三千的退休金，平时儿子也会给一些生活费。来苏州3年，主要是白天带孙女，儿子儿媳下班后就由他们自己带。老伴还没有退休，目前在老家，等退休了会过来。之前的房子太小了，刚换到这里大一点的房子，也方便老伴过来居住。平时负责打扫买菜，给孩子喂奶粉，媳妇是扬州人，比较好沟通，两人间没有婆媳矛盾。自从儿子2008年从苏州大学毕业后留在苏州，她就想过来了，苏州和老家差别不大，能够听懂本地话，主要的娱乐方式就是去公园散步。主动介绍其他阿姨参与这次访谈。

案例6：女性，来自河南郑州滑县，65周岁，高中毕业后做了小学老师,有退休金,只不过儿子孝顺,不让她花退休金,经常给她生活费。来苏州3年,她就一个儿子,是自己提出过来帮忙带孙女,老伴也一起来帮忙。平时就带小孩,散散步,没有其他活动,儿媳比较懂事,进出都会打招呼,她们之间没有分歧。身体比较好,只不过河南的医保不能在苏州使用,都是自费看病。苏州环境好,没有雾霾,等孙女上小学后,就准备回老家了。

案例7:女性,来自江苏徐州市区,58周岁,是大专学历,以前是会计,退休金大概是七八千,有一部是兼职工资,有两个女儿。来苏州3年多了,女儿要求过来带外孙女的,请保姆一个月要五千多,舍不得花钱,而且也不放心,她过来也是为自己以后做打算,期望女儿给她养老。平时主要是买菜,打扫卫生,老伴负责做饭。身体还可以就是没法用医保,同小区差不多年纪来带小孩的来自各个地方,口音都不一样。她想回去,但是更想在女儿身边,已经在苏州买了房了,准备就在这里养老了。

案例8:女性,来自江苏徐州,65周岁,是农村户口,以前在老家种地,没有收入来源,有两个儿子一个女儿。来苏州10年了,子女请她和老伴过来帮忙,她主要是带小孙子,大孙子由儿子儿媳负责接送上下学,老伴在儿子的店里帮忙。她平时主要做家务,没有娱乐活动,累是肯定累,但和子女在一起还是开心的。身体状况比较好,只有农保,看病由儿子承担。等年纪大了就回老家。现在就是和小区里带小孩的一起聊聊天。

案例9:女性,来自江苏扬州市区,55周岁,初中学历,以前是电缆厂工人,有退休工资。来苏州才8个月,孙子出生后,儿子请她过来帮忙的,老伴在老家上班,还没退休。带孩子比较累,白天由她负责带,晚上他爸妈带,平时还负责买菜、做饭、打扫。身体情况比较好,医保不能报销。不习惯也得适应这边生活,以前在扬州经常跳广场舞,现在没时间了。

案例10:女性,来自江苏盐城,50周岁,是小学老师,还没有退休。才来苏州没多久，孩子的奶奶有事，她是孩子的姥姥，就临时过来帮忙照看一段时间。身体比较好，还没去过医院，听说苏州不能用盐城那边的医保，比较喜欢苏州。

案例11：女性，来自江苏宿迁，60周岁，农村户口，没有接受过教育，在大学里做保洁，还没退休，每月工资有2000元。来苏州10年了，当初是子女请过来的。她白天上班，晚上回去做饭，吃完饭会出去散步。小孙子一直主要由老伴照顾，已经8岁了，可以自己去补习班。身体挺好的，在这边医保报销比例比老家少，而且只有大病才能报。这么长时间已经习惯苏州的生活了，上班的时候会和大家聊聊天，平时看电视，老家还有房子，以后会回去。

（二）"老漂族"的基本情况

通过参与昆山市南江社区的"老漂族"小组活动和访谈苏州市工业园区的"老漂族"，发现他们从熟悉的老家来到子女生活的城市，大多身体健康，不需要子女照顾。他们暂时住在子女家中，每天主要负责家庭的日常生活，也负责照顾或者接送读书的孙辈。对符合条件的"老漂族"进行小组招募和深入访谈，获得一手资料进行梳理分析，具有一定的实际意义。其一，"老漂族"女性人口较多，招募的11名"老漂族"小组成员都是女性。由于男性退休年龄晚于女性，随迁老人主要是女性。受传统性别分工影响，男性负责外出工作，女性负责照顾家庭，对于女性"老漂族"来说，照顾孩子是她们的责任，男性则在老家继续工作。

> 一个人带孩子，爷爷在老家种地，主要带二宝，大宝由爸爸妈妈负责接送到幼儿园。（案例3）

> 孩子爷爷还没退休，等退休了就准备过来一起住。之前住的房子太小住不下，现在搬到这边住的大房子还挺好的。孩子爷爷马上也过来。（案例4）

> 我老伴在老家，还没有退休，我主要是白天帮忙带孩子，晚上

由他父母带。(案例9)

其二,"老漂族"的以低龄老人为主,集中在50—69周岁,仅有两名"老漂族"高于70周岁,平均年龄为61.9岁。"老漂族"以农村户口居多,来之前有工作的"老漂族",大多是在退休以后来到子女的城市,多以60岁为时间节点,这也是老年人集中退休的年龄。"老漂族"主要的目的是趁身体还好帮子女带孩子,因养老问题而随迁的较少。

> 女儿要求的,也没办法,保姆一个月工资要五千多,也舍不得她们一个月花这么多钱,而且请保姆也不放心。唉,也就是为自己以后打算,人老了还是指望儿女养。(案例7)

其三,在11名受访者中,"老漂族"来苏州的时长3年及以上居多,有7名,2年以下的是3名。但是不管来苏州多久的"老漂族",都以照顾孙辈为主。参加"老漂族"小组活动成员,周末都会带上孙子或孙女一起,因此,社工根据需求开展了祖辈课堂,丰富她们生活的同时,帮助她们更好地融入城市社区。

> 来了十多年了,和孩子爷爷一起,但是孩子爷爷大部分时间在儿子的店铺里帮忙,所以主要还是我来带二孙子,大孙子是由孩子爸妈负责接送上小学。(案例8)

> 才来没多久,这次是孩子奶奶有事情,所以过来帮忙带几天,主要照顾小孩子,孩子太小了还不到1岁。(案例10)

(三)"老漂族"城市融入的现状

1. 家庭照顾与个人时间的不平衡

"老漂族"不仅需要承担照料孙辈的重任,还需要负担诸如买菜、做饭、打扫卫生在内的多项家庭任务,负责照顾子女。"干活"成为她们日常生活的核心内容,几乎没有时间和精力参加社交活动或娱乐活动。仅有极少部分"老漂族"在家务劳作之余有时间参加休闲活动,但也局限于饭后散步、陪孙辈玩耍等单一的放松形式。家务劳作与个人休闲的失衡关系从受访者的回答中可见一斑。

> 白天就带她出去玩,晚上带回家吃饭。没法看电视,要不她也跟着一起看,晚上她可精神了,往往还得喂袋奶,基本11点多才睡,有时候1点睡,就每天早上喂她吃饭,然后带她出去玩,买菜,打扫卫生什么的。(案例5)

> 除了照顾孩子,也就是晚上散步了,没啥别的活动。孩子听话,好带。跟儿子儿媳妇都没啥分歧,儿子上班忙平常见孩子少,孩子妈天天晚上回家陪宝宝,儿媳妇懂事,回家和走的时候都不忘打招呼,我们关系挺好的。(案例6)

但同时也发现,虽然繁重的家务导致身心疲惫,隔代照料过程也难免出现生活习惯和价值观念的分歧,但多数"老漂族"并没有太多抱怨。一方面,老人帮助子女照看孙辈的传统家庭责任伦理,使得老年妇女愿意尽最大努力减轻子辈的生活负担,哪怕自己做出牺牲。尤其是受传统文化影响较深的50—60岁的农村女性"老漂族","我不来帮忙,还有谁来"的想法强烈,具有明显的"家庭中的利他主义"倾向。另一方面,绝大多数"老漂族"仍期望通过给予子女家庭照料支持来换取子女在经济上和精神上的反馈与慰藉。被调查的"老漂族"中,接近半数仅依靠子女获得经济支持。"没办法,要靠这(带小孩)免费吃饭"道出许多"老漂族"的无奈,却也是"以照料换支持"的现实写照。

2. 养老需求和医疗保险的不匹配

在被问及最关心的是什么问题时,与"老漂族"自身利益密切相关的医疗保险毫无疑问地成为他们提及最多的话题。随着年纪的增长,各种老年病逐渐凸显,看病就医无疑是养老最重要的组成部分。一小部分农村户籍的"老漂族"没有医保，而报销额度不大、报销手续繁杂是其余有医保的"老漂族"反映最多的两个情况。因此有过就医经历的"老漂族"选择自费支付的比例高，给其自身及子女均带来一定的经济压力。

我以前在农村干活，腰背一直不好，年纪大了身上哪里都疼，带孩子时候要背着他晃晃，腰就不舒服了，之前头晕在园区住过院。我有医保，在苏州也可以用，不过要回老家才能报销，报销的钱也很少，不够医药费，大部分还是子女承担。（案例1）

我在老家有医保，之前去医院看病说是不能报，后来只能自己付，都是儿子的钱。（案例9）

在这边报销比例比老家少，而且只有大病才能报，大部分都要自己承担。（案例11）

"老漂族"无法便利地享受异地医保报销的惠民政策，一部分原因是各省异地医保结算政策不同。从她们的表述中可以得知，大部分"老漂族"对能否使用医保、报销项目及比例、办理的流程及手续等政策细则知之甚少。事实上，苏州市已出台一系列涉及异地就医的惠民政策，大范围增加了异地就医的机构数量，不断在优化政策实施环境。但对此的模糊了解也在一定程度上影响了"老漂族"自身权利的行使和保障。

3. 人际交往与社区融入的不通畅

与一般的流动人口相比，"老漂族"由于身体机能衰退、体力下降、社会适应力减弱等原因，面临着更为严重的社会隔离风险。因此，我们非常关心"老漂族"迁入苏州之后的社会归属和认同感。通过访谈我们发现，尽管每一位"老漂族"对新环境的适应和融入程度存在个体差异，但总体而言，他们社交单一，缺乏归属感。受访的11位"老漂族"，大部分来苏已经3年以上，仅有少部分人表示已经习惯了苏州的生活，大部分老人明确表达了"想家""要回去"的意愿。城市人情淡漠、生活成本高、缺少朋友，交际圈狭小都是"老漂族"提到的原因。但毫无例外，出于照顾孙辈的考虑，他们暂时都不会离开，要继续留在苏州完成自己的"任务"。

> 我不习惯自己现在的生活，这里和老家相比邻里之间没有人情味，之前我们一个村子的人都非常熟悉，这边都没有什么"人情味"。而且这里的生活消费太高了。想家，我们暂时不考虑回去，孩子肯定是要在这里上学的，最起码我们会看着孙女上完幼儿园的。不过不需要我们了肯定是会回老家的，毕竟"金窝银窝不如自己的狗窝"。（案例6）

> 退休工资低，苏州物价高于县城，老家能吃到新鲜农家菜而且价格便宜，但这里的生活也基本习惯了，考虑孩子长大之后就回老家。（案例8）

"老漂族"离开故乡，离开了熟悉的生活环境和固定的社交圈。可由于帮衬子女照顾孙辈已经占据了大量的时间和精力，他们几乎不可能快速融入新社区，重建新的社交圈。而居住时间较长的老人，也可能因为文化背景、生活习惯、思维方式差异等原因无法完全融入新居住地。访谈还发现，语言障碍是影响"老漂族"社会融入的一个重要因素。"听不懂"带来的交流困难使得"老漂族"难以在心理上形成对城市生活的归属感和认同感，甚至会认为自己是城市的边缘人，被排斥在城市的主流生活、社交圈和体制安排之外。因此，"老漂族"的心理问题也应该被关注。

> 现下生活条件好了，不愁吃穿，主要难处理的就是人际关系。婆媳关系最难处理，跟老伴也是，我在这边广场上认识的一个妹妹，老伴在的时候天天跟老伴吵架，这人家走了（指去世）反而又想他了。人和人之间包容很重要啊，不容忍日子就过不下去。我们有退休工资还好，其实老人能自理都是不愿意麻烦儿女的，也愿意多帮帮他们，让他们回来有个可口的饭菜。老人更应该被关注的是心理问题，尤其是老伴先走后剩下的那个。（案例2）

四 讨论：走向"局内人"

（一）作为"局外人"的"老漂族"

"老漂族"融入城市的过程和难度存在差异，主要受到个人因素、家庭关系、社会环境的影响，虽然他们适应城市生活的情况不同，但整体上仍是城市的"局外人"。

其一，个人因素。"老漂族"大多来自农村，到城市前也多为务农的农民；受教育水平较低，主要是初中及以下学历；年龄集中在60—69岁，收入主要依靠子女。受传统家庭观念影响，主要以女性"老漂族"为主，到城市后负责照顾家庭，将隔代照料当作自己的义务。一部分"老漂族"缺乏归属感，将自己排除在城市之外，等孙辈长大后仍回农村生活，认为落叶要归根。此外，"老漂族"不愿意主动参与社区活动、与人交流，长期以家庭为活动范围，容易造成失落、无助、茫然、抑郁的心理问题。

其二，家庭关系。在小组活动和深度访谈中发现，"老漂族"以女性为主，较多的男性则是留在老家种地，或者依旧外出打工。50—59周岁的老年人依旧有工作的能力和需求，为了缓解子女的生活压力，往往是女性"单漂"，这就造成老年夫妻感情联络的不紧密，无法获得情感支持。再者，子女白天忙于工作，晚上回到家虽然分担了照看小孩的任务，但是往往没有时间沟通交流，尤其是与来自不同地区的儿媳妇或女婿存在沟通障碍，"老漂族"的家庭支持较弱，情感得不到慰藉，不利于身心健康，容易产生家庭矛盾。

其三，社会环境。不同于家乡那种社会支持网络完善的熟人社会，在新的环境中，"老漂族"会遭受社会关系的断裂、异质文化的冲击，经历不适、震惊，最后被迫接受，这种异质文化与日常生活息息相关，并通过不同层面体现出来。城市社区密度大、人口集中，却不如乡村生活有人情味，较多"老漂族"不能适应城市生活，导致社交单一，害怕参加社区组织的兴趣活动。"老漂族"最为关心的医疗问题也有待改善，异地就医难,报销流程复杂,报销比例不如家乡的多,这一系列问题难以让他们真正融入城市。此外,"老漂族"不能享受与本地老人一样的福利政策,比如免费乘坐公交车、免费游玩旅游景点、免费老年体检等,差别化的待遇始终让他们觉得是"局外人",不愿意就地养老。

(二) 走向"局内人"的"老漂族"

应对"老漂族"融入城市难问题,让他们成为"局内人",更好地就地养老,不单是鼓励其自身积极参与社区活动、适应生活方式、拓宽人际圈、建立社会关系等,更是一项社会工程,离不开家庭、社区、政府的支持。

其一,家庭层面。一是重视家庭养老的重要地位,形成尊老敬老的良好家风。家庭对于"老漂族"来说是获得精神安慰的重要场所,从熟悉的家乡来到陌生的城市,"老漂族"在心理上比较敏感脆弱,子女除了给予物质上的支持,还应该注重精神关怀。二是加强家庭内部的性别平等,增强"老漂族"夫妻之间、家庭内部代际的理解与支持。子女多花时间与父母沟通交流,尤其是"单漂"的老人,需要家庭成员更多的关心和爱,通过陪伴,让他们适应城市生活,精神上获得愉悦。

其二,社区层面。一是引进专业的社会组织,为"老漂族"提供专业的社会支持,针对城市融入难的个案,采取个性化的服务;针对同类型的城市融入难问题,通过能力提升小组、治疗小组、增能小组等形式促进"老漂族"适应能力的提升;链接社区资源,提供更多高质量的儿童照料服务,减轻"老漂族"照顾孙辈的压力。二是与医疗机构合作,实现部分问诊就医服务下沉至社区,为"老漂族"提供更多便利的就医和用药渠道。三是推动社区养老服务的发展,完善社区养老设施,丰富社区老年文化活动,有针对性地开展例如语言培训等助老活动,构建社区支持网络,为更多"老漂族"创造社交机会和搭建社交圈。

其三,政府层面。一是积极推动并落实户籍制度改革,同时制定并出台更多包容性地方法规,消除户籍差异,使"老漂族"和本地老人一样，能享受到均等的老年福利。二是加大与其他各地区医保信息互联互通。可在现有的异地就医政策基础上，按实际情况简化转诊和异地就医手续，方便"老漂族"就医和报销。同时加大宣传和普及力度，让更多"老漂族"知晓并能便利享受惠民政策。同时有条件的地区尝试医保改革，将"老漂族"门诊医疗费纳入子女医保可报销范围，减轻"老漂族"门诊看病自费负担重的问题。三是倡导社会性别意识和平等意识，着重关注女性"老漂族"的身心健康。加强孝道教育，营造尊老、爱老、敬老的良好社会风气。

第九章
技术与妇女：机遇或鸿沟

给苹果选果、分装、贴标和装箱……西部某村里40岁的李婶正在忙个不停。李婶是一名果农，儿子已经成家在外，丈夫常年在外地打工，家里就靠李婶一个人支撑——做家务、种果树，还要照顾老人。李婶家一直种苹果，以前不仅种果树辛苦，卖果子更让人发愁。两年前村里和几家电商平台开展了合作，该村水果的线上传播量已超过1亿人次，线上销售量也超过了10万斤，村里越来越多的留守妇女加入了线上销售水果的行列。现在，李婶不但自己在网上销售水果，还从网上学习最新的生产技术，按照标准规范化种植。她说，要努力学习，赶上互联网的新潮流。

——摘自笔者调研手记

在新一轮产业革命和技术革命蓬勃发展的今天，人类的日常生活、社会交往、闲暇休闲等生活方式无一不受到新技术、新应用的影响和改变。技术革新所带来的经济发展、政府决策、社群关系、消费生活以至制度安排都加剧着时代的变革。随着网络社会的崛起，我们的生活正被数字化"编码"，并解码出无数种可能体验，使得人们产生了工具层和情感层的双重依赖，网络拟态的空间正嵌入我们的生活结构。

互联网、5G、大数据、人工智能等技术进步改变了妇女的生产生活方式，为妇女生活和政府治理带来"数字红利"，电商平台、砍价拼购、微店经营、直播带货、境内外代购、共享经济、零工经济等新兴经济模式发展迅速，以灵活的就业模式、丰富的就业渠道、较低的从业门槛，打破了传统的劳动方式，降低了劳动者进行劳动生产的门槛，更是为妇

机会与选择

女兼顾家庭和从事劳动生产提供了可能。然而，数字化变革也给那些数字设备、技能、资源不足的人们（尤其是农村妇女）带来了难以跨越的屏障；同时，互联网本身存在的算法黑箱和互联网使用对不同群体就业、收入等的影响各不相同，已成为推动收入不平等、性别不平等上升的重要力量，由此形成了不容忽视的"数字性别鸿沟"现象。本章就以技术与妇女生活方式的关系为议题，分析技术对妇女生活方式和性别平等的影响。

第一节 母亲创业：互联网时代的机遇与挑战

技术变迁为农村妇女带来了创业机会，解决好农村妇女创业就业的问题，是维护农村妇女权益、释放农村妇女生产力的基础，也是促进社会和谐、经济发展的重要保障。然而，相关研究显示，农村妇女创业在获得信用、土地、资源、工作等方面远不如男性。本节通过实地调查和深度访谈的方式，分析"母亲创业"过程中家庭工作关系、互联网使用、创业就业三者之间的关系，研究如何将借助互联网进行创业的挑战转化为机遇，给予农村妇女平等的权利和支持。

一 引言：互联网时代的农村妇女创业

近年来，中国加速促进妇女创业，坚持男女平等的原则，出台各项鼓励创业创新的政策措施，为妇女提供资金和技术支持、实施小额担保贷款财政免息政策，建立支持妇女创业的服务平台，举办妇女创业大赛，借助"互联网+"新趋势，政府和妇联组织面向妇女开展技能培训，带动了成千上万的城乡妇女创业。随着互联网技术的不断成熟，妇女从事劳动生产的形式变得多样化，不受时间和地点的限制，尤其是妇女运用互联网创业，摆脱了雇主关系的约束。根据《AGER 2018 安利全球创业报告》[①]

[①] 转引自 www.sohu.com/a/360824794_467327。

数据，中国的妇女和男性群体显示出几乎相同的创业指数分值，其中中国妇女创业指数为79，全球排名第二，表示中国为妇女创业提供了非常友好的社会经济环境，妇女创业成为"新常态"。妇女创业的机遇离不开互联网的驱动，把握好适合创业的新业态、新产业、新市场，对妇女的发展极为重要，也有助于推进妇女发展权。基于此，研究互联网对农村妇女创业的影响，梳理问题和建议，对农村妇女创业具有重要的理论意义和现实意义。

以互联网为代表的新一代技术，给经济发展和生活方式带来了深远的影响，互联网背景下农村妇女创业的相关研究主要聚焦在以下三个方面：第一，互联网经济的特征，不同于线下实体经济，互联网经济主要具有虚拟性、共享性、国际性等三方面的特征。一是以智能平台为媒介的网络主体、商品、交易的虚拟化；二是构建数字平台，妇女创业者可以随时了解市场信息，探索数据；三是电商的跨境发展，为妇女创业者提供了平台和机会。[1]

第二，互联网对农村妇女创业的影响，首先，互联网使用对妇女劳动者的收入有影响，尤其是4G网络的普及使用让互联网对妇女劳动者收入的影响发生了结构性变化，闲暇时间利用互联网进行学习和社交能够提高妇女劳动者的收入，对城镇、低技能、低收入妇女劳动者收入的提高作用更明显。[2] 其次，互联网作为信息获取的来源，对农村已婚妇女创业有促进作用，使用互联网进行商业活动的频次越高，创业的概率就越大；社交、工作、学习、娱乐等对于农村已婚妇女选择创业没有影响。[3] 再次，互联网的使用能够促进农村女性创业绩效的提高，包括社交沟通互联网使用和信息获取互联网使用；农村妇女的工作家庭关系对创业绩效影响显著，工作家庭关系冲突对创业绩效有负面影响，工作家庭关系

---

[1] 王安平、刘亭：《数字经济时代妇女创业研究》，《安徽工业大学学报》（社会科学版）2020年第3期。
[2] 张克雷：《互联网的使用对妇女劳动者收入影响》，河南大学硕士学位论文，2020。
[3] 赵婷、岳圆圆：《互联网使用对已婚妇女创业的影响机制研究》，《经济与管理评论》2019年第4期。

和谐对创业绩效有正面影响；工作家庭冲突影响社交沟通互联网的使用，工作家庭和谐促进信息获取互联网的使用；互联网使用在工作家庭关系和创业绩效的影响中起到部分中介作用。①

第三，促进农村妇女互联网创业的措施，针对农村妇女家庭资本欠缺、宣传品牌认知度低、互联网创业存在壁垒、保障制度不完善等创业困境，主要从个人因素、环境因素、政策因素三方面进行了讨论。个人层面，农村妇女，尤其是返乡创业妇女要发挥主观能动性，不能因为环境而动摇自己创业的信心，必须将自己的高远抱负和村民利益相契合，拉近彼此的距离，才能实现创业目标；同时要积极学习互联网知识，获取资源，参加技能培训，提高个人素质。② 环境层面，各地方政府和相关部门要根据实际为青年妇女营造良好的创业环境，支持农村妇女创业，大力宣传妇女创业典范，营造独立自强的舆论环境，帮助她们扩大产品营销渠道，打造品牌商品。开展线上线下技能培训，建立电商创业孵化基地，联合企业搭建网络服务平台，推动店企对接互助发展，保障农村妇女创业成功率。政策方面，完善妇女创业扶持政策，建立健全长效跟踪服务机制，加强从业诚信体系建设；加强农村地区互联网的基础设施建设，解决农村妇女创业资金扶持补贴问题，拓展优化融资渠道，引进专业互联网人才提供创业咨询和帮扶。③ 此外，政府可以通过购买服务，引进专业的社会组织，为农村有创业需求的妇女提供个性化帮扶，尤其是低收入家庭、低保家庭妇女，通过社工介入，为低保家庭妇女提供创业就业的方法，促进她们自己为自己增能，增加收入，摆脱低保。④

综上所述，目前关于互联网对农村妇女创业影响的研究成果并不多，

---

① 孙妙鑫：《互联网背景下农村妇女工作家庭关系及其对创业绩效影响机制研究》，浙江工业大学硕士学位论文，2019。
② 高明：《市场、生态与公益的连接融合——返乡妇女创业研究》，《妇女研究论丛》2020年第5期。
③ 宋阳：《"互联网+"时代农村妇女创业契机、困境与对策研究——以四川省广安市为例》，《农村实用技术》2019年第6期。
④ 黄淑瑛：《SWOT视野中的社工介入低保家庭妇女就业服务》，华南农业大学硕士学位论文，2018。

第九章 技术与妇女：机遇或鸿沟

研究内容主要集中在妇女创业动机、创业问题，以及互联网使用对妇女创业的影响，从支持妇女创业的视角出发，主要是创业政策支持、营造创业环境、提升个人能力。

研究农村妇女创业的动机、问题，以及互联网对创业的影响，笔者运用个案研究法，通过实地调查和深度访谈了解农村妇女互联网创业的现状和需求，以期掌握第一手相关资讯及数据，先后对6名农村妇女进行了深度访谈，访谈对象的年龄在30—54岁。创业特征是以微信平台为主，利用快手等其他平台宣传；创业领域涵盖服装、食品、化妆品、美容养生、民宿等；职业分布为企业员工+创业、全职妈妈+创业等；婚姻状态都是已婚；学历分布是小学学历1人、初中学历1人、高中学历1人、大专学历2人、本科学历1人。访谈对象是农村妇女（农村户口），都有互联网创业的经历，访谈时间为1小时左右，个别访谈对象通过微信等网络聊天工具在线语音，语音能够转为文字，研究者根据语音和文字可以客观全面地做好记录。访谈的提纲主要涉及：受访者的年龄、学历、职业，对互联网的了解程度，互联网创业的动机，互联网创业的问题，对互联网创业的看法或建议，家人朋友是否支持互联网创业等等，这些访谈为研究农村妇女互联网创业的现状和需求提供了丰富的案例。

以下为6名访谈对象的基本情况。

案例1：ZYN，31岁，有一个3岁的小孩，大专学历，目前在成人本科自考中，已经过了7门，还有6门将在今年完成考试；在城市买了公寓，节假日回农村和父母一起居住。报了英语培训班，从事服装外贸工作，2017年生完孩子之后开始自己创业，主要是从鞋服代理商手中拿货在微信朋友圈进行售卖。2019年考虑到代理商差价、发货慢等问题，自己去上海、杭州等服装城拿货，除了在朋友圈售卖，还建立了微信公众号为自己的小店进行宣传。

案例2：HY，38岁，高职学历，已婚，全职妈妈，丈夫在外做工程比较忙，有一个女儿，在镇上读三年级，平时要负责女儿上学接送。怀孕后就辞去了工作，由于要照顾女儿，一直未找工作，从

229

2017年起，建立微信群，卖自己做的奶茶、鸡爪、馄饨等小食，并负责给村周边顾客送货上门。随着影响力的提升，学习了甜品制作，现在主要接受甜品蛋糕的预定和售卖，偶尔做一下小食。

案例3：JF，54岁，小学学历，已婚，丈夫在镇上企业上班，儿子去年结了婚，不与儿子儿媳住一起。第一次创业是1998年，在村上开了小店，其间由于村上人口逐渐外流，生意冷淡就关门了；第二次创业是2009年，在镇上买了一个店铺，卖烟酒杂货，由于位置比较偏，镇上又有两家连锁超市，再加上丈夫要去外地打工，就关门跟随（丈夫）外出了；第三次创业是2016年，将店铺翻新开了美容养生院，在微信朋友圈卖产品，通过快手等平台录制产品短视频和宣传产品养生功效，吸引顾客。

案例4：YAM，34岁，大专学历，已婚，和丈夫在市里租了房子。2016年开始做微商，至今已有五年多，微信朋友一直维持在5000个，主要做化妆品代购，碰上活动折扣等，也会囤一些产品，开了自己的微店，店铺产品种类丰富，丈夫上班之余会帮她一起打理微店，给产品上架、包装、联系快递发货。

案例5：QRY，45岁，初中学历，已婚，女儿上六年级，儿子上二年级，丈夫在镇上开了一家玉器店。实体店经营业绩逐渐下滑，客源狭窄，以拿货为主，利润不高，便开了淘宝店，她负责网店维护，两个孩子由婆婆照顾。从2018年开始，也在微信朋友圈进行宣传售卖，拓宽销售渠道。

案例6：ZYE，33岁，大学本科学历，在银行工作，已婚，儿子在市里读一年级，丈夫是外地人，从事卖保险的工作，周末节假日都回农村居住。2019年将农村的房子改造成民宿，平时由父母打理，主要在朋友圈进行推广，根据时令也提供餐饮，有需求在微信上进行预订。有自留地，种着茶叶和枇杷，近年来都是自己在微信朋友圈售卖，收益较批发给采购商要高很多。

二 互联网时代农村妇女创业的机遇

(一) 农村妇女消费场景的重构

随着社交媒体的日益盛行,智能手机在农村的普及,妇女在互联网中的弱势地位有了新的变化,尤其是微信的使用,让农村妇女逐渐在互联网媒介中建立了强的妇女语境,在社交活动、内容生产、传播方式等方面也占据了主导地位。通过微信社交平台,微商迅速崛起,冲击了传统农村妇女的消费场景,更具有隐私性、个性化的特征,某种程度上农村妇女在互联网背景下展开的创业行为重构了农村妇女的消费场景。微商增强了农村妇女的自我控制权,在互联网中的主体地位,传播内容上更注重妇女读者的需求。

> 我之前开小店生意不太好,镇上的人,还有村里的人买东西只认准了几家连锁超市,烟酒这些怕在小店买到假货吧!更别说那些村上的店,现在都关门了,现在条件好了,来街上买,选择的东西更丰富。其间成成的爸爸要外出,我就跟他一起去,照顾他,就把小店关门了。后来想想回来还是得开店,在外面认识了做美容产品的,我就加盟开了现在的美容养生院,主要镇上没有这类服务,是做药物熏蒸和美容瘦身方面的,团队会提供线上线下培训,教我怎么利用视频来宣传,生意还不错,一开始都是朋友来,现在周末附近厂里的都会来,都加了微信,可以预约,吃的药也可以送货上门。(受访者 JF)

形象永远是妇女消费的王牌,通过微信社交平台,更有利于传播产品内容。微商在产品推广和售卖阶段紧紧围绕这一点,有着明显的女性化特点,如:"开心一下,哈哈哈轻松一下,同一套衣服不同的效果,所以你缺的不是衣服,是身材!""XX减肥就是这样,早晚只要一分钟,给你做到瘦身效果,好产品用效果说话,今天抹明天瘦,专减脂肪~~"

(受访者JF的朋友圈文案)"穿上就是纸片人,太好看啦!不挑身材,羊绒裙舒服又保暖,老粉必入,福利回馈,这种好东西怎么会错过!"(受访者ZYN的朋友圈文案)这些宣传文案具有典型的性别特征,建构了一个以农村妇女为主体的新的消费场景。

(二)农村妇女照顾家庭的需要

受传统婚姻家庭思想的影响,男女两性仍存在明显的性别分工,"女主内、男主外"的思想仍然普遍存在,尤其是在农村地区,主要由妇女承担教育子女和照顾家庭的职责,孩子越小,农村妇女教育孩子的比例就越高。在微商从业者里面,已婚有孩子的农村妇女比较多。在农村走访中笔者发现,农村妇女的受教育水平较低,就业机会和就业水平也偏低,这与传统的两性分工有很大的关系。日常的子女教育和家庭照顾让农村妇女的时间碎片化,难以有时间参与有报酬的劳动生产,在互联网时代兴起的微商行业,让众多农村妇女找到了劳动力市场的替换选择,无须朝九晚五上班,微商门槛低、成本少、时间灵活,一定程度上能够满足自己的经济需求,实现农村妇女的自我价值。

> 我之前是在工厂上班的,做文职工作比较轻松,一个月也有三千左右。后来有了小孩,就辞去了工作,小孩一直由我带着,我女儿的奶奶有两个儿子,也不想让她为难。现在小孩大了,我老公在外做工程压根顾不到孩子,现在除了接她上下学,还要送她去兴趣班,也不可能再去找工作了。就想着在家做一些小食在群里卖,远的地方暂时不考虑,我一个人精力有限,就附近村送一下,考虑到成本,不开店铺,也不让外卖平台送。现在群里已经有几百人了,有时有的厂里也会预订。之前学了做甜品,我做的蛋糕由于比较新鲜,制作花费时间也长,只接受预订,价格肯定比去店里买的要便宜,用的也是鲜奶,就赚个辛苦费,都是周围的朋友,食材肯定要有保证。(受访者HY)

互联网的发展促进了农村妇女创业就业，一定程度上缓解了农村妇女劳动生产和家庭照顾的冲突。农村妇女利用互联网平台进行创业，不仅能够获得经济收入，提高家庭地位，还能协调夫妻关系、婆媳关系。

> 我老公开了玉器店，现在大家都去网上、大商场买首饰，生意越来越难做，家里还有两个孩子，支出也大，我现在让我婆婆帮忙带着，平时就在店里帮忙打点淘宝店。前几年也申请了一个淘宝店铺，除了卖现货还接受定制，一般都是批发商拿货多。现在我也在朋友圈进行售卖，主要卖一些经济实惠的东西，边角料可以打磨一下做成小挂件小饰品，价格不贵，农村人也买得起，如果想要买好点的，我也能够推荐，主要是吸引客源，帮衬着做做生意，我们这一行越来越难做了，同行竞争也多，只做实体店不行。（受访者QRY）

（三）农村妇女身份的认同

互联网的迅速发展，让农村妇女接触到更先进的思想和技术，在实地调查和访谈中，大部分农村妇女的认同建立在"家庭、社会、自我"这样的定位上。农村妇女借助互联网平台创业，一方面可以为家庭带来经济收入，拓宽人际沟通渠道，实现自我价值，另一方面可以帮助她们构建身份认同。农村妇女的身份认同表现在个体自我的认同、家庭的认同以及所属地方的认同，相较于农村男性，农村妇女的身份认同更复杂，家庭、年龄、学历、性别、阶层、家族都是其影响因素。

首先，在具体的互联网创业中，这些受访者大多得到家庭的支持，认为可以补贴家用，提高自己在家庭中的地位。

> 我们小夫妻在市里租了房子，打算有了孩子就买房，父母都在农村，对我们提供的经济支持也有限。我主要做化妆品代购，也是比较有市场的，因为做的时间比较久，客源比较多，今年受疫情影响也不太好出去，一些免税店搞活动，优惠力度很大的。像日上免

税店，买一张券就可以直邮到家，韩免都是走清关，成本会高一点，但肯定比专柜便宜很多，遇上便宜很多的，我会囤货，在微店上架，顾客有需要随时下单。就是比较累，很多活动都是晚上开抢，我老公也会帮我一起回复顾客、包装产品、快递之类的。说实话，除去成本，一件大概赚 30 到 100 元，看产品的原价，越贵的利润越多。（受访者 YAM）

其次，农村妇女进行互联网创业大多由同学、朋友介绍，通过社交媒体，不断地将熟人的朋友变成自己的朋友，在进行产品买卖的过程中，扩大自己的交际圈，不断加强与外部社会的交流。

我是在银行上班的，大多数时间都在外面跑业务，周末很累就回农村，在太湖边还是很惬意的。我做民宿就是自己喜欢，平时只有父母住，三层楼，每层楼有四间房，朋友们都建议，我才下决心打造民宿的。一开始，我们都是让朋友免费过来住，体验后给出意见顺便做宣传。我老公是卖保险的，他有很多客户，平时也可以过来体验，去太湖边钓鱼。现在各方面成熟了，我们就在朋友圈发发，主要的客户群体是朋友，也提供农家乐。周边产品也会售卖，我们自己种了茶叶和枇杷，每年上市后都是通过微信朋友圈来售卖，性价比很高，给商贩价格太低了，朋友们都很支持。（受访者 ZYE）

最后，不管是将互联网创业作为副业，还是主业，在经营的过程中，农村妇女的自我价值得到了实现，能够做到自立自强，提高自我身份的认同。

我一直想自己开店，这是我的梦想，争取以后会有自己的实体店面。我现在主要还是做外贸工作，微商只是副业，除了从代理商那里拿货，我自己也会去服装城拿货，拿货越多成本越低，拿了货都是在自己公寓进行拍照、修片、上传，很辛苦但很开心，现阶段不敢拿太多货，每款一两件，怕囤在自己手上，我对面料比较熟悉，拿货都是拿比较好的，质量好了顾客自然会推荐，回头客也多。目标利润是每月一千，不贪心，毕竟是副业，反正自己的钱也够花，而且和我老公经济独立，等以后积累多了，再开店吧！（受访者ZYN）

三　互联网时代农村妇女创业的挑战

（一）性别文化偏见

传统的"男尊女卑"思想对农村社会有着深远的影响，妇女承担教育子女和照顾的职责已经成为固化思想，深刻影响着人们的行为和意识，人们普遍认为农村妇女文化素质低，对互联网的认识不足，缺乏创新理念，朋友圈发布的内容质量低下。

> 我老公经常嫌弃我朋友圈发的快手短视频很土，肯定没人看，跟不上时代潮流，有些宣传是我们团队发的，我觉得还是很受欢迎的，小姐妹都点赞的。（受访者JF）

基于创业支持上的性别偏见，农村妇女通常被定位为贤惠（照顾家庭）、能干（从事农活）的形象，而农村妇女创业者往往被贴上精明、强势等"女权"标签，与所期待的社会角色不匹配，承受较大的心理压力。许多有创业意愿的农村妇女得不到创业支持，认为农村妇女创业风险高，成功率低。父权文化的社会偏见，"在家从父，出嫁从夫，孝顺公婆"，这些传统意识不利于塑造农村妇女创业的社会文化结构。

> 我当初买房时，我姑妈伯母她们就冲过来问我，不准备嫁人啦？女生买房怎么了！现在我结婚了，想自己卖衣服，老公还好，不反对，毕竟没有什么成本，也不怕我失败。我爸总觉得不好做，让我安安分分把班上好，认为女人就是把孩子养好就好了，我真的感到

很无语。(受访者 ZYN)

(二) 自有资本不足

相较于男性群体,农村妇女在进行互联网创业时面临人力、财力等资源不足的困境。农村妇女创业知识技能不足,应对风险的能力较差,在创业的过程中缺乏系统的支持,往往一人单打独斗,很难组建团队,建立雇佣关系。农村妇女长期从事家务劳动,经济来源渠道单一,缺乏创业专项资金,互联网和金融体系不完善,从而导致她们融资困难,大多选择门槛低、成本少、风险小的微商创业。此外,随着城镇化的进程,农村劳动力逐渐向城市转移,留在农村的大多是老年人、小孩和妇女,妇女要承担着照顾老人和小孩的重任,对微商以外的互联网创业兴趣不大。

我选在微信卖小食,就是考虑到成本问题,每天的投入不多,也能保证及时把资金收回来。现在卖蛋糕,都是预订时打款,这样保证了成本,以及食物不浪费,由于没有实体店,就在自己家里做,不能正常经营,就做熟人生意,大家互相推荐。(受访者 HY)

学历教育也对农村妇女创业有影响,大部分从事微商的农村妇女没有专业知识背景,网络技术能力较弱,受访者中具有本科及以上学历的仅有 1 人,与城市相比,农村妇女的受教育水平偏低,对社保的认知率也偏低,全职做微商的农村妇女较少缴纳社会保险费用。

我现在的单位虽然不交公积金,但缴纳社保,这是我目前将微商作为副业的原因。现在周围高学历的人太多了,我发现自己与他们的差距越来越大,微信发个产品图片还要让我老公帮忙修。主要以前也不注重学习,女生考个大专就算了,意识到不行已经晚了,想想去年还是报了南大的自考本科,现在还有 6 门,争取今年考完,提升自己。(受访者 ZYN)

（三）政策宣传不足

首先，互联网经济信用难以保证，商品质量难以辨别，容易引起"价格战"，只看价格不看质量是互联网购物的主要特征。

> 我们现在淘宝网店也难做，平台一搜某个东西，排在前面的都是价格便宜的，像我们做玉器生意的，品质本来就难辨别，卖便宜了连成本都保不住，卖高了压根就没人点击。（受访者QRY）

显然，失败风险大不利于农村妇女创业热情的提高，应提供能够抵御风险的生存型保障政策，以及提供教育、咨询、创业孵化等服务型保障政策。

其次，农村妇女在进行互联网创业时，宣传渠道单一，朋友间介绍居多，除了代购国外中高档化妆品，其他进行售卖的产品品牌知名度比较低，产品销售存在很强的地域性，难以形成自有品牌，虚拟店铺缺乏辨识度。

> 我当时创立微店并没有想到要起名字，自动根据我微信的昵称生成的，起初只是做代购，买的人需要什么我就代购什么，但代购存在时长问题，后来趁有活动时我就会囤一些销量好、品牌认可度高的化妆品，这样就把微店做了起来，方便顾客自己选，这样我就不需要回复什么有什么没有了，至于名字真没想过，顾客要买我就把链接发过去。（受访者YAM）

最后，随着"互联网+"创业潮流的兴起，农村创业妇女大多将微商作为首选，从代理商那复制粘贴产品内容的人较多，如："泰国乳胶枕乳胶垫"在朋友圈刷屏，各个都称"泰国进口，保证正品"，产品质量存在不确定性，同时，产品同质性较高，这种易于复制的创业模式导致本地经营竞争激烈。

四 讨论：激励农村妇女创新创业

为了进一步激励更多的农村妇女创新创业，下一步需要在妇女增能、政策扶持、社会环境等方面提升，这对创业者、社会、政府都提出了更高的要求，结合本研究，提出以下建议。

首先，妇女自我增能。第一，不断学习，开阔视野。农村妇女要利用互联网关注经济和社会动态，拓宽自己的视野，了解市场的新需求，不断创新创业内容和管理模式，充分利用新技术、新技能进行资源整合，将共享经济等先进理念运用到自己的企业中。主动参加各种线上线下的培训，掌握互联网技术和管理经验。第二，主动沟通，获得支持。农村妇女应该积极争取家庭内部的支持，获得朋友的帮助，积极链接外部资源，将自己的方案展示给风投公司，利用农村合作社将自己的产品推销出去。第三，团结合作，互利共赢。农村妇女要充分利用各级政府的支持政策，借助孵化园等平台发展事业。与本地其他创业者沟通，传递信息、交流经验、增进感情，共同发展事业，为自己创业筹集资金和寻求精神支持。

其次，政策精准扶持。第一，完善农村妇女创业培训体系。妇联组织和政府相关部门要广泛开展农村妇女创业培训课程，针对差异化、个性化的需求提供不同的培训内容，为潜在的农村创业妇女赋能，提高她们的创业绩效，扩大妇女创业的影响力。第二，完善政策法律扶持体系。针对农村创业妇女提供创业贷款担保，提供贷款贴息等金融政策，提高她们的创业积极性。完善法律法规，出台保障农村妇女创业的政策，维护妇女儿童的合法权益，激发农村妇女昂扬的精神斗志。第三，优化农村妇女创业支持环境。政府部门推出"创业巾帼行动"项目，通过各种方式切实为农村妇女提供创业资源，引导资金向农村妇女创业平台、农村妇女创业服务等领域流转，多措并举优化支持环境。

最后，扭转性别观念。第一，妇联组织和政府相关部门可以加大舆论宣传，扭转大众"男主外—女主内"的刻板印象，营造性别平等的环境对男女创业都有正面影响。鼓励更多的农村妇女成为创业者，有助于农村经济水平的提高，形成多元化的价值观，减少农村妇女创业的心理压力。第二，强调妇女职业的个体性，对农村妇女进行赋权，促进农村妇女的职业路径多元化，提高她们的竞争力，实现自我价值。第三，互联网媒体报道农村妇女创业成功案例，树立典型，讲述创业人物故事，促进更多的农村妇女投入创业大潮。

第二节 性别数字鸿沟：网络空间性别不平等的再生产

随着技术进步和经济发展，互联网在我国越来越普及，网民数量逐年增多。根据中国互联网络信息中心2021年发布的《中国互联网络发展状况统计报告》，截至2020年12月，我国网民规模达9.89亿，较2020年3月增长8540万，互联网普及率达70.4%。其中，农村网民规模为3.09亿；农村地区互联网普及率为55.9%。非网民规模为4.16亿，从地区来看，非网民仍以农村地区为主，占62.7%，高于全国农村人口比例23.3个百分点；从年龄来看，60岁以上老年群体是非网民的主要群体，占46.0%，较全国60岁及以上人口比例高出27.9个百分点。[1]

在互联网+时代，数字技术正在加速改变着人类的工作和生活，使大众的工作方式、社交方式、传播方式、文化方式和消费方式出现了一些新趋势。有学者提出"数字生活方式"这一概念，即"个体在由电子、信息、通信等数字技术所构建起来的虚拟空间中的活动方式，也即个体的数字技术使用行为、使用能力、使用心理以及对数字技术所持的价值观念的总和"。[2] 一般的技术使用行为，包括使用计算机、智能手机、平

---

[1] 中国互联网络信息中心（CNNIC）：《中国互联网络发展状况统计报告》，2021年3月，www.cac.gov.cn/2021-02/03/c-1613923423079314.htm。

[2] 黄超、贾洪芳、刘京鲁、赵国栋：《数字生活方式对高校教师学术研究之影响》，《中国远程教育》2016年第10期。

板电脑等进行新闻阅读、网络购物、社交聊天、听音乐、看视频、玩游戏等；与工作相关的技术使用行为包括信息获取、电子商务、互联网平台工作等。互联网在扩大社交空间和增加休闲娱乐方式的同时，电子商务、网络平台等也给农民卖货带来了商机，上述案例中李婶就是互联网、电子商务和物联网发展的直接受益者。然而，数字化变革改变了我们的生产生活方式，在带来"数字红利"的同时，也给那些数字设备、技能、资源不足的人们带来了难以跨越的屏障，由此形成了不容忽视的"数字鸿沟"（digital divide）现象，网络空间不平等的再生产需要引起进一步的重视。

一 引言：数字鸿沟的概念及表现

数字鸿沟概念最早出现在 20 世纪 80 年代末。1999 年，美国国家电信与信息管理局（National Telecommunications and Information Agency，NTIA）的报告对其提出正式定义："能够获得新技术的人与不能获得新技术的人之间的鸿沟。"即要么能够接入信息与通信技术（ICT），要么不能接入的二元区别。自 2002 年以来，随着宽带互联网连接和移动互联网的发展与普及，研究人员重新定义了数字鸿沟原来过于技术性的概念，超越了访问范围，更加关注社会、心理和文化背景，数字鸿沟的概念由接入与否的二元区别发展为包括物质接入（如技术设备的拥有和网络连接的可获得性等）、社会资源差异等接入机会差异和接入意愿差异的丰富内涵。同时，也就出现了第一道数字鸿沟（first digital divide）即获取鸿沟和第二道数字鸿沟（second digital divide）即使用鸿沟的概念，数字鸿沟的讨论层级扩展至第二道，即第一道数字鸿沟指获取 ICT 的差异，而第二道数字鸿沟指的是 ICT 使用的方式等存在的差异。如相关研究认为数字鸿沟不仅涉及接入差异，更应该关注互联网使用的自主性、使用技能、社会支持以及使用该技术的目的、意愿和相关偏好，将其标记为第二道数字鸿沟，扩展了数字鸿沟的应用背景。实际上，由于任何社会系统中

第九章　技术与妇女：机遇或鸿沟

的大多数参与者都获得了技术，第二道数字鸿沟开始变得比第一道数字鸿沟更重要。最近，出现了一种新的数字鸿沟形式，即第三道数字鸿沟[①]（third digital divide）——效应鸿沟。这种新形式重点是指互联网使用的有益结果及其使用后引起的不平等，旨在描述互联网使用"效应"（如互联网本身的算法黑箱中存在的性别歧视等现象，以及通过互联网应聘、社会交往、参与社会公共事务、获取知识等行为产生的效应）的群体差距，如有研究发现，互联网使用进一步加剧了不平等，家庭社会经济地位、性别、种族、年龄、身体健全程度等因素均为导致数字鸿沟的显著性因素。由此，可以将数字鸿沟理解为信息技术的资源分配不均造成的对新技术应用的不平等，进而导致地区之间、群体之间、性别之间在互联网使用上的差异。它对社会的影响（无论是正面还是负面），都可能随着信息技术的进步而加剧。因此，数字鸿沟可以被视为信息技术的发展带来的一种社会现象，其中包括了机会不平等、过程不平等和结果不平等（见图9-1）。

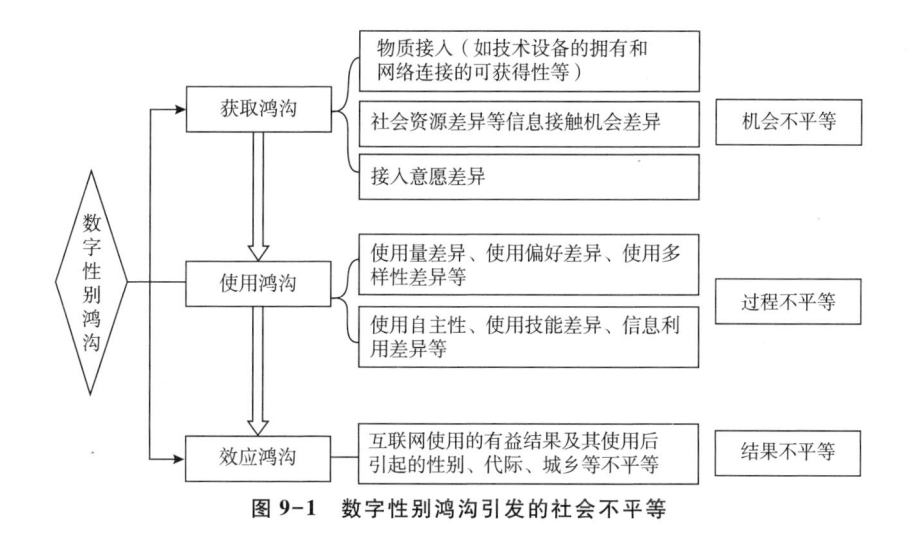

图 9-1　数字性别鸿沟引发的社会不平等

在我国，区域、城乡、阶层之间的数字鸿沟现象已现端倪，与之相

[①] 孔文豪等：《数字鸿沟与相对剥夺感：微观证据与影响机制》，《电子政务》2021年第1期。

关的研究并不鲜见,[①] 然而性别之间的数字鸿沟现象却未得到充分的关注。究其原因,一方面,从整体上看男女之间的互联网使用情况差异不大,例如当前我国女性网民比例为48.1%,表面上与男子颇为接近;另一方面,目前我国网民中城市居民占比超过七成,城市中互联网设备的易得和互联网应用技术的普及使得性别数字鸿沟并不彰显。然而在广大农村地区,尤其是西部农村地区,经济相对落后、互联网设备相对不发达、性别不平等现象相对突出,在这些区域我们仍能得出与城市地区相似的结论吗?进一步来说,西部地区的农村居民之间是否存在性别数字鸿沟现象?如果存在,会造成哪些影响?又有何消弭该现象的措施?这些问题兼具理论关怀和政策意义,需要我们通过调查研究来获取答案。本研究通过一项对西北五省(自治区)的抽样调查,试图回答上述问题。

二 研究设计:性别数字鸿沟是否存在?

性别数字鸿沟则是数字鸿沟在男子和妇女之间的具体反映,即"在国家、地区、部门和社会经济群体内部以及他们之间,信息通信技术的有效获取、数字技能水平等方面存在的性别差异"。[②] 性别数字鸿沟表现在不同层次,如数字设备的使用、数字技能水平、数字技术的社会支持等,具体表现为妇女更少登录互联网,妇女的互联网应用技术水平低于男子等。

(一)研究假设

性别数字鸿沟的成因是复杂的,研究认为,性别角色社会化、性别

[①] 汪明峰:《互联网使用与中国城市化——"数字鸿沟"的空间层面》,《社会学研究》2005年第6期;郑嘉雯:《中国"数码不平等"调查——互联网使用的社会与人口学特征》,《新闻大学》2012年第6期。

[②] "Bridging the Digital Gender Divide: Include, Upskill, Innovate", Feb, 2019, https://www.researchgate.net/publication/329144162_Bridging_the_digital_gender_divide_Include_upskill_innovate/download.

第九章　技术与妇女：机遇或鸿沟

歧视和刻板印象、机会不平等、信息技术的制度背景、男权文化氛围等都是导致性别数字鸿沟的可能因素。① 我们的前期研究显示，科技应用中的社会群体隔离和排斥是现代化进程中的重大社会问题之一。以电脑和互联网的应用为例，买不起电脑/用不起互联网的贫困者、网络设施不完备的欠发达地区的居住者、上网时间缺乏者等会被隔离在电脑和互联网应用之外，文盲或电脑/互联网知识缺乏者会因不懂操作而被排挤出应用者之列。而与男子相比，妇女，尤其是农村妇女中的文盲率较高，家务劳动时间较长，与电脑/互联网应用相关联的科技知识较缺乏；农村中更多的是妇女而非男子留守，即网络设施不完备的农村地区的居住者更多的是男子而非妇女，所以，妇女的互联网使用率难免较低。② 另外一项专门面向妇女的调查也显示，在对"男女在计算机行业中适合从事的工作"的看法中，认为男子适合从事硬件设计、软件设计工作的分别为88%、74%，而认为妇女适合的分别为23%、41%，③ 从中足可看出性别文化对妇女本身的规训。

正如前文所述，长期以来国内学术界对数字鸿沟的关注多聚焦于城乡之间，而城市内部男女之间较为平等的互联网使用态势一定程度上遮蔽了我们对性别数字鸿沟问题的关注。但是在广大农村地区，尤其是西北农村地区，由于经济相对落后、性别不平等现象相对突出，很可能性别数字鸿沟现象较为突出。具体而言，根据上文中关于数字鸿沟的层次划分，数字鸿沟首先是接入信息设备和信息的鸿沟，这本质上属于数字能力的物理层面，关乎互联网相关基础设施，是某一区域内所有群体共同面对的问题，并不存在性别之间的差异。而数字鸿沟的第二个层次——利用信息资源的能力，包括信息设备的操作、对软件的熟悉以及搜索信息的能力——很可能存在性别数字鸿沟。由此提出：

---

① 曲雯：《消除全球化背景下的性别"数字鸿沟"》，《妇女研究论丛》2004年第3期。
② 王金玲、姜佳将：《中国妇女发展与性别平等面临的五大挑战——以福建妇女社会地位调查数据为例》，《云南民族大学学报》（哲学社会科学版）2013年第5期。
③ 黄育馥：《信息传播新技术与女性的地位》，《21世纪女性研究与发展国际学术研讨会论文》，北京大学中外妇女问题研究中心，1998。

假设1：西北农村地区中妇女的互联网使用频率低于男子。

其次，数字鸿沟的第三个层次——接入或欣赏信息价值的能力，实质就是发挥互联网工具性作用的能力——也可能存在性别数字鸿沟。有调查显示，男子比妇女的互联网使用质量更高，[①] 妇女利用网络获取资源的活动少于男子。[②] 由此我们推断，西北地区农村中，妇女在发挥互联网的工具性作用上弱于男子，具体表现在妇女较之男子更少利用互联网去获得与生产、求职等实用性事务相关的信息。由此提出：

假设2：西北农村地区中妇女比男子更少利用互联网的工具性作用。

另外，现有研究认为，性别数字鸿沟不仅体现在互联网的使用上，还体现在互联网使用的后果上。正如上文所述，已有调查发现男子比妇女的互联网使用质量更高，妇女利用网络获取资源的活动少于男子。那么反映在收入领域上，互联网使用会扩大还是缩小妇女与男子之间的收入差距呢？针对该问题，国内学界目前存在两种相反的观点。一种观点支持收入差距扩大论，该理论认为：妇女相比男子，具有更弱的使用互联网资源进行再学习和人力资本再积累的偏好，而这种偏好最终导致了妇女与男子之间收入差距的扩大。[③] 另一种观点支持收入差距缩小论，该理论认为：互联网为人们提供了更加丰富的信息获取和教育培训的渠道，以及更加灵活多样的就业空间和就业方式，这些便利条件都有利于缩小妇女与男子的收入差距。[④] 据此本研究提出两个相反的假设留待检验：

[①] Helsper Livingstone, "Gradations in Digital Inclusion: Children, Young People and the Digital Divide," *New Media & Society* 4 (2007): 671-696.

[②] 黄育馥、刘霓：《E时代的女性——中外比较研究》，社会科学文献出版社，2002，第212-214页。

[③] 庄家炽、刘爱玉、孙超：《网络空间性别不平等的再生产：互联网工资溢价效应的性别差异》，《社会》2016年第5期。

[④] 戚聿东、刘翠花：《数字经济背景下互联网使用是否缩小了性别工资差异》，《经济理论与经济管理》2020年第9期。

第九章　技术与妇女：机遇或鸿沟

假设 3a：西北农村地区中，互联网使用会扩大妇女与男子之间的收入差距。

假设 3b：西北农村地区中，互联网使用会缩小妇女与男子之间的收入差距。

进一步而言，互联网使用除了会带来不同群体在物质利益上的差异以外，是否还会造成不同群体的人格特征、精神气质上的差异呢？针对该问题，本研究进一步调查了样本的个人现代性程度。

个人现代性是指人的现代化程度，其权威研究来自美国社会学家阿列克斯·英克尔斯（Alex Inkeles），在一系列大规模跨国调查之后，他与合作者把个人现代性归结为四个主要方面：①他是一个见闻广阔的、积极参与的公民；②他有明显的个人效能感；③他有高度的独立性和自主性；④他乐意接受新经验以及新的观念。笔者把这四个方面概称为公民性、能动性、独立性、开放性。[①] 本研究遵循英克尔斯的阐释，从这四点出发选取具体指标对西北地区的农村居民的个人现代性程度进行测量，在此基础上分析互联网使用造成的当地妇女与男子的现代性程度差异。由于相关文献缺乏，这里提出一对假设作为探索性研究：

假设 4a：西北农村地区中，互联网使用会改变妇女与男子之间在个人现代性程度上的差异。

假设 4b：西北农村地区中，互联网使用不会改变妇女与男子之间在个人现代性程度上的差异。

接下来，针对性别数字鸿沟问题，本研究尝试给出一些对策建议。为此，首先需要总结当前现实生活中有利于缩小性别数字鸿沟的有利因素。我们认为，从宏观角度看，加强与互联网应用直接和间接关联的硬件设施建设有利于人们更加便利地认识和使用互联网，缩小妇女与男子

[①] 阿列克斯·英克尔斯、戴维·H. 史密斯：《从传统人到现代人——六个发展中国家的个人变化》，中国人民大学出版社，1992年。

在互联网使用上的差距。一般来说，离县城越近的村（包括互联网设施在内的）基础设施就越完备，所以本研究使用居住地与县城的距离作为测量上述硬件设施的代理变量，提出：

  假设 5：西北农村地区中，居住地与县城距离的缩减可以减少妇女与男子在互联网使用频率上的差距。

而从个人角度看，除去知识水平、收入水平、家庭地位等短期内不易改变的因素外，我们认为，个人阅历的增长、现代化程度的提高有利于他们更深入地认识和使用互联网。而外出打工是农村居民尤其是妇女增加阅历、提高个人现代化程度的一个较为可行的方式，也是缩小妇女与男子在互联网使用上的差距的重要方式。据此可以提出：

  假设 6：西北农村地区中，外出打工年限的增加可以减少妇女与男子在互联网使用频率上的差距。

（二）研究设计与变量测量

本研究使用的数据来自 2019 年 "西北农村地区信息传播及其影响研究" 调查。该调查在甘肃省甘州区和民勤县，青海省民和县，宁夏回族自治区原州区，以及陕西省的大荔县、凤翔县、汉台县、宜川县进行，共接触调查对象 1650 位，最终得到有效问卷 1561 份。其中甘肃省甘州区 206 份、民勤县 206 份；青海省民和县 204 份；宁夏回族自治区原州区 216 份；陕西省大荔县 198 份、凤翔县 201 份、汉台区 149 份、宜川县 181 份。调查以 2010 年全国人口普查西北四省农村的总人口为基准，根据农村地区的分布、收入和地理特征确定上述 8 个县（区）的抽样人口，再从中分别抽取 6—9 个乡镇随机发放问卷，最终包括 63 个乡镇。调研过程中，对文化程度低的对象，采取一问一答的形式；对文化程度较高的对象，采取自己填写和调查员现场指导的方式。其中男子占 63.2%，已婚人士占 91.7%，年龄平均值大约是 40.4 岁。其他主要数据的统计描述结果见表 9-1。

表 9-1　变量的描述性统计结果

变量	女 均值或占比	女 标准差	男 均值或占比	男 标准差
互联网使用频率（%）	38.2	35.5	41.5	36.7
收入（百元）	304.7	238.0	364.8	379.8
个人现代性	3.4	0.5	3.4	0.5
与县城距离	4.0	0.9	3.6	1.1
打工年限（年）	3.0	5.0	5.4	6.7
教育程度（年）	9.6	3.2	9.7	2.5
互联网工具性使用（%）				
有	46.9		56.7	
婚姻状况（%）				
已婚	89.6		93.2	

本研究使用的变量具体情况如下。

（1）互联网使用频率

本调查分别询问了被访者上网、使用电子邮件、使用QQ、使用微信四类活动的频率，对"从来不用""每天数次""每周数次""每月数次""每年数次"这五类情况分别赋予1—5的分数，把被访者四类活动的得分加总再除以4，这样得出的分数即为测量被访者互联网使用频率的一个具体分值。该分值为连续变量，取值在1—5之间。为了计算方便，我们把这一分数转化为1到100的分值［转换后分值=（原分值+4/99-1）×（99/4）］，结果均值为39.4，标准差为35.9，表明西北农村居民总体互联网使用频率并不高，个体之间的差异也很大。

（2）互联网工具性使用

我们在问卷中列出了若干人们经常在网上从事的活动供被访者选择（最多选择3项），如果被访者选择了"查找农业信息"或者"下载免费资料"便视其为使用了互联网的工具性作用，如果仅仅只选择了其他日常生活、娱乐类项目（包括"网络购物""网络游戏""交友聊天"等），则视其为没有使用互联网的工具性作用。描述统计结果显示,有53.2%的被访者曾经使用过互联网的工具性作用。

(3)收入

我们在问卷中直接询问了被访者去年的总收入,最低的为100元,最高的为50万元,均值为3.4万元。为了计算方便,我们把该收入数目再除以100,得到一个单位为"百元"的连续变量。样本年收入均值约为342.8百元,标准差为336.8百元。

(4)个人现代性

如前所述,本研究遵循英克尔斯的阐释,从公民性、能动性、独立性、开放性四点出发选取具体指标对西北地区的农村居民的个人现代性程度进行测量,具体来说包括以下方面。

公民性是用"多大程度上愿意参加如下活动"进行测量,具体指标有2个:"1. 村里成立的农田水利义务建设队伍;2. 村里组织的文体活动",按照频率从低到高分别给出"不愿意"到"非常愿意"四个选项,分别赋分为1分到4分。

能动性则是依据被访者对以下说法的同意程度进行测量,具体是:"1. 遇到天灾人祸最好顺其自然;2. 工作差不多就可以,没必要争先进",按照同意程度从低到高分别给出"非常不同意"到"非常同意"四个选项,由于选择"同意"代表能动性低,我们依次将这四个选项分别赋分为4分到1分。

独立性则是依据被访者对以下说法的同意程度进行测量,具体是:"1. 做自己的事,不在乎别人怎么说;2. 做事靠自己,别指望别人帮忙",同样按照同意程度从低到高分别给出"非常不同意"到"非常同意"四个选项,分别赋分为1分到4分。

开放性同样是依据被访者对以下说法的同意程度进行测量,具体是:"1. 带孩子是妻子的事情,男人就不管了;2. 男人是一家之主,家中的事情应该由丈夫做主",按照同意程度从低到高分别给出"非常不同意"到"非常同意"四个选项,由于选择"同意"代表开放性低,我们依次将这四个选项分别赋分为 4 分到 1 分。

本研究把公民性、能动性、独立性、开放性四个变量的上述测量指标的选项赋分（1—4 分）进行加总，再把加总后的分值除以 8，这样得到一个理论上取值为 1—5 的连续变量，即为该被访者的现代性分值。经计算，本次调查被访者的现代性得分最低为 1.75，最高为 4.75，平均分为 3.4。

（5）居住地与县城的距离

我们在调查中询问了被访者从家中乘车到县城所需的时间，按照由多到少的顺序分为"2 小时及以上""1—2 小时""40—60 分钟""20—40 分钟""20 分钟内"五类，在处理数据时将这五类依次赋值为 1—5 的分数，即居住地离县城越远，分值越低，居住地离县城越近，分值越高。我们把这个分数作为连续变量来测量被访者居住地与县城的距离，其中该项得分为 2，即家中到县城的距离是半小时左右车程的被访者最多。

（6）打工年限

我们在调查中直接询问了被访者外出打工的年限，最低为 0，即无外出打工经历，最高为 40 年，平均值约为 4.5 年，标准差约为 6.3 年。

另外，本调查还搜集了被访者的受教育程度，与年龄、婚姻状况共同作为控制变量。我们在调查中把受教育程度分为"不识字""小学""初中""高中及中专""大专""本科及以上"六类，由被访者选择，笔者在处理数据时再依次把上述选项赋值为 0、6、9、12、15、16，单位是年。这样，就得出了被访者的受教育年限。累计有近 70% 的被访者受教育年限达到了 9 年，即初中水平。

三　性别数字鸿沟与收入不平等

表 9-2 是互联网使用频率的性别差异的 t 检验表，从中可以看出，在西北农村地区，妇女的互联网使用平均分是 38.2，男子则为 41.5，妇女比男子低 3.3 分。t 检验的结果说明这一差异是统计显著的，假设 1 初步

机会与选择

得到验证，即西北农村地区中，妇女的互联网使用频率低于男子。

表 9-2 互联网使用频率的性别差异的 t 检验

	互联网使用频率（均值）	t 检验显著度
女	38.2	0.04
男	41.5	

表 9-3 报告了互联网使用频率的性别差异的多元回归（OLS）模型的分析结果，该模型中的因变量"互联网使用频率"的分值是将原分值取自然对数后的取值，因此属于半对数模型。我们将该分值取对数后作为因变量，表格中左列是自变量名称，右列是回归系数值。在该模型中，性别作为核心自变量，年龄、婚姻状况、教育程度等作为控制变量被加入模型。

表 9-3 互联网使用频率的性别差异的 OLS 模型

性别（参照：男）	
女	-0.181*
年龄	-0.122***
年龄的平方	0.000
婚姻状况（参照：未婚）	0.391*
受教育程度	0.128***
截距项	5.371***
样本量	1512
解释系数	0.307

注：* $p<0.05$，*** $p<0.001$。

从表 9-3 中可以看出，在控制了其他变量的情况下，妇女比男子的互联网使用频率大约低 1.20（$e^{0.181}$）分，再次验证了假设 1 的命题：西北农村地区中妇女的互联网使用频率低于男子。

我们还能从表 9-3 中看出，随着年龄的增长，互联网使用频率也逐渐下降，结合上文的结果可知：西北农村地区中，老年妇女是互联网使用频率最低的群体。

表 9-4 是互联网工具性使用情况的性别差异的卡方检验表,从中可以看出,在西北农村地区,46.9%的妇女会利用互联网的工具性作用,56.7%的男子会利用互联网的工具性作用,二者之间相差 9.8 个百分点,卡方检验的结果说明这一差异是统计显著的,假设 2 初步得到验证,即西北农村地区中,妇女比男子更少利用互联网的工具性作用。

表 9-4 互联网工具性使用情况的性别差异的卡方检验

性别	互联网工具性使用情况(百分比)	卡方检验显著度
女	46.9	0.001
男	56.7	

表 9-5 报告了互联网工具性使用情况的性别差异的模型分析结果,该模型中的因变量"互联网工具性使用情况"是一个二分变量,因此采用 Logistic 回归模型进行分析。表格中左列是自变量名称,右列的回归系数值即发生比率(odds ratio)。在该模型中,性别作为核心自变量,年龄、婚姻状况、教育程度等作为控制变量被加入模型。

表 9-5 互联网工具性使用情况的性别差异的 Logistic 回归模型

性别(参照:男)	
女	0.722**
年龄	1.125**
年龄的平方	0.999*
婚姻状况(参照:未婚)	0.746
教育程度	1.011
截距项	0.104**
样本量	1186
解释系数	0.017

注:* $p<0.05$,** $p<0.01$。

从表 9-5 中可以看出,在控制了其他变量的情况下,妇女比男子更少发挥互联网的工具性效用（发生比率大约只有男子的72%），验证了假设2的命题：西北农村地区中妇女比男子更少利用互联网的工具性作用。

表9-6报告了互联网使用对收入的影响的性别差异多元回归（OLS）模型的分析结果，该模型中的因变量收入的单位是"百元"，核心自变量是互联网使用频率。我们分别针对妇女和男子群体建立模型，再比较相应模型系数的差值并进行统计检验，结果如下。

表9-6　互联网使用对收入的影响的性别差异OLS模型

变量	女	男	两者相减
互联网使用频率	0.962**	2.014***	-1.052*
年龄	9.497	20.436*	
年龄的平方	-0.080	-0.202*	
婚姻状况（参照：未婚）	73.076	68.121	
教育程度	7.913*	16.290**	
截距项	-111.754	-410.455*	
样本量	516.000	929.000	
解释系数	0.039	0.044	

注：* $p<0.05$，** $p<0.01$，*** $p<0.001$。

从表9-6中可以看出，在西北农村地区，对妇女来说，互联网使用频率每增加1分，年收入大约可以增加96.2元；对男子来说，互联网使用频率每增加1分，年收入大约可以增加201.4元。总的来说，互联网确实是一种有效提高农村居民收入的工具，妇女和男子都可以利用互联网获取收益。但我们也看到，男子通过互联网获得的收入均值超出妇女一百多元，也就是多出一倍有余，且统计检验显著。这一结果支持了假设2a：西北农村地区中，互联网使用会扩大妇女与男子之间的收入差距。

从下面的图9-2中，我们可以更直观地看出这种差异：随着互联网使用频率的提高，男子的收入增长水平明显高于妇女。

第九章 技术与妇女：机遇或鸿沟

图 9-2 互联网使用频率对收入的影响的性别差异

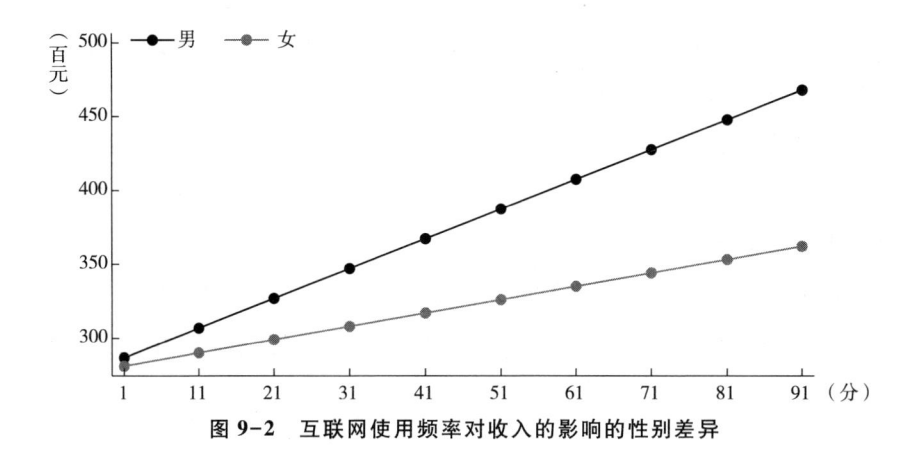

表 9-7 报告了互联网使用对个人现代性程度的影响的性别差异多元回归（OLS）模型的分析结果，该模型中的因变量是个人现代性，核心自变量是互联网使用频率。我们分别针对妇女和男子群体建立模型，再比较相应模型系数的差值并进行统计检验，结果如下。

表 9-7 互联网使用对个人现代性的影响的性别差异 OLS 模型

变量	女	男	两者相减
互联网使用频率	0.001[+]	0.002[***]	-0.001
年龄	0.031[+]	0.011	
年龄的平方	-0.000[+]	-0.000	
婚姻状况（参照：未婚）	-0.005	0.051	
教育程度	0.036[***]	0.019[*]	
截距项	2.425[***]	2.743[***]	
样本量	396.000	708.000	
解释系数	0.071	0.029	

注：[+] $p<0.1$，[*] $p<0.05$，[***] $p<0.001$。

从表 9-7 中可以看出，在西北农村地区，对妇女来说，互联网使用频率每增加 1 分，个人现代性不平大约可以增加 0.001 分；对男子来说，互联网使用频率每增加 1 分，个人现代性水平大约可以增加 0.002 分。总的来说，互联网确实提高了农村居民的个人现代性程度，在这一点上妇女和男子是相同的。而且令人欣慰的是，这种提高幅度不但在男女两性间差异微小（0.001），而且在统计检验上并不显著，说明在利用互联网提高自身现代性上，妇女与男子相比并无明显差异，这一结果支持了假设4b：西北农村地区中，互联网使用不会改变妇女与男子之间在个人现代性程度上的差异。

从下面的图9-3中，我们可以更直观地看出这种差异：随着互联网使用频率的提高，妇女与男子的个人现代性水平提高幅度并没有明显差异。

图9-3 互联网使用频率对个人现代性的影响的性别差异

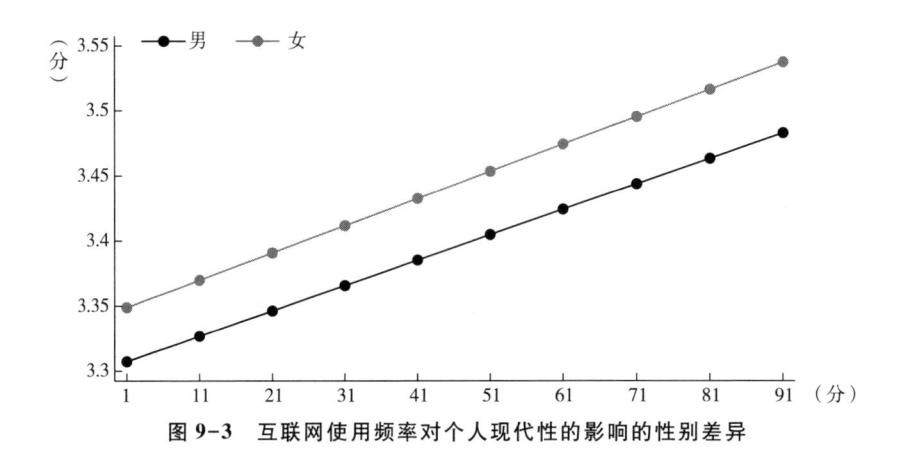

表9-8报告了居住地与县城距离对互联网使用影响的性别差异多元回归（OLS）模型的分析结果，该模型中的因变量是互联网使用频率，核心自变量是居住地与县城的距离。我们分别针对妇女和男子群体建立模型，再比较相应模型系数的差值并进行统计检验，结果如下。

表9-8 居住地与县城距离对互联网使用影响的性别差异OLS模型

变量	女	男	两者相减
居住地与县城距离	0.239**	0.135**	0.104*
年龄	-1.162**	-0.105**	
年龄的平方	0.001	0.000	
婚姻状况（参照：未婚）	0.407	0.363	

续表

变量	女	男	两者相减
教育程度	0.134	0.112***	
截距项	4.670***	4.859***	
样本量	549.000	963.000	
解释系数	0.297	0.326	

注：* $p<0.05$，** $p<0.01$，*** $p<0.001$。

从表9-8中可以看出，在西北农村地区，对妇女来说，居住地与县城距离每减少1个单位，互联网使用频率大约可以增加0.24分；对男子来说，居住地与县城距离每减少1个单位，互联网使用频率大约仅能增加0.14分。二者之差统计检验显著。这一结果支持了假设5：居住地与县城距离的缩减可以减少妇女与男子在互联网使用频率上的差距。

从下面的图9-4中，我们可以更直观地看出这种差异：随着居住地与县城距离的缩减，妇女互联网使用频率的提高水平明显高于男子。

图9-4 居住地与县城距离对互联网使用影响的性别差异

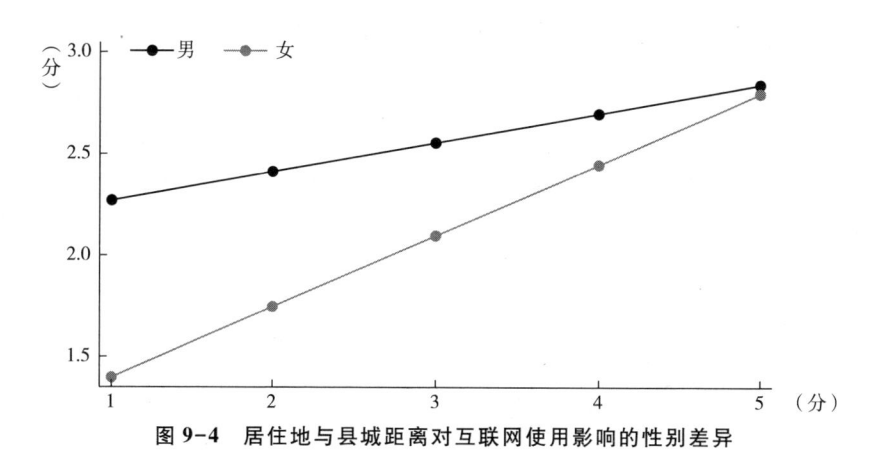

表9-9报告了外出打工年限对互联网使用影响的性别差异多元回归（OLS）模型的分析结果，该模型中的因变量是互联网使用频率，核心自变量是外出打工年限。我们分别针对妇女和男子群体建立模型，再比较相应模型系数的差值并进行统计检验，结果如下。

表 9-9 外出打工年限对互联网使用影响的性别差异 OLS 模型

变量	女	男	两者相减
外出打工年限	0.014*	-0.023**	0.037*
年龄	-1.175**	-0.120***	
年龄的平方	0.001	0.000	
婚姻状况（参照：未婚）	0.451	0.418	
教育程度	0.152***	0.108***	
截距项	5.595***	5.712***	
样本量	537.000	945.000	
解释系数	0.290	0.324	

注：* $p<0.05$，** $p<0.01$，*** $p<0.001$。

从表 9-9 中可以看出，在西北农村地区，对妇女来说，外出务工经历每增加 1 年，互联网使用频率大约可以增加 0.014 分；对男子来说，外出务工经历每增加 1 年，互联网使用频率大约会减少 0.023 分。二者之差统计检验显著。这一结果支持了假设 6：西北农村地区中，外出打工年限的增加可以减少妇女与男子在互联网使用频率上的差距。

从下面的图 9-5 中，我们可以更直观地看出这种差异：随着外出打工年限的增加，妇女互联网使用频率也相应提高，男子的互联网使用频率反而相应降低了。至于这种现象出现的具体原因，还需要今后进一步的研究。

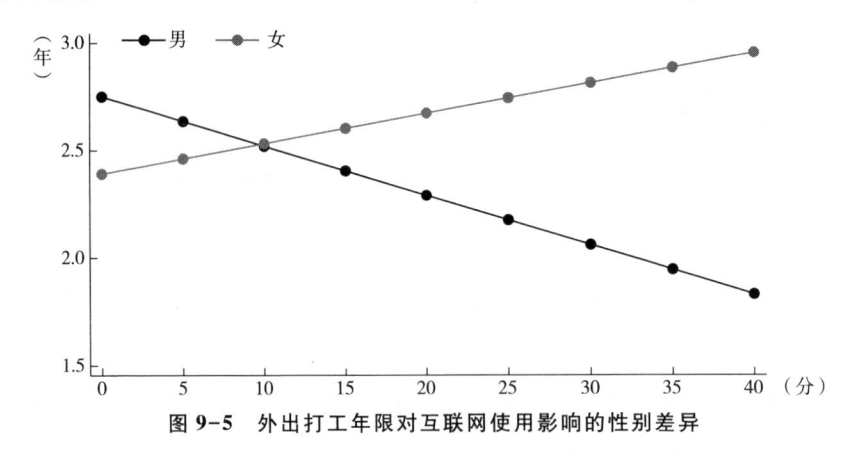

图 9-5 外出打工年限对互联网使用影响的性别差异

四　讨论：性别数据鸿沟的消弥路径

（一）网络空间中的性别不平等

本研究围绕农村居民中的性别数字鸿沟现象，通过对西北四省农村进行的一项大规模抽样调查数据的分析，发现网络空间中存在着性别不平等现象，具体得出了如下结论。

第一，妇女互联网使用频率低于男子，数字生活方式较为局限，农村老年妇女是最弱势的数字鸿沟群体。在西北农村地区，妇女的互联网使用频率低于男子，数字生活主要以收看视频、游戏娱乐、社交休闲等日常生活和娱乐活动为主。这可能与前文提到的农村妇女更多的是买不起电脑/用不起互联网者、网络设施不完备的欠发达地区的居住者、上网时间缺乏者、文盲或电脑/互联网知识缺乏者的弱势身份有关。可见，数字经济发展进程中依然存在着网络空间性别不平等的再生产——性别数字鸿沟，其内容大概包括机会的不平等（接入鸿沟）、过程的不平等（使用鸿沟，如互联网使用和算法黑箱本身的性别歧视）和结果的不平等（结果鸿沟）。

第二，互联网使用会扩大妇女与男子之间的收入差距。从数据结果可见，我们的研究更支持收入差距扩大论，即妇女相比男子，具有更弱的使用互联网资源进行再学习和人力资本再积累的偏好，而这种偏好最终导致了妇女与男子之间收入差距的扩大。这充分说明性别数字鸿沟不仅体现在互联网使用上，还体现在互联网的使用后果上，它会给妇女群体带来更深刻的影响，不利于妇女经济地位的改善。令人欣慰的是，就目前来看，互联网使用后果上的差异目前只是停留在经济利益的获得上，尚未延伸到精神层面。互联网带给使用群体人格特质、精神气质上的改变在妇女和男子之间并未发现明显差异。但是，随着互联网使用率的不断提升和"知识沟"的不断扩大，未来是否会产生这一维度的性别差异，还有待进一步考量。

第三，相比男子，妇女更少发挥互联网的工具性效用，可见理解和运用网络的"知识沟"的性别差异存在扩大和加深趋势，这可能是一种解释机制。进一步研究发现，西北农村地区中妇女比男子更少利用互联网的工具性作用（发生比率大约只有男子的72%），妇女相对男子更多地利用互联网从事收看视频、游戏娱乐、社交休闲等日常生活和娱乐活动，而非充分发挥互联网的工具性作用。这些现象都说明当地农村妇女较少使用互联网技术来帮助进行经济活动，发挥工具性功能，换句话说，随着互联网"接入沟""信息沟"的不断弥合，理解和运用网络的"知识沟"却存在扩大和加深趋势。因而存在互联网使用上的性别数字鸿沟现象。随着互联网覆盖面和使用率的不断增强和提升，在"接入沟""信息沟"不断弥合的同时，理解和运用网络的"知识沟"却有加深的趋势，若不对这种差别进行有效引导干预，可以预见，性别之间的网络"知识沟"将继续存在并有持续加剧的可能。

相关研究指出，对于性别数字鸿沟这一现象，其"社会层面"的再生产机制主要包括社会资源的不平等分配所导致的互联网使用机会不平等和使用效率不平等，以及社会性的性别歧视所导致的互联网工资溢价效应的定价差异；其"个体层面"的再生产机制主要指个体的习惯和偏好差异导致互联网工资溢价效应产生相应的性别差异。[1] 本研究主要从妇女更少发挥互联网的工具性效用这一个体层面来解释，而对于性别数字鸿沟产生的内在逻辑和解释机制还需要进一步深入研究。

此外，居住地与县城距离的缩减可以减少妇女与男子在互联网使用频率上的差距。外出打工年限的增加也可以减少妇女与男子在互联网使用频率上的差距。我们认为，居住地与县城的距离远近可以间接反映出互联网设施等硬件条件的优劣，硬件条件的改善有助于消弭妇女在互联网使用上的劣势。同样，个人阅历的增加也是改善妇女互联网使用劣势的有效途径。

---

[1] 庄家炽、刘爱玉、孙超：《网络空间性别不平等的再生产：互联网工资溢价效应的性别差异》，《社会》2016年第5期。

（二）构建农村性别数字鸿沟社会支持体系

针对上述情况，应该着力构建政府主导、多方参与的农村性别数字鸿沟社会支持体系，提升农村妇女的数字素养，逐步缩小西北农村妇女群体和男子群体之间的数字鸿沟（见图9-6）。

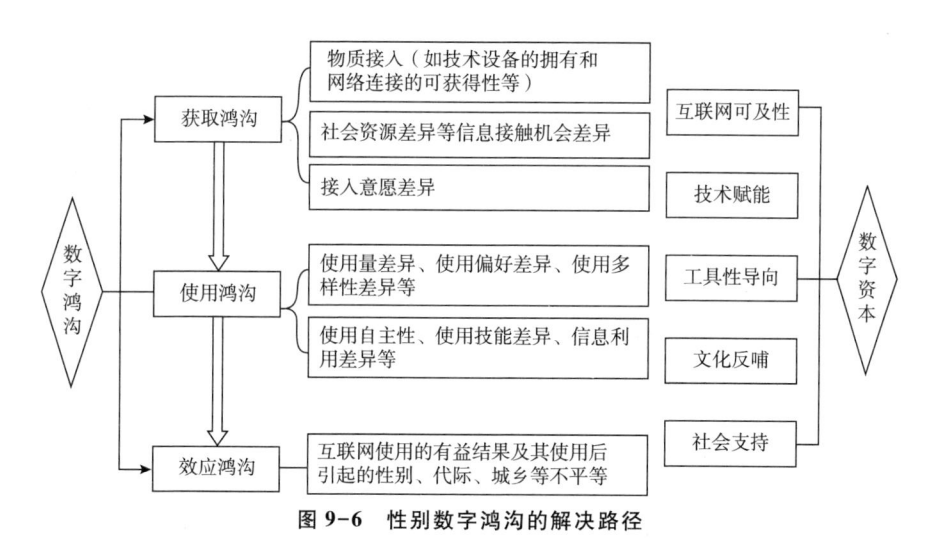

图9-6 性别数字鸿沟的解决路径

第一，提升网络覆盖面和可及性，缩小"接入沟"（获取鸿沟）。增加投入，完善农村地区的网络基础设施，重点加强薄弱地区数字信息基础设施建设，并加快宽带提速降费改革，将数字信息服务纳入免费提供的基本公共服务中，切实推进农村互联网提速降费和电信服务设施普及工作，提升数字信息技术的可及性。

第二，通过教育培训、同辈学习、知识反哺等社会支持，缩小"信息沟"和"知识沟"（使用鸿沟和效应鸿沟）。一是重视对农民尤其是农村妇女的网络技术培训，提高农村妇女的互联网使用机会、使用能力和使用技能。通过政府服务、电商平台服务、培训机构或非政府组织等开展教育培训和业务合作，消除影响妇女使用互联网的心理障碍，降低技术排斥感和心理剥夺感，通过技术赋权提升妇女使用互联网的主体能力；同时，政府也应鼓励和引导企业在开发数字应用时，以用户为中心，不断提升互联网技术的用户友好度和易用性,提高受众尤其是农村妇女对互联网和各种数字应用的接受程度。二是动员社会和家庭的力量,通过同辈学习、知识反哺等方式,提升农村妇女利用信息化工具的能力。朋友和邻居之间可以互相交流,互学互助,提高互联网使用效率。尤其针对已有子女的中老年妇女,可以通过子女与母亲面对面的沟通和互动等知识反哺行为来传授互联网的使用经验。

第三,增强农村妇女网络素养,加强互联网工具性效用的发挥,通过技术赋权提升"数字"资本,拓展多元化就业形态。Stern等人[1]曾经提出"数字资本"(digital capital)的概念,认为互联网技术能为熟练使用者提供一种新的资本,并为其创造更多生活机会。为了增强网络素养,提升数字资本,农村妇女应积极转变观念,主动开阔眼界,认真从网上学习各种实用性的技术和知识,加强互联网工具性效用的发挥,通过技术赋能充分发挥互联网的工具性作用。具体而言,一是贯彻经济发展新理念,构建更多虚拟与实体生产体系相结合的职业类型和就业岗位,拓展多元化就业形态;二是推广移动通信、搜索引擎、线上社交等互联网应用平台,帮助农村妇女扩大社交网络规模,获取更多就业信息,减少现实中的地域限制,增加网络社会资本;三是提升学习、创业、社交、消费等互联网平台的质量,通过个性化推荐等途径推送高质量信息,从而提升互联网平台的使用质量。

---

[1] M. J. Stern, A. E. Adams, S. Elsasser, "Digital Inequality and Place: The Effects of Technological Diffusion on Internet Proficiency and Usage across Rural, Suburban, and Urban Counties," *Sociological Inquiry* 6 (2009): 79.

第十章

"变"与"不变":新型城镇化进程中妇女生活方式与行动逻辑

一 引言：社会进程中的妇女生活方式变迁

在前面的章节中，我们阐述了新型城镇化进程中妇女在婚姻家庭、居住方式、就业方式、教养方式等特定维度的生活方式及其社会后果。本章节我们将以浙江 X 村为例，更综合、全面地探析在新型城镇化和技术发展的进程中，留守妇女群体、流动妇女群体和返乡妇女群体的生活方式和行动逻辑。她们经历过守望家园的茫然，体验过人在工厂的被动，也经历着返乡就业的追寻。无论是留守、流动还是返乡，她们一次又一次地在各种生活机会中做着不同的生活选择。而这些选择给妇女生活方式带来哪些改变？又是否对妇女角色和家庭中的社会性别关系造成影响？

X 村，有着 800 年左右的历史，村域面积 10.76 平方公里，耕地 599.52 亩，山林地 12375 亩。据有关统计，截至 2020 年，全村总人口为 724 人，其中妇女人口 365 人；在外务工人员 335 人。自古以来，X 村人以务农为生，种植水稻、小麦、茶叶、水果，兼营泥水、竹编、家具制作等手工业，过着自力更生、自给自足的生活。中华人民共和国成立前，由于土地分配不均、生产工具落后等，X 村农业生产十分落后。1980 年代中后期，在 X 村党支部带领引导下，部分村民开始种桑养蚕、种茶、种竹，农民收入有所增加。1990 年代起，乡镇企业开始起步，全村近半数青壮年劳动力外出务工。但一直到 1998 年，X 村人均年收入还不足

1800元，贫困落后的面貌没有得到根本改变。

2001年1月，X村开展"美丽乡村"建设，挖掘传统文化资源，大力发展效益农业，推动开发乡村旅游，指导农业转型发展，有针对性地帮助农民脱贫致富，推动新农村建设，获得"美丽乡村"等称号。2015年顺利通过国家AAA级景区验收，2016年5月组建村景区管理有限公司，实行"五统一"管理。截至2020年，全村共有30余家民宿，共有300多个床位，游客到村里可以体验打麻糍、包粽子、做米粿、开蜂蜜、黄牛耕田、峡谷骑行、水上娱乐等农事活动。

本研究采取一对一的现场半结构化访谈，参访人数10人。访谈刚好在2020年过年期间，因此调研对象覆盖在外打工的流动妇女。访谈对象的选取以多样化为原则，综合考虑其个人信息背景，包括年龄、受教育程度、户口类型、职业等（见表10-1）。

表10-1 X村采访对象基本信息

序号	采访人姓名	年龄（岁）	教育	职业	配偶	子女	备注
1	梅姐	45	初中	民宿经营者/小吃店老板	老公在海宁务工	2个女儿，1人工作（公务员），1人读书	外村居民，嫁入本村，曾在本地、杭州打工，开过出租车
2	萍姐	40	初中	民宿经营者/花圃观光园售票	老公在本村一同经营	2个女儿均在读书	本村居民，曾在杭州打工
3	小红	35	初中	景区管理公司出纳/讲解员	老公在本地和外地从事酒水销售工作	2个儿子，1人读书，1人年幼	外村居民，嫁入本村，曾在杭州打工
4	杨姨	50	初中	民宿经营者/厨师	老公在本村一同经营	1个儿子已工作	曾在镇上做裁缝，开过服装店

第十章 "变"与"不变"：新型城镇化进程中妇女生活方式与行动逻辑

续表

序号	采访人姓名	年龄（岁）	教育	职业	配偶	子女	备注
5	娟子	36	初中	健身销售（全职），网络卖东西（兼职）	老公在杭州打工	一个儿子在老家，婆婆照看	出去打工
6	吉儿	24	大学本科	互联网公司数据分析员	男朋友也在同公司	无	大学毕业后留在杭州工作
7	傅姐	38	高中	陪读，平时在朋友圈卖东西	老公在外打工	一个儿子读初中	本村人
8	王颖	35	高中	待业	老公同村人，自己做小买卖	一个女儿上小学，自己带孩子	曾外出打工
9	卢姐	50	初中	开农家乐	老公一起开农家乐	一个儿子在市里打工	曾外出打工
10	小颖子	33	高中	网约车司机	与老公孩子一起外出	孩子5岁	自由职业，相对自由

二 妇女生活方式变迁的诱因分析

（一）经济因素

经济支持一直是影响变迁的重要因素。伴随着我国新型城镇化的推进，家庭生计单纯依靠农业生产的家庭数量逐渐减少，大量的农业劳动力向城市转移，其中也包括了大量的农村女性。受访的这批女性表示，相比于上一代，她们受教育程度更高，毕业后更愿意学个手艺进工厂工作，相比于低生产效益的农业，收入更多且稳定。但由于X村地处偏远，经济不景气，并且外出务工的风气又很浓厚，她们和丈夫或者父母商量后便选择外出务工。

原来我们这边都有纺织厂的，我们读书毕业后就在纺织厂里工作。当时厂子都不景气，然后工资都发不出来。当时我们村又没什么产业，像我们这种年纪的人都在厂里学东西，毕业出来就去厂里上班了。当时别的人出去打工，那我们就叫他们带我们出去，出去后每个月都发工资，肯定还是在外面好，家里当时粮食什么都不够吃的。（梅姐）

大部分受访者表示家中上有老、下有小，夫妻二人是家庭的主要经济来源。在城里打工虽然工资比较高，但需要在城里租房住，自己解决吃饭的问题。平时生活的各种开销也都少不了，就是"在哪挣钱在哪花"，一年也攒不下多少钱。随着政策的覆盖以及基础设施的完善，受访者表示在家乡也能找到合适的岗位，赚到钱的机会也变大了。相比于在城市里面临的较差的工作环境及高昂的生活成本，返乡就业创业的吸引力逐渐增强。

环境因素的话其实也算的，如果说最开始你回来的时候，没有工作没有收入，对于一个家庭的话，其实也是有压力的。因为毕竟小孩子吃饭、托管、书本费用也挺大，（前两年）刚好村里面景区公司在招工，我婆婆帮我去问，然后就把我给报上去了，报的是出纳岗位，同时兼讲解，两个职位是一起做的。（小红）

（二）家庭因素

受城乡二元制度、户籍制度、务工环境等各种因素影响，农业户口子女很难享受城市户口子女同等的教育权利和待遇，因此很难完全进入父母打工所在地的学校就读。考虑到孩子教育和监护问题，大多数外出务工的女性会选择把孩子安置在老家，由爷爷奶奶或者外公外婆进行照顾。因此，父母身体健康并且有意愿支持照看小孩，是支撑农村女性外出务工不可缺少的一个条件。

那时候我出去上班，小女儿大女儿还比较小，婆婆公公身体都

第十章 "变"与"不变":新型城镇化进程中妇女生活方式与行动逻辑

蛮好的,就也比较放心,都叫我婆婆公公帮忙带的。(萍姐)

由于受到中国传统强烈男权文化影响,"男主外—女主内"的传统性别观念在调查中仍然有比较明显的体现。受访者表示家庭分工是往往是夫妻双方沟通的结果,但相比于丈夫而言,自己会更多承担起家庭照顾者的角色。家庭因素也是促使大部分受访者返乡的根本因素,主要表现为照顾家中生病的老人、照顾年幼的孩子,助力丈夫在外更好的赚钱。

> 我们没结婚之前是在杭州,然后结了婚就跑到镇上,离家更近一些。后来孩子出生,刚开始生下来一年多的时间里,我都是待在家里面的,待在家里面带他。等到孩子一岁半,我就去镇上重新上班了。然后小孩子越来越大了,要读书了,又回到村子里面了。回来最基本的动力其实还是孩子,男孩子比较皮,爷爷奶奶管不住他了。还有就是老师布置作业,需要家长改正,我们只能通过视频拿手机对着题目,然后一个个给他检查,难度还是挺大的。(小红)

> 选择开网约车也是因为比较自由,这样我可以在家里照顾好小孩子。(小颖子)

> 我老公是独生子,如果身边有哥哥姐姐弟弟妹妹还好一些,他父母身体不好,总是生病住院,每次接到电话他就很着急。(萍姐)

(三) 政策因素

实施乡村振兴战略,是党的十九大做出的重大决策部署,是新时代做好"三农"工作的总抓手。2016 年,X 村景区管理有限公司成立,加上政府对旅游业的多种扶持政策,如创办民宿一个房间 3000 元补贴,对全村民宿实行统一运作,这些都极大鼓励了农户返乡创业,加入发展乡村旅游的行列中。

> 我们当时是听其他村民说的,村支书也一直在宣传各种政策,他们家也是第一批开民宿的,当时村里先开了好几家,好像听听也

还可以，然后又可以在家里赚点钱，就回来了。（梅姐）

从调查中可知，大部分受访者外出务工主要目的为了缓解家庭经济问题，帮助丈夫承担起部分经济负担，但前提条件是家中老人身体健康并愿意帮忙看护子女；受访者返乡更多的是受到家庭因素的影响，主要表现为照顾家中生病老人、看护子女。同时，经济方面也是不得不考量的重要因素。因此，在生活方式变迁当中，家庭一直都是支撑女性外出务工的必要条件，也是促使女性返乡的根本因素。与此同时，经济和政策因素也发挥着越来越重要的影响作用。

三　守望家园：留守妇女的生活方式变迁

流动依旧是 20 世纪 90 年代之后中国农村地区青壮年生命记忆中的生活图景。无论是背负行囊外出的男人还是守望家园照料的妇女，他们的内部都交织着多元与异质，对他们的劳动、家庭、婚姻以及家庭的生产与生活都产生着不同寻常的影响和体验。这种长期分离式的家庭行动，对留守妇女来说都是一段刻骨铭心的经历，存在于受访妇女的记忆中。

（一）家庭角色的扩大

中国传统乡土社会深受父权文化的影响，它从一定程度上明确了在家庭中男性与妇女的行为规范和角色分工。传统农村家庭性别角色分工一般表现为"男主外—女主内"的模式，妇女对男子的依从性和依赖性较强。但随着社会转型和劳动力流动的加速，农村社会的传统性别角色分工不断发生变化，并在单一性别角色分工的基础上衍生出多元化性别分工方式。其中最为普遍的一种方式是"男工女守"，即男性流动在外打工，妇女留守农村家庭。从某种意义上而言，这种方式的性别分工使得妇女角色的首要意义并不在于直接从事农业生产劳动，而在于照顾老人、管教子女、守住家庭。20 世纪 90 年代开始，这种由男性外出务工，而将家庭事务全部转移给妇女的状况，将妇女角色功能进一步扩大，并深刻

第十章 "变"与"不变"：新型城镇化进程中妇女生活方式与行动逻辑

影响着中国农村社会治理范式的变革。

妇女家庭角色功能的扩大集中体现在日常的家庭生计中。除了要完成原有家庭所要从事的家务劳动、照料老幼的工作外，传统由男性负责分工的生产劳动也成为留守的主要工作。在通常情况下，这些工作和操作技术并不被妇女所掌握，因而她们需要投入一定的时间才可习得，这也使得她们在获取生活资源、家务劳动和照料子女老人等方面的负担明显加重。在走访中一些曾经留守的妇女表示"丈夫在家，活儿还可以两个人一起干，体力活儿都是他干得多，后来全部都在我的身上"。在缺乏农业劳动资源基础的地区，为了更好地维持生计和补贴家用，妇女开始就近做工，并试图寻求着家庭与工作之间的平衡关系。诚然，无论是怎样的留守生活，妇女原有的性别分工被强化，而她们的分工又进一步地向外延伸。

> 他走后的一段时间，我开始学开车，租了一辆车跑出租。当时没有想到学开车对将来有什么用，当时就是觉得小女儿已经大一点了（3岁），婆婆可以帮我看看，并不要我花很多时间在照顾孩子上……别人要用车的时候就给我打电话，没有活的时候我就在家里，当时也觉得挺好。（梅姐）

（二）公共空间的拓展

在中国传统农村社会，妇女往往不被允许出现在公共场域之中，一些极具特殊含义和象征意蕴的公共仪式更是难见妇女的身影。传统社会语境中男性是整个家庭对外交往和政治活动等重要公共事务的主要参与者，妇女则是在家庭空间内活动，负责处理家庭事务，抚育子女，赡养老人等。从村部开会、村民选举，再到同村之间的红白喜事、婚丧嫁娶等，这些农村社会生活中的大事往往也被定义为是"男人的事"。然而当大量的青壮年男性流出农村后，各种公共活动中就越来越多地出现妇女的身影。在调查走访中笔者感受到村里依旧以老年人和妇女居多。当召开村民大会，或者进行投票选举之时，到会的绝大部分都是妇女。一些村民小组的组长也由妇女来担任，这也是当男性流动和妇女留守成为常态，留守的妇女们被迫参与了农村家庭之外的公共活动，她们的公共空间随之扩大。

> 在我们村里肯定还是妇女较多，因为男的都出去打工了，留下女的照看孩子老人。特别是这几年，农村的地大多被村大队集体收走了，很少人种地干体力活儿了。（王颖）

但有时这不真正意味着她们已经成为村庄中具有话语权和决策权的群体，因为这在很大程度上受限于整体农村社会的制度安排。男性外出务工，妇女留守家园，从本质而言，是传统中国父权思想和父权制下派生出的一种朴素的家庭策略。妇女在整套制度安排中依旧处于被动的一方，这种被动基于她们根深蒂固的社会性别意识和被传统所赋予的行为规范。她们对于丈夫外出，自己留守的原因，也往往集中以家庭整体利益为核心，以亲缘维系为重点的三方面表达：孩子年幼需要照顾，丈夫能够吃更大的苦挣更高的收入，家中公婆需要照料。因此，在公共空间中的某种参与只能是形式上的参与。当男性回归后，这些决策权和参与权又回到男性的手中，留守的妇女往往是公共空间的被动参与者，是一种不完整的领导权。

（三）主体意识的觉醒

留守的境遇除去艰辛的付出，更有独当一面的可能。妇女在家庭生活中有其特有的能力与优势，照料老人和管教子女是她们留守的重要原因，而这些照料活动又与家务劳动是密不可分的，妇女特有的细致周到使其在处理家庭事务时得心应手。对于远离家乡的丈夫而言，留守妇女的家务劳动所产生的价值更有可视化效果。在调查走访中，在外务工的丈夫一般都比较理解妻子在家料理家务的辛劳，这种无报酬的付出更进一步得到了丈夫和其他家庭成员的认可，并逐步被认为是不可或缺的。

第十章 "变"与"不变"：新型城镇化进程中妇女生活方式与行动逻辑

这种可视化实现的过程，从某种意义上来说减少了原来"男工女守"家庭策略中夫权对妇女的控制，促进了男性对妇女家庭劳动价值的认知，也推动了妇女主体意识的进一步觉醒。

现代农村留守妇女大多有着初中以上的学习经历，具有基本的自我价值意识，在城镇化进程中的留守妇女本身也在发生着变化。随着科学技术、文化技术和媒介技术的不断发展，留守妇女的经济地位能够相对独立，文化水平进一步提高，法律观念进一步强化，媒介信息来源更为多样，从物质角度和精神角度都显现了留守妇女自身的性别觉醒和主体形象的转变。这种转变是留守妇女自身对性别角色的认可和对社会角色的认同，并在此基础上进行一定的个性展示和价值追求。她们中的一些妇女能够重新认识婚姻和幸福，不断增强自身在家庭中的自主权和决策权，寻求流动与留守之间的均衡。

> 我从来没有觉得我老公赚的比我多，我的地位会受到影响。我们本身做的就是不一样的工作，我们都能够产生价值，也都赚钱为这个家做贡献。我开民宿可以结识很多朋友，开阔视野，很开心。（萍姐）

四　漂泊外出：流动妇女的生活方式变迁

从改革开放初期阶段直至深化阶段，城乡二元结构体制的存在以及城乡在经济发展、社会治理、文化传承等方面的差距，使得物质财富上的差距成为最直接的表现形式。[1] 曾经对于生活在农村地区的妇女而言，城乡之间物质生活水平的差距让她们对都市生活空间存在美化与向往。这种意识上的向往被强化于日常生活领域中，以至于曾经农村人祖祖辈辈的梦想就是"跳出农门"，往往采取教育升学、进城务工，甚至婚嫁许

---

[1] 叶敬忠、潘璐、贺聪志：《乡村留守中的性别排斥与不平等》，社会科学文献出版社，2014。

机会与选择

配等多种手段加以实现。在这一系列的手段中，进城务工成为最容易实现的一种方式，大量的农村妇女也走进了这一庞大的流动群体队伍之中。

(一) 劳作中的挣扎

对物质生活的满足、对城市生活空间的向往、对子女教育的思考，以及对阶层流动的渴望，都交织在每一个农村家庭做出决定的过程当中。无论是主动选择，还是被动接受，农村妇女自踏上务工之路开始，她们的生活都在发生着不同于农村社会的巨大变化。这些妇女往往从事劳动力成本低廉的重复劳动，社会上给予她们的知识技术上的补充是有限而单一的。在谈及工厂工作的经历中，技术的习得对个体变化的影响几乎被一笔带过，更多的话语停留在评论工作环境和生活作息之中。也极少有人会根据工作岗位去畅想未来的发展，更多的对未来的想象都在能赚够钱、逃离工厂、能够让家庭富足、个体不再辛劳等期待中。在 X 村的走访调研中，被访者大多都在杭州等地的工厂有过长久的打工经历。在谈论到外出工作的经历时，"单调""重复""时间长""不自由""技术单一"等词时常被提起，她们对工厂规训式的生活内容评价几乎一致。而在谈及工作之外的生活时，有的说"下班很累，马上就回去睡觉"，更有甚者表示"每天上班12个小时，睡觉11个小时"。

> 之前我们在外面厂里上班，也是跟家里务农差不多。一天12个小时，夜班的话从晚上7点到早上7点，我们那个厂是私人的纺织厂，你做一天你就得一天的钱，你不做的话就没有，哪里有礼拜六礼拜天。除了上班就是睡觉，比较机械。哪有时间到处玩，如果你去跑着玩了，基本上今天晚上就不要上班了。（梅姐）

因此，务工劳作仅仅成为谋生的一种被动接收手段，却不是自身发展和向上流动的主动选择。也因此，外出务工的妇女仅能够在劳动密集型产业的就业大环境和单一的就业渠道中挣扎，她们只能选择不同类型的工厂，而无法进行生活方式的本质改变。

第十章 "变"与"不变"：新型城镇化进程中妇女生活方式与行动逻辑

（二）特殊环境下的隐痛损伤

工厂封闭体制，将劳动生产与妇女发展机械地剥离开。一些没有假期的工作，做一天工挣一天钱的工作类型，使得一同外出打工的夫妇却不能经常见面，而一到假期他们也是急匆匆地赶回农村探望子女老人。工厂周围的超市或者便利点是他们能够触及"城市"模样的主要体验空间，他们没有机会对城市生活有更加深入的了解。当邀请她们回忆和评价城市流动的经历时候，"不自由"是最多的表述。有的认为"打工就是别人给你钱，你帮别人干活"，"打工要求太多，要受到老板、工长、工头的约束"，"还是家里生活好，家里生活自由舒服"……除了被剥夺的自由记忆，身体上的损伤依旧存在。长时间紧张的工厂劳动使得她们或多或少患上了腰肌、关节等方面的疾病，不规律的作息和一些时间段无休止的加班严重透支着她们的身体，在一些特殊的工作环境中粉尘、气体等的侵扰都对健康和未来生活质量有潜在风险。但她们却也不敢生病、不敢看病。一方面受制于现实的物质生活条件，另一方面，面对庞大的都市，个体的渺小性和无助感陡然增加，面对不熟悉的环境，即便有病依旧还是想着回家去看。这些身体和精神上的隐痛损伤在流动的环境中日复一日的积累，也成为务工妇女所要面对的压力和风险。

（三）难以平衡的工作与家庭

流动妇女外出打工，最大的难题就是需要在家庭和事业之间取得平衡。受访者娟子，36岁，在杭州打工已经5年了。来杭州工作之前，她一直在老家带孩子照顾老人，老公独自外出务工。每年的家庭收入在4万元左右，经济条件相对比较紧张。随着孩子慢慢大了，可以独立照顾自己并已住校之后，娟子就决定像丈夫一样，外出工作，补贴家用。在采访中娟子提到作为女性，很难做到家庭与工作的平衡。以前在农村要照顾孩子和老人，无法出去工作。只有等到孩子大了，才能外出工作。娟子说："我也是近几年从村里出来工作的。现在孩子不是大了么，也不

机会与选择

需要我照顾了，他自己住校，所以我就来杭州工作。赚的多一些，这样生活条件改善不少。"她被问到平时如何且多久与在老家的子女父母联系时说："现在不都有微信么，所以平时就用微信聊天。挺方便的。类似过年这些节日，我也会回去，在家待一待。"

另一个受访者小颖子是随老公来到杭州。她由于要照顾年幼的孩子，平衡不了工作和照顾孩子，之前一直没有工作。自从前些年网约车流行，她开始注册一个账号，接单跑车，贴补家用。由于网约司机工作时间相对灵活性，小颖子可以实现照顾家的同时又利用业余时间跑车。

> 我前几年（3年前）开始跑网约车，这个工作不耽误照顾家，做饭之类的。你看我就是周末跑跑，还有就是平时上午10点到下午3点左右去跑车，完全不耽误买菜、做饭、接孩子。（小颖子）

（四）接触技术对妇女自主性的促进

网购的流行，也发展出新兴行业，例如在朋友圈卖货。本研究采访了两位用微信朋友圈卖东西的妇女。她们将这当作副业，或者业余爱好，顺便可以赚点钱。这种卖东西的方式特别符合她们对零散时间支配的期待。

> 除了白天上班，我也会用业余时间在朋友圈卖卖东西。我代理一个电商平台的内部优惠券，平时在网上选选产品，发到朋友圈。我也是看我朋友圈有朋友在发链接，我才发现这是一个很好的兼职的活儿。也不累，也不坐班。我就用晚上在网上选选货，发发链接，当个副业吧。因为我是销售嘛，平时加的人挺多的，都是客户。这样我就拿提成，也不多，如果有人通过我发链接购买了商品，我可能就提成几毛钱，一个月能挣个百来块钱儿吧。（娟子）

另一位受访者，傅姐，38岁，为了陪孩子在外地读书而外出，照顾孩子之余，借助电商平台转发优惠券在朋友圈进行卖货。她提到，网上

第十章 "变"与"不变"：新型城镇化进程中妇女生活方式与行动逻辑

卖货的时间灵活性是她最看重的。她说道："在朋友圈卖货，发优惠券，其实每个月也挣不了几个钱。我是拿提成的。但是这玩意还挺好玩儿的，我也是图个乐儿，也不累。我平时也在网上买东西，所以都是要上网，我就把我觉得大家需要的，好用的东西的优惠券发朋友圈。每个月可能系统平台返给我几百块，我用这钱买个菜，交个话费不挺好么。"

通信技术的发展、网络技术的崛起、文化娱乐手段的多样化普及都影响着外出务工群体的日常生活，但也因年龄、文化、性格等多维个体因素的影响呈现个体化的差异。利用这些新兴的技术，在工厂封闭管理的环境中她们更多地结识了全国各地的外来务工者，不断扩充着自己的社交群体，也丰富着在城市生活中有效的支持群体；同时，流动在外学习到的先进技术也为流动妇女返乡就业或创业打下一定基础。

五 返乡适应：返乡妇女的生活方式变迁

（一）乡村生活的再适应

返乡后的妇女面临的首要问题是对农村生活环境的再适应。城市便捷的购物体验，多样化的选购方式，也让初回农村的务工妇女感到不方便。在访谈中，有的务工妇女这样表述"我还是喜欢在城市里，买东西方便，就说是买水果，村里到现在也不会像城里超市那么方便、选择余地那么大"（萍姐）。这些生活习惯上的不适应，一方面随着时间的推移而慢慢淡化，另一方面，随着农村改水改厕的推进，农村的居住环境也有了明显的改变。在 X 村走访时，首批在村里开民宿的受访者就有如下表述。

> 一方面当时开民宿一个房间有 3000 块的补贴，另一方面当时也觉得把家里装修一下，即便是不赚钱，但生活变得舒适了，也是好的。（梅姐）

> 我经营农家乐已经 3 年多了。以前种地，一年下来挣不了几个

> 钱。但是前几年，村里说要发展旅游业，让村民报名。我就积极参加了。政府给钱给地，让我们盖房。我挺喜欢干的，我喜欢接待来自不同地方的游客。现在收入提高了不少，居住环境也好了很多。（卢姐）

此外，交通出行方面，随着村里连接市区的道路的修缮，交通环境得到了极大的改善，出行更加方便。村里人有的拥有自己的私家车，大巴车公交车来往得也频繁了很多。

> 以前去趟市里可麻烦了，要搭大巴车进城，路也不好走。自从村里进行改革，开发农家乐以来，路也修好了，我们现在自己有车，想去市里逛逛都可以。市里人来我们村旅游，也有公交大巴，很方便的。（卢姐）

随着电子商务的飞速发展，快递服务网点能够进村进镇，农村里有了快递站，也极大地丰富了农村的物质生活。除了生活领域的适应外，农村就业又成了另一个重要问题。如果说在城里务工是一种纯粹生计型的模式，那么返乡就业又要加上一层发展型的思考。在 X 村走访中，民宿旅游是村里的特色产业，也是最早吸引务工妇女返乡的实际举措。在实施过程中，原本的居住格局和物理生活空间被重新的规划和设计，开民宿的妇女能够被统一送到杭州的宾馆进行客房和餐饮管理的培训。这种知识的输入更多成为发展型的拓展能力。从身份上的转变而言，一些受访妇女表示"以前是给别人打工，现在是给自己打工，滋味不一样"，她们也更多开始关注自身发展和事业发展，主体意识的觉醒更加强烈和突出。

（二）社交模式的再延伸

传统农村社会的社交方式相对较为单一，个人或家庭的社会交往对象主要建立在以血缘关系为基础的家人和亲属之间，地缘关系是此之外的一种补充，主要以行政村区域为范围。这种以血缘关系为纽带的社会

第十章 "变"与"不变":新型城镇化进程中妇女生活方式与行动逻辑

交往格局具有相对的稳定性,一般而言在遇到某些困难或灾害时能够拥有强大的家族支持网络,但也造成了某种意义上的封闭。返乡的妇女面对的大多是以老年人为主的生活环境,这与在外的工厂劳作中的交往格局产生巨大的反差,因此她们也在自己的就业中谋求新的社交扩展。在X村民宿经营中,很多受访的妇女经营者都会表示,"客人多了,我们认识了好多的人,也知道山外面的世界是什么样子"(杨姨),"我很享受跟客人一起交往的时间,我们一起在下面河道里抓鱼,一起烧菜,觉得就像一家人一样"(萍姐)。同时,村里成立的景区总公司,也吸纳了返乡妇女的就业,同时也组建起了讲解队,把村史村情讲给游客听。这一过程中,妇女的潜能被挖掘开发,自主发展意识更加明显,社会心理建设更趋向成熟。

> 过去我是一个性格很内向的人,见到人说话都会紧张的,过去打工的时候也不善于言谈。其实我也觉得我现在能够成为讲解员,能够在这么多人面前讲话是一个很神奇的过程,我觉得这份工作把我的个性都改变了。(小红)

社交的延伸和拓展将妇女原本社交空间中的情感性关系向混合性关系进一步的过度,妇女投身非农产业的商品化运作,增强了与外界交流沟通的机会,在交往中利用理性思维去分析利害,也影响着传统农村由"熟人社会"向"朋友社会"的转型。[①]

相比于在工厂里面枯燥乏味的流水线工作和严格的作息时间,返乡创业就业使得大部分受访者在工作上有了更多自主权。在调研过程中,大部分受访者表示之前虽然在城里工作,但几乎没什么时间精力出去玩,长时间的工作使得大部分空下来的时间都在休息,或者用来回乡看望老人和孩子,交际圈也局限于流水线上的工友。工作性质的改变以及闲暇时间的增加,给受访者带来了社交网络的拓宽,接触的人越来越多,看

---

① 杨创、杨敏:《城镇化进程中农村社会关系变迁研究——以H村婚嫁变迁为例》,《现代交际》2018年第6期。

到的世界也更大。这使得她们的精神生活更加丰富，对生活的满意度和幸福感也相应提高。

> 开民宿之后接触到的客人来自天南地北，和之前在厂里面比起来的话认识的人更多了，之前主要就是工友，也没什么时间出去，觉得现在的生活是比以前的生活更加丰富多彩了。（梅姐）

（三）消费闲暇生活的多样化

移动互联网的产生与高度发展，使得便利、实惠的网络消费成为一种新兴的消费模式，物联网的兴起，加快了这种网络消费的增长。与此同时，电商网购、视频娱乐的流行亦丰富了人们业余休闲生活。

> 我是个挺无聊的人，就我和我老公在杭州工作，爸妈孩子都在老家。我平时休息就刷刷快手、抖音，看看视频什么的，也没啥娱乐生活。最多在网上逛逛，买点东西。（娟子）

> 在家平时没什么事儿，就是看手机，很长时间。有时候刷抖音能刷好几个小时。系统一直推送视频，根本停不下来。我也会用手机跟我的姐妹们聊天，打手机麻将。总之现在干什么都离不开手机了，对吧？出门手机付钱，进商场用手机看健康码，真是干什么都要掏手机。（傅姐）

此外，目前X村已建成文娱广场、文化礼堂、农民书屋、露天舞台，随着公共文化基建渐渐完善，村民日益增长的精神文明需求也得到了极大的满足。

> 每年都会在村广场组织拔河、跳绳、踢毽这些比赛，春节期间搞活动基本上都是小广场上搞，我们村有8个村民小组，书屋也算一个小组，然后过年过节会给村民发花果种植基地免费门票，大家都很积极参加。平时，我们还会去跳跳广场舞什么的。（杨姨）

第十章 "变"与"不变":新型城镇化进程中妇女生活方式与行动逻辑

(四) 家庭策略的再分化

兼具流动和返乡创业经历的妇女在家庭角色分工和家庭决策上都有着不同程度的改变,她们在家中生计活动的安排上,在家庭事务的决策上都得到了较大的自主和主动,能动性进一步的提升,尤其在事业发展、孩子照顾和老人照料等方面,大部分受访者表示返乡后能够给予老人和孩子更多的陪伴和交流,符合当初返乡的初衷。一些受访者表示虽然工资收入不如在外面工厂里做工时的收入,但能够照顾到小孩学业、照看老人,对于整个家庭也是更好的一种选择。

> 现在陪伴孩子时间更多了,也更好带了一些,刚回来的时候小孩被爷爷奶奶带的都没有规矩很不懂事,现在这方面好很多。(小红)

职业身份的转变帮助妇女拓宽视野,使得她们对政策信息的了解程度也进一步加深,整合社会资源能力得以提高。随着农村妇女信息获取能力的提高,她们会主动报名一些技能培训课程,职业技能和创新创业能力得以增长,在增收创业上也有了更多的主观能动性。

> 我们一开始做民宿什么都不懂,然后我们村有个工会,会组织我们每年去杭州一家宾馆学习,学习铺床,学烧菜,就那样慢慢什么都学会了。(萍姐)

> 刚开始讲解的时候,非常害怕,因为一次要面对四五十个客人。我就是需要把刚开始背下的那些东西又讲给他们听这样。然后也是慢慢地从一开始的结结巴巴(变得自如),因为最开始对这个村子其实了解的也不是很多,了解得还是很片面的,村干部他们对村子里面很多东西都是了解的,我通过后期慢慢的学习补了上来。(小红)

同时,她们的家庭策略也正在逐渐由男性主导向夫妻共同决策转变。由于外出打工经历让妇女"见过世面",妇女往往依赖外出打工习得的求生技能来应对传统阻力,如一位受访者说:"以前我婆婆公公也在村里开小店，我回来之后找人重新给他们的房间和店面规划装修了一下，这些都是我自己做主的，他们一开始不同意弄，但是我坚持下来了。"（梅姐）同时，衡量家庭地位的重要标志依旧是对家庭物质的提供和经济收入上的贡献，外出打工让她们具有了一定的收入和经济独立的能力，返乡创业后更加主导拓展着家庭的经济活动，随着时间的推移她们的经济独立性会逐渐增强，但传统的性别分工依旧会存在于她们的潜意识当中。在访谈中，部分受访者第一反应是不愿意谈，她们更多的话语表述是"我不会说的""你们去问我老公好了"。因此，传统的男主女从的文化规范依旧会影响着妇女的生活，她们的能力提高依旧受到现代和传统重重因素的制约。

（五）文化传承与反哺

乡村旅游的开发，使村民积极参与农村建设中，也引导和支持了大学毕业生、农民工返乡创业，进而把村庄变成宜居、宜业、宜游的生活空间，以此延续、创新乡村的生产方式、生活方式。例如，被访者卢姐是一家农家乐的经营者，她提到了儿子利用网络对自家农家乐进行宣传。

> 我们家的民宿现在在网上也能预订，"五一""十一"的时候接单不断，常常爆满。我儿子原来在城里打工，这几年我让他回来帮我一起经营民宿，他们年轻人会用网（指互联网），可以帮我把农家乐的照片放到网上，吸引更多的游客。（卢姐）

六 讨论：新型城镇化进程中妇女生活方式变迁的机遇与挑战

随着时间的推移和制度的演进，农村妇女不仅只有一种身份，而是具有了多种身份的交织。就留守群体而言，被动接受丈夫离家的留守，带来家庭负担的增加，但也在扩大着她们的角色职能，将她们逐渐地从

第十章 "变"与"不变":新型城镇化进程中妇女生活方式与行动逻辑

家庭领域推向公共空间,需要学习更多的持家技术手段来代行离家男性的某些角色。与此同时,技术发展使她们的主体意识不断被唤醒,个体能动性不断被激发;对流动群体来说,她们的进城充斥着主动与被动的挣扎,也承受着幻境与现实的碰撞。工厂制度和较为封闭的生活空间,不能给予她们完全融入城市生活的条件,单一枯燥的技术操作满足的是生计考量,且在特殊的环境中带给她们的还有隐痛和损伤,但城市空间中更加多元的信息和接触先进技术的渠道,让她们的生活变得多彩和丰富。而随着新型城镇化和乡村振兴的纵深推进,在政策引导和家庭策略转变的多重影响下,流动的她们逐渐开始回归,经历着利用技术对乡村生活的再适应,不断延伸着自己的社交范围,进一步分化着家庭决策权等,她们的独立性和能力优势更加明显,但潜意识中的传统性别文化却很难消除。

因此,新型城镇化和技术发展推动了社会制度形态的发展与演进,而在这其中的妇女受到了来自其正向和反向的不同冲击,在这其中她们的主体性、独立性和能动性不断被激发,但她们依旧要受到现代与传统交叠,现实与幻境碰撞的重重制约。

结　语

每一种生活方式都刻有其所属的社会时空的烙印，不同的生活时空会引致不同的生活方式。

本书将家庭和性别对于生活方式的影响嵌入中国所经历的新型城镇化进程这一宏大的社会结构变迁之中进行讨论，力图在社会性别视角下进行新型城镇化和技术变迁进程中妇女生活方式的变迁研究，以期系统界定妇女生活方式的概念特征、描述妇女生活方式的现实状况、厘清生活方式变迁的内生机制，为妇女转变生活方式、促进角色转换、提高生活质量，以及融入现代生活提供理论和实证依据。

由于生活方式的涉及面广泛，本书的论述以教养方式（留守或流动）、就业和社会保障（脆弱或正规）、婚姻家庭状况（在场或缺席）、居住模式（离散或聚合）、养老方式（区隔或融合）等事关受流动影响的女性人口生存发展的生活行为模式为例，聚焦生活方式生成和变迁的内在机制和可能性，探讨和分析妇女在其中的生活机会和个体选择，机会是如何形塑个体选择的？个体选择又是如何受家庭和社会结构的限制而无从选择、被迫选择或主动选择的？妇女是如何在机会和选择中沉浮、纠结和平衡的？以此探寻妇女独特生命历程下的生活轨迹，分析中国妇女生活方式变迁的现有状况、发展困境和内在逻辑。

总体而言，本书一是构建并完善了妇女生活方式的理论框架和内在维度，通过对中西方生活方式相关概念的界定和分析，提出妇女生活方式的五大特性：双重性、多维性、情境依赖性、多元异质性和流动性，并在此基础上借鉴并深化韦伯的生活方式概念，将妇女的生活方式分为

结 语

生活机会、生活时空、生活行为和生活态度等四个维度，界定了妇女生活方式的相关概念，为生活方式研究提供新的理论框架和维度，丰富并完善了具有本土特色的生活方式理论、性别理论及相关概念。二是遵循社会性别、生命历程和"家为社会田野"的研究视野，关注家庭内部的内在机制和权力关系，在关注生活方式变迁背后的内在机制和权力关系等方面之下考察妇女生活方式变迁；纳入历史性、累积性、变化的生命历程视角，将生命历程理论与累积优势/劣势理论相结合，从生命历程视角来探讨生活方式的动态变迁及其影响机制。三是将宏大经济社会背景和个体叙事相结合，避免只是宏大叙事、俯瞰视角以及建设性解释，因而本书也进行了能够站在她们主体立场上的普通叙述，从具体的时空情境出发，以新型城镇化、技术变迁、家庭结构变迁等为社会技术背景分析妇女的生活机会，以女童—中青年妇女—老年妇女的生活轨迹为时间线，以城—乡隔离和融合为空间线，透视"她们"在社会技术背景下的生活机会和个体选择。

以下三点不足之处留待未来研究进一步改进：一是在内容上，由于生活方式的主题较为宏大，现有研究只能做到点到为止，也只能管中窥豹，聚焦特定维度的生活方式如居住、婚姻、教养等，来探讨妇女独特生命历程下的生活轨迹，分析中国妇女生活方式变迁的现有状况、发展困境和内在逻辑，而跨时间、跨地区、综合性、全面地阐释妇女生活方式的变迁，尚有待今后研究中进一步深入展开。二是在测量上，未建立可操作性的总体的生活方式测量体系，且由于缺乏专门针对生活方式调查的全国层面的调查数据，现有研究没有系统、全面地进行妇女生活方式的变迁研究。因而，在全国开展以"妇女生活方式"为主题的全国性调查，改进概念操作化，强调机制分析，是今后研究的突破点。三是在方法上，研究方法可以更多元、研究模型可以更丰富。

在未来研究中，笔者将尝试利用纵贯数据，定性和定量结合，引入更多元的方法来克服这些问题，如通过个体生命历程的口述史研究，让案例更为鲜活、生动。

附录：X村妇女生活方式变迁研究访谈提纲

调查时间：_____　　调查地点：_____

被访者姓名：_____　　被访者联系方式：_____

年龄_____　　职业_____

文化程度是：（1）小学及以下（2）初中（3）高中（中专）（4）大专（5）本科及以上

1. 家庭成员组成情况。家中是否有老人或者孩子需要照顾？如何认识丈夫？哪一年结婚，有几个孩子，分别多大？孩子分别在做什么？

2. 婚姻家庭状况如何（离散或聚合）？您/配偶是否曾经外出打工？什么时候外出的？做过哪些工作？

3. 工作状况如何？（在家待业；城市雇佣关系；外出务工；自主创业；务农）工作经历是怎么样的（在本地工作；返乡；再外出等）？

A. 若是不工作，为什么不工作？为什么留在家里？（是否因为生孩子、带孩子返乡，照顾老人）？

B. 若是工作，对生活生计、家庭地位有什么影响？对您的生活方式（工作—家庭平衡；劳动权益；健康状况；文化传承）有什么影响？

4. 您觉得工作对女人和男人分别有什么影响？有什么优势、劣势？对生活生计有什么影响？对家庭地位有什么影响？劳动权益有什么影响？对健康状况有什么影响？对文化传承有什么影响？

5. 居住方式如何（寄居或安居）？跟谁一起居住？在照料老人和管教孩子方面有什么困难和压力？如何解决？与前十年相比，有差异吗？

6. 闲暇休闲时间都做些什么（单一或多元）？与前十年是否有变化？所在城市都有哪些公共娱乐活动和场所？

7. 社会交往（区隔或融合）方面，平时都与哪些人交往？，与前十年有什么变化？

8. 消费方式（差异或趋同）方面，日常消费都花在什么地方？与前十年是否有变化？

9. 生活满意情况。与前十年相比，对现在的生活满意吗？最满意的是什么？最不满意的是什么？

后　记

　　社会性别、健康和生活方式一直是本人学术生涯中的关切领域，本书也是我主持的国家哲学社会科学规划课题（青年项目）"新型城镇化进程中妇女生活方式的变迁研究"（项目编号：15CSH034）的研究成果。

　　新型城镇化进程和技术快速变迁的生活时空，对于妇女来说预示着什么样的生活机会？妇女的流动实践彰显了什么样的生活行动和生命体验？她们的生活轨迹透视出什么样的生活态度和生活经验？我与课题组成员通过对浙江、江苏、云南、四川、陕西、福建等地妇女生活深度访谈的质性分析和对各种代表性调研数据的定量分析，力图从一个个生动的案例中捕捉"妇女生活方式的内在逻辑"，以一个个鲜活的数据展现立体、复杂的妇女生活方式图景。

　　研究案例中，选取的被访者有我身边熟悉的保姆、保安、家政工、美容师、网约车司机、外卖员、"老漂族"、网店店主等。感谢她们，她们让理论源于现实，让本书的内容生动鲜活；更致敬她们，她们都在努力生活，为理想的生活而奔波而奋斗。我也将继续追踪这些个案，从生活史的角度去挖掘更多影响妇女生活方式的因素和机制，通过真实的"附近"和长期的"在场"去探寻更隐秘的生活方式内在逻辑，让未来的研究可以更扎实、更完整。

　　感谢本课题组成员张逍、李潇晓、雷鸣、苏映宇、孙佳雯、宋瑜、包利荣、欧晓鸥、张帆等一直以来的支持和努力，本书各章节内容中有很多他们的智慧和汗水，如第二章理论基础和实证回顾中，孙佳雯搜集

后 记

了诸多外文文献并翻译,张逍对1986—2019年以来的国内文献进行了初步的搜集整理和统计分析;第五章关于生产方式的论述中,李潇晓主要分析了家庭束缚对农村性别收入差距的影响,苏映宇主要对女性流动人口劳动权益的受损状况进行了分析研究;第七章关于亲子分离的论述中,张帆对相关数据进行了模型校准和统计分析;第八章关于"老漂族"的论述中,张逍和宋瑜在江苏省开展实证调研,梳理出鲜活的实践案例,并进行相关分析;第九章关于技术和妇女的论述中,雷鸣在陕西等西北四省开展实践调研和问卷调查,提供了生动现实的案例素材和真实可信的调研数据;第十章关于妇女生活方式的行动逻辑中,包利荣和欧晓鸥在浙江、云南开展调研,提供了丰富的案例素材。可以说,书稿完成的过程也是我们共同挥洒汗水、不断头脑风暴和持续学习成长的过程。

感谢浙江省社科院社会学所原所长王金玲研究员一路以来的指导、提携和支持,作为我学术道路上的引路人和支持者,王老师退休之后也一直敦促我不忘初心、认真治学,在写作过程中亦多次拨冗审读书稿并提出修改意见。

感谢社科文献出版社责任编辑孙瑜老师一如既往的指导和帮助,她在书稿的框架、标题、措辞上都提出了非常到位的意见,她严谨治学的态度和认真细致的工作,是我学习的榜样。

感谢浙江省社科院社会学所李文峰、高雪玉等领导和同事们一直以来的指导和鼓励,感谢家人和朋友们一如既往的支持和敦促,才使得此书稿得以顺利出版。

"砥砺深耕、关怀深切、反省深思"一直是我对待研究的态度和准则,但由于视野有限、能力有限,本书稿存在着诸多不足之处,更存在诸多可以继续深挖、深思的未来议程和研究议题。未来,我将继续深耕性别与生活方式领域,也期待各位读者不吝赐教。

姜佳将

二〇二三年九月

图书在版编目（CIP）数据

机会与选择：新型城镇化进程中妇女生活方式的变迁 / 姜佳将著 . -- 北京：社会科学文献出版社，2023.10
　ISBN 978-7-5228-2472-7

　Ⅰ.①机… Ⅱ.①姜… Ⅲ.①城市化-影响-女性-生活方式-研究-中国 Ⅳ.①D442.7

　中国国家版本馆 CIP 数据核字（2023）第 170235 号

机会与选择
——新型城镇化进程中妇女生活方式的变迁

著　　者 / 姜佳将

出 版 人 / 冀祥德
责任编辑 / 孙　瑜　佟英磊
责任印制 / 王京美

出　　版 / 社会科学文献出版社·群学出版分社（010）59367002
　　　　　 地址：北京市北三环中路甲 29 号院华龙大厦　邮编：100029
　　　　　 网址：www.ssap.com.cn
发　　行 / 社会科学文献出版社（010）59367028
印　　装 / 三河市龙林印务有限公司

规　　格 / 开　本：787mm×1092mm　1/16
　　　　　 印　张：18.75　字　数：253 千字
版　　次 / 2023 年 10 月第 1 版　2023 年 10 月第 1 次印刷
书　　号 / ISBN 978-7-5228-2472-7
定　　价 / 128.00 元

读者服务电话：4008918866

版权所有 翻印必究